Hanspeter Bornhauser

Gefangen in ihrer Haut

Hanspeter Bornhauser,

Jahrgang 1941, ist in der Schweiz am Bodensee aufgewachsen. Er studierte in Bern und Paris (Wirtschafts- und Rechtswissenschaften) sowie in Harvard (Betriebswirtschaft und Marketing). Seine berufliche Tätigkeit begann er beim Schweizer Nahrungsmittelkonzern Nestlé in Vevey, wo er international im Marketing tätig war. Dann wechselte er in die Chemiebranche zu Ciba-Geigy in Basel (der Vorgängerfirma von Novartis); dort arbeitete er im Markenartikelbereich in Europa und den USA und übernahm bald Verantwortung auf Geschäftsleitungsebene. 1980 wechselte er zu Swissgas, Schweizerische Aktiengesellschaft für Erdgas, Zürich. Zuerst war er Direktor, später langjähriger CEO. In dieser Funktion und als Mitglied zahlreicher Verwaltungsräte sowie internationaler Gremien war er in der Schweiz und weltweit im Einsatz.

Im Buchverlag Andrea Stangl sind bereits erschienen:
Unsere ›Reise‹. Vom Menschen und seinen Irrfahrten.
ISBN 978-3-934969-81-0

Wir sind alle Optimisten. Den Fundamentalkräften des Lebens auf der Spur.
ISBN 978-3-934969-84-1

Hanspeter Bornhauser

Gefangen in ihrer Haut

Krimis und Schicksals-Erzählungen

Essays zu Seele und Dasein

Die Bibliografische Information der Deutschen Bibliothek
Die Deutsche Bibliothek verzeichnet diese Publikation in der Deutschen Nationalbibliografie; detaillierte bibliografische Daten sind im Internet über http://dnb.ddb.de abrufbar.

Originalausgabe
1. Auflage 2016
Einbandabbildung: © Jenny Sturm, Fotolia
Herstellung: Books on Demand, Norderstedt

ISBN 978-3-934969-87-2

Inhaltsverzeichnis

In Teil I sind die Personennamen und Ortsbezeichnungen frei gewählt. Ähnlichkeiten der geschilderten menschlichen Veranlagungen, Taten, Unterlassungen und Duldungen mit früheren oder aktuellen Beobachtungen bei anderen Personen sind aber nicht auszuschließen.

Für Marianne

Teil I

Tödliche Eskalation

Ein irritierender Hinweis

Kriminalkommissar Gustav Huber war mit seinem Dienstwagen auf der Rückfahrt nach Salzburg, wo er in der Zentrale der Kriminalpolizei des gleichnamigen österreichischen Bundeslandes seinen Arbeitsplatz hatte. Es war kurz nach vierzehn Uhr. Am Vormittag hatte er eine frühe Besprechung in Mittersill, das gut zwanzig Kilometer westlich von Zell am See liegt. Dann folgte eine private Begegnung in Zell am See, von wo es rund achtzig Straßenkilometer bis Salzburg sind. Man schrieb den 10. Mai 2000.

Huber, Mitte vierzig, 1,76 Meter groß, hatte mittelblondes, an den Schläfen leicht angegrautes Haar und blaugraue Augen. Er war stets auf ein gepflegtes, aber nicht übertrieben modisches Äußeres bedacht. Seit zwanzig Jahren war er verheiratet. Das Ehepaar Huber hatte eine Tochter und einen Sohn.

Während der Fahrt ließ sich der Kriminalkommissar das Gespräch während des Mittagessens in der attraktiven Touristendestination Zell am See durch den Kopf gehen. Zwei Monate zuvor, gut fünfundzwanzig Jahre nach der Matura*, war er bei einem Klassentreffen in Salzburg mit seinem Jugendfreund Fritz Neumeister zusammengekommen. Fritz war Lehrer geworden und hatte gleich eine Stelle in Zell am See gefunden, wo er seither unterrichtete. An der Klassenzusammenkunft fassten die

* österreichisch und schweizerisch für ›Abitur‹

beiden Schulfreunde eine private Begegnung ins Auge, und zwar verbunden mit einem kurzen Schulbesuch in der Klasse von Fritz.

Gustav Huber traf an diesem Vormittag gegen elf beim Schulhaus ein. Die Schüler blickten den Besucher mit neugierigen Augen an, als ihr Lehrer seinen Gast vorstellte und erklärte, dass sie die nicht sehr häufige Ehre hätten, einen leibhaftigen Kriminalkommissar im Schulzimmer um sich zu haben. Zur Auflockerung ergänzte Gustav Huber sofort: »Ich habe aber nicht die Absicht, jemanden zu verhören oder gar zu verhaften. Denn meines Wissens liegt in dieser Klasse keine Untat vor, die ein Eingreifen der Kriminalpolizei erfordern würde. Aber außerhalb der Schule weiß man natürlich nie.« Nicht alle Schülerinnen und Schüler fanden diese Ankündigung besonders lustig, aber die meisten merkten doch, dass der Kommissar aus Salzburg versucht hatte, so etwas wie einen Spaß zu machen.

Gustav Huber stellte sich seitlich in der hinteren Hälfte des Schulzimmers an die Wand und verfolgte den gut gestalteten Unterricht. Hinten saßen einige Schüler, bei denen er sofort erkannte, dass sie es hielten wie er seinerzeit, nämlich nach dem Motto ›Weit vom Geschütz, gibt alte Krieger‹. Die Besuchszeit verging wie im Flug, und schon war es Mittag. Die Kinder versorgten rasch ihre Schulsachen im Pult – zur Feier des Tages gab es keine Hausaufgaben – und verließen die Bildungsstätte. Und die beiden früheren Schulkameraden spazierten über den Platz ins Hotel ›Erzherzog Johann‹ zum Mittagessen, wo bereits die Gattin von Fritz auf sie wartete.

Der ›Erzherzog Johann‹ war ein Traditionshaus, dessen Inneneinrichtung viel Behaglichkeit ausstrahlte. Das Hotel gehörte einem Cousin von Frau Neumeister, der dort auch als Küchenchef wirkte und nach kurzer Zeit ins Speiserestaurant kam, um insbesondere den Besucher aus Salzburg freundlich willkommen zu heißen. Bald zog er sich wieder in die Küche zurück. Man entschied sich einhellig für Zwiebelrostbraten samt Beilagen und einen Zweigelt, den beliebten Rotwein aus dem Osten Österreichs.

Fritz und Gustav sprachen praktisch nicht über vergangene Zeiten, mit Rücksicht auf die Gattin des Lehrers. Sie sollte weder mit alten, ihr fremden Geschichten gelangweilt werden noch potenziell prestigeschädigende Details von einst erfahren. So war zuerst die Rede vom Wetter, dann vom starken Straßenverkehr in Zell am See, und am Rand wurden auch kurz einige Ereignisse der aktuellen Politik diskutiert. Als das Gespräch auf den in der Gegend wirtschaftlich wichtigen Tourismus kam, dauerte es nicht lange, bis Fritz die vor zwei Wochen im Waldsteig oberhalb Lofer gefundenen Reste einer seit fast vier Jahren vermissten deutschen Touristin erwähnte, einer gewissen Isa Goller. (Lofer liegt rund vierzig Kilometer nördlich von Zell am See).

Unter den Einheimischen habe dies größere Diskussionen ausgelöst. Immerhin verschwinde nicht in jeder Sommersaison ein Gast, dessen Reste erst Jahre später irgendwo aufgefunden würden. Zudem wirke das Ganze doch sehr merkwürdig. Gustav Huber entgegnete, dass er von diesem Vorfall gehört habe. Da er aber in die Sache seinerzeit nicht direkt involviert gewesen sei und auch jetzt persönlich nichts damit zu tun habe, kenne er die Details nicht genau. Ein Kollege in Salzburg habe sich damals mit dem Fall befasst und gehe nun erneut der Sache nach.

Der Kriminalkommissar wusste aber schon etwas mehr über die Angelegenheit, als er zugab, behielt dies aber für sich. Er hatte die üblichen Amtsnotizen durchgesehen, und bei internen Zusammenkünften wurde kurz über die Angelegenheit gesprochen. Der Fall war seinerzeit vorwiegend vor Ort bearbeitet worden. Die Gruppe eines Kollegen von der Kriminalpolizei in Salzburg unterstützte die Beamten in Zell am See, indem sie Kontakt mit der Polizei-Dienststelle in Stuttgart, dem Wohnort der vermissten Person, aufnahm. Seines Wissens blieb es danach still, bis zum kürzlichen Fund oberhalb Lofer. Danach folgten pathologische Abklärungen in Salzburg. Auch die Überbleibsel der Kleidungsstücke und der Ausrüstung wurden untersucht. Anhand der Haarproben, die vor knapp vier Jahren im Hotel in Zell am See und am Wohnort der Vermissten sichergestellt wurden, ließ sich durch DNA-Analyse jeglicher Zweifel beseitigen. Es handelte sich tatsächlich um das, was von der Urlauberin übrig geblieben war. Soviel Gustav Huber gehört hatte, gab es sonst keinen besonderen Befund. Er nahm an, dass sein in Salzburg mit der Angelegenheit betrauter Kollege die Akten bereits fertiggestellt und an die zuständige Justizbehörde weitergeleitet hatte.

Wie ihm sein Schulkamerad und dessen Gattin versicherten, ließ das Schicksal der deutschen Urlauberin die Leute in Zell am See und Umgebung nicht unberührt, weder damals bei ihrem Verschwinden noch jetzt nach dem Auffinden der Überreste der Frau und ihrer Kleidung. Die von einem Förster an einer doch sehr merkwürdigen Stelle entdeckten Spuren der Touristin gaben offenbar erneut Anlass zu zahlreichen Vermutungen. Das Ereignis wurde nicht einfach registriert und schon bald verdrängt wie ein Autounfall mit Leichtverletzten. Selbstverständlich trugen auch die Medien zu den Diskussionen bei.

Gustav Huber lag es fern, ohne speziellen Auftrag einer vorgesetzten Stelle sich in die Arbeit eines erfahrenen Kollegen einzumischen oder gar Empfehlungen in Bezug auf die Weiterbearbeitung zu erteilen. Auf der Heimfahrt nach Salzburg fragte er sich aber, ob es nur ein Unfall gewesen war, zumal Fritz Neumeister und dessen Gattin beim Mittagessen einige seltsame Bemerkungen gemacht hatten.

So bemerkte Fritz Neumeister: »Damals wurde man bald einmal auf Frau Goller aufmerksam. Ihre Kleidung war immer ziemlich ausgefallen. Oft auch gar farbenfreudig. Wenn sie durch Zell am See ging, schien sie es auf Männerblicke angelegt zu haben. Auch im Restaurant und in der Bar des ›Erzherzog Johann‹ war sie offensichtlich bestrebt, den Männern nicht verborgen zu bleiben. Die deutsche Reisegesellschaft, der sie angehörte, war ja hier untergebracht.«

Gustav Huber war erstaunt, sagte aber nur kurz, indem er das Lehrerehepaar abwechselnd fragend anblickte: »Ach ja?«

Darauf wurde Frau Neumeister – wie bei der Damenwelt zu delikaten Themen, wenn sie einmal im Gang waren, nicht unüblich – noch etwas deutlicher: »Die hat doch nach Männern geradezu Ausschau gehalten. Sie übertrieb es eindeutig. Das ging zu weit. Diese ziemlich billige Kokettiererei.«

Bei diesen gar scharfen Worten signalisierte Fritz sein Unbehagen, indem er den Oberkörper kurz hin und her bewegte. Es war ihm sichtlich nicht ganz wohl bei den typisch weiblichen Bemerkungen seiner Gattin, die sich – jedenfalls aus seiner Sicht – zwischen echter Indignation und mehr oder weniger beißender weiblicher Konkurrenzkritik bewegten. Denn ungern hatte mancher Mann die Goller sicher nicht gesehen. So viel stand für ihn fest.

Nach einer kleinen Pause fragte Gustav, an Frau Neumeister gewandt: »Finden Sie, dass das Auftreten der Frau etwas mit ihrem Tod zu tun gehabt haben könnte?«

»Ausschließen würde ich das nicht«, entgegnete Frau Neumeister, wobei sie sich etwas ins Schneckenhaus zurückzuziehen schien. Zögerlich fügte sie hinzu: »Obwohl … es könnte auch sein, dass es nichts damit zu tun hatte. Man weiß halt nie bei solchen Personen.«

Und Fritz ergänzte, indem er versuchte, eher abgeklärt zu wirken: »Vielleicht war alles ganz simpel. Denkbar wäre beispielsweise, dass sie eine momentane Schwäche erlitt, nachdem sie sich vom Weg entfernt hatte. Man fand die Überreste der Deutschen zwar nicht weit vom Pfad entfernt, aber doch an einer Stelle, die man von dort nicht einsehen konnte. Der Förster soll abseits des Wegs den schwierigen kurzen Hang hinaufgestiegen sein, um die Bäume zu begutachten. Deshalb sei er auf die Überreste gestoßen. Der Fundort kann etwas bedeuten, muss aber nicht.«

Gustav runzelte die Stirn. »Willst du damit sagen, dass die Frau, die zuerst auf dem Pfad stand oder ging, nur mit ganz besonderem Kraftaufwand sich dorthin begeben konnte, wo sie dann beispielsweise infolge einer plötzlichen Schwäche zusammenbrach und für andere Spaziergänger unsichtbar blieb?«

»Das würde ich für durchaus möglich halten«, bestätigte Fritz.

»Und wie viele solche Stellen gibt es entlang des Weges, eine, zwei oder mehr?«, fragte der Kommissar, wobei er sich Mühe gab, so zurückhaltend wie möglich zu wirken.

»Ich glaube nur eine«, meinte Frau Neumeister.

»Es könnten auch zwei sein«, warf Fritz ein. »Mehr kaum, es ist zu unwegsam und riskant abseits des Pfads. Es scheint mir etwas seltsam, aber natürlich nicht völlig undenkbar, dass man dort den Weg verlässt. Um absolut sicher zu sein, müsste man ganz genau nachsehen. Im Waldsteig selbst gibt es einige etwas steilere Stücke, die jedoch nicht wirklich gefährlich sind, zumal stellenweise Geländer montiert sind. Seit damals, als die Frau verschwand, hat sich meines Wissens dort oben nichts geändert. Im vergangenen Herbst haben wir eine Schulwanderung über den Steinkogl gemacht. Selbstverständlich hat von uns niemand den Weg im Waldsteig verlassen.«

Frau Neumeister gab zu bedenken: »Im Gebiet Waldsteig und Steinkogl ist es zwar sehr schön zum Wandern. Aber manchmal begegnet man dort während längerer Zeit keiner Seele. Im Fall einer körperlichen Schwäche oder eines Sturzes müsste man unter Umständen längere Zeit auf Hilfe warten. Und wenn man, weil man kein Mobiltelefon bei sich hat, nicht in der Lage ist, sich mit der Notrufzentrale in Verbindung zu setzen, kann es gefährlich werden. Das muss nicht zum Tod führen, aber geschehen könnte dies schon.«

»Und wenn es kein Unfall gewesen ist, der sich wie auch immer ereignet hat? Was könnte dann im Gebiet Waldsteig geschehen sein?«, fragte der Kriminalkommissar ernst.

»Nun, die Goller war ja so kontaktfreudig. Vielleicht hielt sie sich gar nicht allein im Waldsteig auf«, meinte Frau Neumeister mit etwas geheimnisvollem Unterton und ergänzte: »Genaueres weiß man ja nicht.«

»Fest steht, dass niemand ermittelt worden ist, der sie allein oder in Begleitung im obersten Waldsteig gesehen hat«, erläuterte Fritz. »Man hat sie schon gesehen, aber nicht dort. Alles ist doch sehr rätselhaft, zumal sie stets einen gesunden Eindruck gemacht haben soll und offenbar an mehreren Wanderungen ihrer Reisegesellschaft problemlos teilnehmen konnte.«

Frau Neumeister ergänzte: »Wir verfolgten seinerzeit die Zeitungsmeldungen genau und haben auch jetzt wieder darüber gelesen. Auch mit dem Wirtepaar von hier und mit Bekannten haben wir über das Ereignis diskutiert. Es muss am zweitletzten Ferientag der Reisegesellschaft geschehen sein, der die Goller angehörte. Am Morgen danach sollte die Abreise erfolgen.«

Und Fritz fügte hinzu: »Einige Mitglieder der Reisegesellschaft standen unter dem Eindruck, dass die Goller – wie allerdings auch andere – am Schlussabend höchstens zeitweise oder gar nicht teilgenommen hatte. Ganz sicher waren sie sich hinterher jedoch nicht, auch weil sich damals recht viele Leute verschiedener Reisegesellschaften im Hotelrestaurant aufhielten. Nach unseren Informationen, vor allem aus der Zeitung, wurde ihr Fehlen erst kurz vor der geplanten Abreisezeit registriert.«

Dann wechselte man das Thema und sprach über den Nachwuchs der Neumeisters und von Huber. Einige Ferienerlebnisse wurden ausgetauscht und nach einem herrlichen Apfelstrudel samt Kaffee näherte sich das Mittagessen dem Ende. Für Gustav war es Zeit aufzubrechen. Er bedankte sich für die liebenswürdige Einladung und bat das Ehepaar Neumeister, vor dem nächsten Besuch in Salzburg anzurufen, um ein Treffen mit ihm und seiner Gattin zu vereinbaren.

Kommissar Huber fuhr zügig nach Salzburg, wo er gegen halb vier eintraf. Auf seinem Pult hatte sich im Laufe des Tages neues Aktenmaterial angehäuft. Zudem wollte ihn sein Vorgesetzter in einer dringenden Personalangelegenheit gleich nach seiner Rückkehr sprechen. Der Rest der Arbeitszeit verging wie im Flug, und ziemlich spät kam Gustav Huber ins traute Heim, wo ihn häusliche Ereignisse in Beschlag nahmen.

Irgendwann mitten in der Nacht wachte er auf und dachte an den Besuch in der Schule, an das anschließende Mittagessen im ›Erzherzog Johann‹ und die kriminalistisch nicht uninteressante Diskussion über die deutsche Touristin. Der dunkle Punkt der noch unbekannten Ereignisse, die zu ihrem Tod geführt hatten, beschäftigte ihn derart, dass er nicht so schnell weiterschlafen konnte, wie er es gern getan hätte. Es lag weniger am Verschwinden der Person und der Entdeckung des Försters, denn derartige Ereignisse stellten für ihn nichts Besonderes dar. Zu berücksichtigen war auch, dass sein Schulfreund Fritz und dessen Gemahlin die polizeilichen Ermittlungsakten nicht kannten. Die beiden konnten nur berichten, was sie von verschiedenen Personen gehört und in der Zeitung gelesen hatten. Besonders aufgefallen war ihnen Isa Goller wohl deshalb, weil sie sich hin und wieder im ›Erzherzog Johann‹ beim Cousin von Frau Neumeister aufzuhalten pflegten.

Erstaunlich war für Huber vielmehr, dass die deutsche Touristin bereits vor ihrem Verschwinden Anlass zu eingehenden Diskussionen zwischen den Neumeisters und den Wirtsleuten vom ›Erzherzog Johann‹ gegeben hatte. Über die einzelnen Gäste spricht man ja selten. Aber überbewerten durfte man auch dies nicht. Und beim Vorfall im Waldsteig spielte die besondere Ortskenntnis der Leute aus der Gegend zwar eine Rolle, aber den exakten Fundort kannte offenbar kaum jemand. Der Förster, sicher ein erfahrener Berggänger, war eher zufällig dorthin gelangt, vielleicht sogar erstmals. Mysteriös war das Ganze schon.

Klar war, dass die bisherigen Ermittlungsresultate in Bezug auf die Schlussphase des Lebens von Frau Goller eine Lücke enthielten. Den zweifelsfreien Nachweis, dass die Frau allein gewandert war, dann von sich aus an die besonders schwer zugängliche Stelle gestiegen und dort plötzlich verstorben sein sollte, gab es nicht. Würde man es einfach bei einer diesbezüglichen Annahme belassen, wäre dies nicht ganz sauber. Aufgrund zusätzlicher polizeilicher Recherchen könnte man eventuell mehr Licht in die Sache bringen. Eine seltsame Unruhe erfasste Huber, und erst nach langem Hin-und-her-Wälzen konnte er endlich weiterschlafen.

Huber motiviert seinen Kollegen

Am nächsten Tag, es war Donnerstag, der 11. Mai 2000, wollte Kommissar Huber zuerst einige administrative Pendenzen erledigen. Kaum hatte er sich in seinem Bürostuhl installiert, klingelte das Telefon. Es war der Anruf seines ihm sehr sympathischen Kollegen Toni Gschwandler, der ihm zwar nicht in der Erscheinung, aber sonst in vielem sehr ähnlich war. Sie hatten die gleiche Wellenlänge.

Gschwandler war wie Huber Mitte vierzig, aber etwas kleiner, 1,72 m groß, hatte braune Augen und war auffallend breitschultrig, leicht übergewichtig und von insgesamt gewinnendem Äußerem. Er trug eine ziemlich starke Brille mit dünnem, silberfarbenem Metallgestell. Sein braunes Haar war kurz geschnitten, ohne Scheitel und noch kaum angegraut. Er legte Wert auf eine tadellose Kleidung, ohne modischen Firlefanz.

Als Frühaufsteher mit besonderer Morgenfrische ausgestattet, sagte Toni Gschwandler ziemlich schwungvoll: »Hallo Gustav, ich ahne, dass du noch keine Zeit hattest, alle deine Akten anzuschauen. Entschuldige! Wie geht es dir?«

»Hallo, bestens«, erwiderte Gustav Huber und blickte mit gemischten Gefühlen auf den Aktenstoß, der ihn auf seinem Pult erwartete.

Toni Gschwandler spürte aus dem Tonfall seines Kollegen, dass er ungelegen kam, wollte aber nicht aufgeben. »Verzeih den Überfall im Morgengrauen. Aber ich muss dich dringend etwas fragen.«

Gustav Huber wusste, was er dem lieben Toni schuldig war, und entgegnete: »Schon gut. Also schieß los.«

»Ich will nicht lange werden und möchte dich nicht am Telefon aufhalten. Aber könnten wir uns noch kurz sehen, um die auf vierzehn Uhr anberaumte Sitzung der Polizeidirektion vorzubesprechen?«

Huber kam die Idee gelegen, und sie vereinbarten, sich kurz nach elf zu treffen. Gerade wollte Gschwandler das Gespräch beenden, da warf Huber ein: »Du, Toni, jetzt, wo ich dich zufälligerweise am Draht habe, hätte ich auch noch etwas. Hast du noch kurz Zeit?«

»Ja, natürlich. Ich bin ganz Ohr.«

»Gestern, auf der Rückfahrt von Mittersill, habe ich in Zell am See haltgemacht und zum Mittagessen einen alten Schulkameraden aus der Gymnasialzeit getroffen, der dort als Lehrer wirkt. Seine Frau war auch dabei.«

»Eine schöne Abwechslung an einem schönen Ort.«

»Keine Frage. Aber der Besuch beschränkte sich nicht auf das Wiedersehen und ein Gespräch über die Schönheit der Gegend. Plötzlich ging es nämlich fast nur noch um eine tote deutsche Touristin.«

»Du meinst den Fall Goller?«, fragte Gschwandler rasch zurück.

»Genau. Das Ehepaar Neumeister – so heißen der Lehrer und seine Angetraute – erwähnte die kürzlich gefundenen Überreste der Frau und ihrer Kleider samt Ausrüstung. Der Ursprung der Sache liegt ja fast vier Jahre zurück. Aber das weißt du besser als ich.«

»Ja, im August werden es vier Jahre sein. Du weißt aber, dass die Sache in erster Linie in die Zuständigkeit der Kollegen in Zell am See fällt. Auf deren Ersuchen hin unterstützte ich sie mit meinen Leuten seinerzeit, als die Frau plötzlich verschwunden war, aber lediglich wegen des Kontakts nach Deutschland und der doppelten Haarproben für eine allfällige spätere DNA-Analyse. Nun bin ich erneut damit befasst, aber nur ganz am Rand. Eigentlich handelt es sich um etwas für die Gerichtsmedizin«, entgegnete Toni.

»Schon klar«, sagte Gustav, bemüht, ruhig zu wirken. Dann gab er sich einen Ruck und fügte möglichst zurückhaltend bei: »Weißt du, die Neumeisters machten im Gespräch einige merkwürdige Andeutungen, die ich selbstverständlich nicht kommentierte. Ich muss aber gestehen, dass bestimmte Bemerkungen bei mir eine gewisse Unruhe ausgelöst haben.«

»Unruhe, aha?«

»Ja, zugegeben. Wirkt möglicherweise etwas erheiternd. Trotzdem. Auch will ich – du weißt das – niemandem ins Handwerk pfuschen, selbst wenn ich jetzt in Zell am See einige vielleicht interessante Details erfahren habe. Ob sie tatsächlich relevant sind und etwas zu bedeuten haben, ist natürlich völlig offen.«

»Aber irgendetwas kitzelt dich schon ein bisschen?«, schob Toni Gschwandler neckend ein.

»Selbstverständlich. Insbesondere bin ich erstaunt, dass die Touristin in der nicht gerade kleinen Gemeinde Zell am See mit ihren vielen Besuchern offenbar mehreren Leuten aufgefallen ist.«

»Also das, lieber Gustav, kommt auch vor, wenn nachher nichts passiert. Sogar du könntest gestern in Zell am See jemandem aufgefallen sein.«

»Einverstanden. Aber die Lehrersleute sagten, dass die Deutsche sich mit anderen Personen, auch einheimischen, rasch angefreundet habe. Es sei ihnen jedoch nicht bekannt, ob lediglich oberflächliche Kontakte bestanden hätten oder ob es zu weitergehenden Beziehungen gekommen sei.«

»Na ja, es wird immer viel geschwatzt. Aber daran ist schon etwas. Wir haben so einiges über die Dame gehört«, warf Toni vieldeutig ein.

»Also doch«, fuhr Gustav fort und kam hörbar in Fahrt. »Die Neumeisters hielten es für wenig wahrscheinlich, dass jemand am letzten Ferientag, kurz vor der Abreise, sich allein, einfach so, noch auf eine jedenfalls nicht gerade naheliegende Wanderroute begeben könnte.«

»Das fanden wir damals auch. Aber wer will schon alles verstehen, was die Leute antreibt und wohin es sie treibt?«, entgegnete Toni Gschwandler etwas gar abgeklärt und fast professoral. Offensichtlich wollte er seinem Freund und Kollegen, humorvoll zwar und ohne zu verletzen, signalisieren, dass eine entspanntere Sichtweise am Platze sein könnte.

»Natürlich sind die Pfade manchmal gar verschlungen oder unerklärlich. Immerhin fanden es meine Gastgeber ziemlich merkwürdig, dass die Überbleibsel ausgerechnet an einer Stelle gefunden wurden, die man vom Weg aus offenbar schwer erreichen und nicht einsehen kann.«

»Aber Gustav, du wirst mir beipflichten, dass so etwas vorkommt, auch wenn es, zugegeben, recht ungewöhnlich ist. Es muss nicht unbedingt etwas bedeuten.«

»Schon, Toni, aber ich frage mich, ob die Frau nicht zu einer Wanderung im Waldsteig-Gebiet animiert wurde, und zwar von jemandem außerhalb der Reisegruppe, die sich damals ja auf die Heimreise vorbereitete.«

»Lieber Gustav, du weißt ja, dass ich immer versuche, nicht voreingenommen zu sein. Und von dir lasse ich mir sowieso praktisch alles gefallen. Ich …«

»Na, na, übertreibe mal nicht.«

»Doch, doch, Gustav, ich finde, dass wir das Thema in Ruhe miteinander anschauen sollten. Allein schon, um deinen schlaflosen Nächten ein Ende zu bereiten. Das bin ich dir schuldig. Vielleicht ist ja wirklich etwas dran an deinen Gefühlen und den Ahnungen des Lehrerpaares. Man kann nie wissen.«

»Nun, sie wollten natürlich nichts gesagt haben und uns keine Umstände machen, tun es aber trotzdem. Und ich bin auf den Zug aufgesprungen. Verzeih.«

»Natürlich sei dir noch einmal verziehen«, erwiderte Toni recht gelöst.

»Du findest also auch, dass wir zwei uns gewissermaßen in einer Spezialübung nochmals das Dossier vornehmen sollten?«, fragte Gustav Huber in etwas gekünstelt zurückhaltendem Ton, aus dem man eine gewisse Freude über die grundsätzlich bereits erteilte Zustimmung durchaus heraushören konnte.

»Ja, wenn auch du bereit bist, möglichst unvoreingenommen an die Sache heranzugehen«, entgegnete Toni Gschwandler.

»Das ist doch selbstverständlich.«

»Ich sende dir vorweg eine Kopie der bisherigen Ermittlungsergebnisse und meines speziellen Berichts über den Fall. Nächste Woche werde ich mich hierzu telefonisch melden. Servus, mein Lieber. Also, bis kurz nach elf.«

Gustav Huber bedankte sich bei Toni Gschwandler. Er war sich im Klaren, dass er sich eine allenfalls aufwendige, aber sicher interessante Zusatzaufgabe aufgehalst hatte. Und dabei litt er keineswegs unter Arbeitsmangel. Dasselbe galt auch für den Kollegen Gschwandler.

Bereits am folgenden Tag erhielt er mit der internen Post die versprochenen Unterlagen.

Die Akte Isa Goller

Beim Durchsehen der Akte, die ihm Toni Gschwandler gesandt hatte, konnte Gustav Huber Folgendes zur Kenntnis nehmen: Am 21. August 1996, einem Freitag, war Isa Goller im ›Erzherzog Johann‹ in Zell am See zum letzten Mal gesehen worden. Verstorben dürfte sie wahrscheinlich an diesem Tag oder am 22. August 1996 sein. Isa Goller (Foto aus dem

Jahr 1996 bei den Akten), geboren am 16. November 1955 in Singen/ Deutschland, war deutsche Staatsangehörige, geschieden, keine Kinder, konfessionslos, Haare schwarz gefärbt, Augen braun, zuletzt wohnhaft gewesen in Stuttgart, wo sie in einer Klinik als Stationsschwester gearbeitet hatte. Der Vater war unbekannt. Die Mutter, Britta Goller geb. Vollenmüller, lebte von 1916 bis 1979. Überlebende Verwandte waren keine bekannt.

Aus dem zusätzlichen Bericht der Kollegen in Stuttgart, der auch auf amtlichen Angaben aus Tübingen basierte, ging Folgendes hervor: Isa Goller wuchs zuerst in Singen und dann in Tübingen auf, wo sie die Schule bis zur mittleren Reife besuchte. Danach machte sie in einem Tübinger Sanitätsgeschäft eine Lehre als Verkäuferin. Im Jahr 1973 schloss sie die Lehre ab und begann die Ausbildung zur Krankenschwester in Ravensburg, wo sie bis 1982 blieb. Anschließend wechselte sie an die Konrad-Klinik in Stuttgart. Dort arbeitete sie als Stationsschwester, als sie im August 1996 ihre letzte Ferienreise antrat, die sie erneut nach Zell am See führte. Frau Goller galt an ihrem Arbeitsplatz in Stuttgart als aufgeschlossen und zuverlässig. Da sie kein Führungstalent hatte, erfüllte sie die Voraussetzungen für eine Vorgesetztenrolle nicht. Die Funktion einer Oberschwester blieb ihr deshalb vorenthalten, was sie aber nicht sonderlich beschäftigte, da sie ihre Tätigkeit befriedigte. Die im Jahr 1984 geschlossene Ehe mit einem Bernhard Kittel wurde 1988 geschieden, und Isa Goller nahm wieder ihren ledigen Namen an. Die Kollegen von der Polizei in Stuttgart berichteten zudem nach Salzburg, dass Frau Goller nach Aussage von Bekannten zu den eher lebenslustigen Menschen gezählt worden sei. Nach ihrer Scheidung schien sie ziemlich häufig wechselnde Männerbekanntschaften gehabt zu haben. Zudem hieß es, dass keine weiteren Besonderheiten zu vermelden seien.

Auch ein Bericht der Polizei von Zell am See lag vor. Demnach hatte Frau Goller bereits ihre dritten, jeweils zweiwöchigen Sommerferien mit dem Stuttgarter Reiseunternehmen ›TopTour‹ in Zell am See verbracht, wiederum im Hotel ›Erzherzog Johann‹. Aus dem Programm, das dem Polizeibericht beilag, konnte Kommissar Huber Folgendes entnehmen:

Die An- und Rückreise erfolgte per Bus. Von Zell am See aus wurden dann mit dem gleichen Bus Tagesausflüge zum Großglockner und nach Heiligenblut, nach Salzburg, zum Wolfgangsee und so weiter gemacht. Dazwischen gab es Tage zur freien Verfügung und Gelegenheit, an organisierten Wanderungen in der Region um Zell am See teilzunehmen. Dabei kam es vor, dass die Wanderlustigen per ›TopTour‹-Bus zu einem Ausgangspunkt gefahren wurden. Wenn das Ziel einer Wanderung nicht Zell am See war, stand am Schluss der Bus bereit und brachte die Gruppe zum Hotel zurück. So sorgte ein offensichtlich reichhaltiges Programm für Abwechslung, und vielfältige Ferienerlebnisse waren selbst bei vorübergehend ungünstiger Witterung gewährleistet. Im Programm fehlte auch der Hinweis nicht, dass Zell am See und Umgebung am Abend zahlreiche Unterhaltungsmöglichkeiten bieten – vom gemütlichen Stimmungslokal bis zum Tanzvergnügen mit ›Live‹-Musik‹ oder in einer Disco.

Zudem konnte Gustav Huber zur Kenntnis nehmen, dass nicht nur die Lehrersleute, mit denen er zusammengetroffen war, vom auffallenden Benehmen von Isa Goller erzählt hatten. Die Polizei in Zell am See war von verschiedenen Zeugen nach dem Verschwinden der Deutschen informiert worden, dass die Touristin sich gern nächtelang in Tanzlokalen aufgehalten habe und Männerbekanntschaften offensichtlich nicht abgeneigt gewesen sei. Ob sie sich mit einzelnen näher eingelassen hatte, konnte aber nicht in Erfahrung gebracht werden. Zum Kreis der männlichen Personen, mit denen sie gesehen worden war, gehörten Touristen und Einheimische. Von Letzteren konnte die Polizei aber keine Namen in Erfahrung bringen. Offenbar wollte niemand Indiskretes verbreiten oder einen Bekannten im Zusammenhang mit einer polizeilichen Untersuchung in Bedrängnis bringen. Ein auswärtiger Zeuge, der sich ziemlich, aber nicht absolut sicher war, meinte, Isa Goller eines Abends in Begleitung eines Mannes von Mitte bis Ende vierzig in der ›Tenne‹, einem Lokal in Saalbach-Hinterglemm, etwa zwanzig Kilometer nördlich von Zell am See, gesehen zu haben.

Über die letzten beiden Tage der betreffenden Reise von ›TopTour‹

ging der Polizeibericht aus Zell am See vom 25. September 1996 ziemlich in die Details.

In Teil 1 hielt er fest:

Am Morgen des 22. August 1996, einem Samstag, als der Bus um halb zehn für die Rückreise nach Stuttgart bereitstand, erschien Isa Goller nicht. Niemand konnte sich ihr Fehlen erklären. Als man in ihrem Zimmer nachsah, fand man das Bett unberührt, das Gepäck stand nicht bereit, nichts deutete auf eine baldige Abreise hin.

Am Vortag, dem 21. August, nach dem Frühstück, wurde Isa Goller im Hotel zum letzten Mal gesehen, und zwar von Theodora Gaberl, einer Aushilfe am Empfang. Das Wetter war ungewöhnlich kühl. Es dürfte kurz nach zehn Uhr gewesen sein. Isa Goller, wie immer chic angezogen, trug recht elegante Wanderkleidung und hatte nur einen mittelgroßen roten Beutel mit einer Kordel als Verschluss bei sich; den Beutel konnte man auch an die Schulter hängen. Ihr hellblauer Anorak und die dunkelblaue Hose sowie ebenfalls dunkelblaue Wanderschuhe passten prima zusammen (zur Kleidung und dem Beutel lagen Fotos von ähnlichen Gegenständen dem Bericht bei, zusammengestellt aufgrund der Angaben der Aushilfe). Vermutlich ihrer Frisur zuliebe verzichtete Isa Goller auf einen Hut. Wegen der unfreundlichen Witterung hatte sie aber ein Kopftuch und einen Knirps in der Hand. Sie verließ das Hotel nur mit einem kurzen Gruß. Welchen Weg sie eingeschlagen hatte, wusste niemand.

Bevor Isa Goller am 21. August 1996 zum Frühstück ging, etwa um acht Uhr, verließ sie – laut übereinstimmender Aussage des Portiers Karl Korber und von Frau Berta Hepp, die als Urlauberin zur Stuttgarter Reisegesellschaft ›TopTour‹ gehörte – ziemlich zielstrebig, also nicht irgendwie gelangweilt oder unentschlossen, das Hotel. Mehrere Personen, darunter der Portier Korber, sahen sie bald darauf bei der Rückkehr ins Hotel erneut. Sie ging direkt in den Frühstücksraum. Während des Morgenessens meinte Frau Goller zu Herrn Hans und Frau Frieda Turler, einem älteren Ehepaar aus der Reisegesellschaft, mit dem sie den Tisch teilte, dass man noch eine letzte Wanderung in der näheren Umgebung machen könnte, beispielsweise rund um den See. Die Bemerkung kam aber ungelegen. Nach Aussage von Frau Turler war diese insofern überflüssig, als sie und ihr Mann schon vorher gegenüber Isa Goller klar signalisiert hatten, dass sie nur noch einen recht kurzen Bummel am Ufer in Zell am See selbst machen wollten und die Absicht hatten, ein Geschenk für ihr Enkelkind zu kaufen.

Zu dem Gespräch gab es eine ganz aktuelle separate Kurznotiz der Polizei von Zell am See, datiert vom Dienstag, 2. Mai 2000. Sie lautete: Nachdem die Gerichtsmedizin in Salzburg zweifelsfrei festgestellt hat, dass es sich bei den im obersten Waldsteig gefundenen Skelettresten um diejenigen von Isa Goller handelt, wirkt die von ihr dem Ehepaar Turler am 21. August 1996 zirka um 9 Uhr vorgetragene, aber unwillkommene Idee einer Wanderung rund um den See besonders eigenartig. Da Isa Goller bereits wusste, dass ihr Vorschlag beim Ehepaar Turler nicht auf Zustimmung stoßen würde, wollte sie vermutlich von ihrem eigentlichen Ziel ablenken, das ganz woanders lag. Vielleicht tat sie dies, damit sich die Turlers wegen ihrer Abwesenheit beim Mittagessen und auch beim Nachtmahl nicht beunruhigten und annehmen würden, sie habe halt ihren Seerundgang verlängert.

In Teil 2 des Polizeiberichts aus Zell am See vom 25. September 1996 stand:

Weitere Nachforschungen ergaben, dass Frau Goller am 21. August 1996 um 10.35 Uhr beim Rathaus von Zell am See den Bus genommen hatte und an der Haltestelle am südlichen Dorfeingang der Gemeinde Lofer (gut 38 km nördlich von Zell am See) um 11.30 Uhr ausstieg.

Allein wandernd, dürfte sie dann auf folgender Route unterwegs gewesen sein: Zuerst vom Dorfrand von Lofer zum unteren Ende des Waldsteigs, dann durch den Waldsteig zum Steinkogl, dem obersten Punkt des betreffenden Bergrückens, und von dort zum Gasthof ›Almlust‹, der sich auf einer unterhalb gelegenen Hochebene befindet. Drei Männer mittleren Alters (Namen und Adressen beiliegend), welche die Strecke in entgegengesetzter Richtung zurücklegten, begegneten ihr. Anhand des Fotos aus dem in ihrem Hotelzimmer vorgefundenen

Reisepass, das am 25. August 1996 in den ›Salzburger Nachrichten‹ und in der ›Kronenzeitung‹ erschien, erkannten sie Isa Goller sofort und übereinstimmend wieder. Bereits am 26. August konnten sie persönlich befragt werden und wichtige Angaben machen. Die drei Männer waren am 21. August vom Gasthof ›Almlust‹ zum Steinkogl unterwegs; wenige Meter vor dem Ende des Aufstiegs kam ihnen Isa Goller entgegen. Nach Schätzung der Dreiergruppe musste es etwa 13.15 Uhr gewesen sein. Die Männer hatten in der ›Almlust‹ zirka um halb zwölf einen Halt eingelegt. Kurz nach 12.30 Uhr waren sie wieder aufgebrochen, in Richtung Steinkogl und Waldsteig. Man sei etwas erstaunt gewesen, an dem eher trüben und ziemlich kühlen Tag eine Frau allein beim Wandern anzutreffen, die offensichtlich soeben das steile Waldsteig-Gebiet hinter sich gelassen hatte.

Anmerkung: Von der genannten Bus-Haltestelle in Lofer zum unteren Ende des Waldsteigs dauert der Spaziergang etwa 15 Minuten. Für den Aufstieg durch den steilen Waldsteig zum Steinkogl benötigt man normalerweise kaum weniger als 75 Minuten, viele Wanderer brauchen bis zu 90 Minuten.

Ohne anzuhalten, soll Isa Goller bei der kurzen Begrüßung zur Dreiergruppe etwas wie »Viele Leute sind auf der anderen Seite nicht unterwegs« gesagt haben. Sie schien keine Zeit verlieren zu wollen. Ihr Weg musste sie direkt hinunter zum Gasthof ›Almlust‹ führen.

Am 27. August wurde Frau Erika Zauner, Kellnerin in der ›Almlust‹, befragt. Soweit sie sich erinnern konnte, betrat Isa Goller kurz vor vierzehn Uhr das Bergrestaurant und ging direkt zur Toilette. Danach schaute sie sich flüchtig im Lokal um und setzte sich dann – trotz des ziemlich rauen Wetters mit einem kühlen Bergwind – auf die Terrasse. Nur sie hatte dort Platz genommen. Die Kellnerin habe sie gefragt, ob sie nicht lieber ins Lokal kommen wolle, wo es doch wärmer sei. Aber die ihr unbekannte Frau zog es vor, draußen zu bleiben. Immerhin wählte sie einen Tisch, der etwas im Windschatten war, mit Blickrichtung zum Steinkogl-Hang und auch zum Parkplatz, wo die Ausflügler ohne Neigung zum Wandern ihre Fahrzeuge hinstellten und dann zur ›Almlust‹

gingen. Gemäß Erika Zauner schaute Isa Goller fast unentwegt zum Steinkogl, bestellte eine warme Suppe, zahlte gleich, als sie diese erhielt, und sagte sonst nichts. Als die Kellnerin nach einiger Zeit, es dürfte so nach halb drei gewesen sein, auf der Terrasse nachsah, war die Frau verschwunden. Die Kellnerin schaute sich aber nicht lange nach ihr um, vor allem weil sie bei der kühlen Temperatur froh war, gleich wieder in die warme Gaststube zurückkehren zu können. Nach Isa Goller kamen keine weiteren Gäste ins Bergrestaurant, weder vom Steinkogl noch vom Parkplatz her.

Damals wurde angenommen, dass Isa Goller wahrscheinlich mit einem Privatauto eines Bekannten oder sonst einer zum Transport bereiten Person in Richtung Tal gefahren sein könnte. Denn der Postbus verkehrte erst um 17.30 Uhr, etwa drei Stunden nach ihrem Verschwinden von der Terrasse der ›Almlust‹. Im Übrigen konnten sich seinerzeit weder der betreffende Busfahrer noch zwei ausfindig gemachte Passagiere an sie erinnern. Denkbar erschien auch, dass sie sich wegen des kühlen Windes auf der Terrasse bald einmal entschlossen hatte, auf dem kurz unterhalb der ›Almlust‹, hinter dem Parkplatz beginnenden Fußweg ins Tal zurückzukehren. Allerdings blieb die dort durchgeführte Suche mit Spürhunden ergebnislos. Ob sie auf der Straße ins Tal spaziert war? Niemand konnte zur Frage ihres Eintreffens bei der Bushaltestelle im Tal zuverlässige Angaben machen. Dem Fahrer des am späten Nachmittag verkehrenden Busses von Lofer nach Zell am See war keine Passagierin aufgefallen, die Isa Goller geglichen hätte. Zudem konnte sich in Lofer niemand an eine Autostopperin erinnern, die an jenem späteren Nachmittag eine Mitfahrgelegenheit gesucht und ihr ähnlich gesehen hätte. Und auf den polizeilichen Aufruf hin wurde kein Autofahrer ausfindig gemacht, der hätte bestätigen können, sie an der Straße bemerkt oder sogar nach Zell am See gefahren zu haben. Letzteres schloss aber nicht aus, dass sich ihr auf dem Parkplatz bei der ›Almlust‹ dennoch eine Mitfahrgelegenheit geboten hatte, sie dann aber nicht nach Zell am See gelangte. Im stark erweiterten Umkreis der Strecke von Lofer nach Zell am See fand die Polizei jedoch keine Spuren einer getöteten weiblichen

Person. Mit Bezug auf das in Betracht gezogene Gebiet entfiel folglich die Variante, dass Isa Goller am 21. August 1996 nach 14.30 Uhr als Autostopperin oder Mitfahrerin unterwegs gewesen und umgebracht worden sein könnte.

Abwegig schien damals die Idee, sie könnte von der ›Almlust‹ her wieder zum Steinkogl hinauf und dann durch den Waldsteig zu Tal gewandert sein, um nach Lofer zu gelangen. Mit dem Ziel Lofer wäre diese Variante nicht nur wesentlich anstrengender gewesen, sondern hätte auch mehr Zeit gebraucht.

Damit schloss der Polizeibericht vom 25. September 1996.

Dreieinhalb Monate nach dem Verschwinden von Isa Goller, mit Datum vom 11. Dezember 1996, wurde ein vorläufiger Schlussbericht der Polizei von Zell am See hinzugefügt, aus dem Folgendes hervorging:

- Weder unmittelbar nach dem Verschwinden von Isa Goller von der ›Almlust‹-Terrasse am 21. August 1996, etwa um 14.30 Uhr (Zeugenaussage Erika Zauner vom 27. August 1996) noch in den folgenden drei Monaten meldeten sich weitere Personen bei der Polizei, um über eine Begegnung mit Isa Goller nach dem genannten Zeitpunkt zu berichten. So blieben die Ergebnisse der Nachforschungen auf dem Stand laut Bericht vom 25. September 1996.
- Eine spezielle Kontaktnahme in der ›Tenne‹ in Saalbach-Hinterglemm, wo Isa Goller möglicherweise einmal zum Tanzen gewesen war, erachtete die Polizei nicht für zweckdienlich. Denn Frau Goller war ja nachher wieder in Zell am See bei der Reisegesellschaft ›TopTour‹ gewesen.

Der Bericht schloss mit dem Hinweis, dass auf Anordnung der vorgesetzten Stelle in Salzburg keine weiteren Aktivitäten in dieser Angelegenheit zu entfalten seien, außer bei etwaigen neuen Erkenntnissen oder Meldungen an die Polizei.

Dann, am 21. April 2000, drei Jahre und acht Monate nach dem 22. August 1996 (Datum des von ›TopTour‹ festgestellten Verschwindens von Isa Goller) wurde der vorstehende Bericht aktualisiert: Der unter anderem für das Waldsteig-Gebiet zuständige Förster Franz Kühstaller alarmierte die Polizei. Er hatte die Überreste eines Skeletts, von Kleidungsstücken sowie eines Beutels im obersten Teil des Waldsteigs gefunden, an einer schwer zugänglichen Stelle, die man vom Wanderweg aus nicht sehen konnte.

Gustav Huber unterstrich im Bericht drei Stellen: Erstens, wo die Kellnerin Erika Zauner erklärte, Frau Isa Goller habe am 21. August 1996 kurz vor vierzehn Uhr den Gasthof ›Almlust‹ betreten. Zweitens die Bemerkung von Erika Zauner, nur Frau Goller habe sich auf die kalte Terrasse gesetzt und fast dauernd zum Steinkogl geschaut. Und drittens, dass Frau Zauner ausgesagt hatte, kurz nach 14.30 Uhr sei die Frau verschwunden gewesen.

Eine rätselhafte Wanderroute und ein wichtiger Zeuge

Nach dem Fund der Überreste von Isa Goller im obersten Teil des Waldsteigs sah es ganz danach aus, dass sie aus irgendeinem Grund doch via Steinkogl in den Waldsteig zurückgekehrt war. Weshalb hatte sie diesen beschwerlichen Weg eingeschlagen, den Weg, welchen die Polizei seinerzeit für nicht plausibel hielt, auch angesichts der ungünstigen Witterung? Konnte man das Ereignis einfach als rätselhaften Unfall im oberen Waldsteig abtun und ad acta legen?

Mittwoch, 17. Mai 2000. Kommissar Gschwandler telefonierte mit seinem Kollegen Huber. »Du, Gustav, hättest du bald einmal einen Moment Zeit, um den Fall Isa Goller, an dem du doch speziell interessiert bist, zu besprechen? Die Unterlagen hast du ja sicher durchgesehen. Mir ginge es um das weitere Vorgehen.«

Kommissar Huber war nur zu gern bereit, der Anfrage nachzukommen, und ging zehn Minuten später ins Büro seines Kollegen. Toni Gschwandler hatte eine Wanderkarte über das Steinkogl-Gebiet und Lofer auf den separaten Besprechungstisch gelegt und das Tonband samt

Mikrofon vorbereitet, um die bevorstehende Diskussion aufnehmen zu können.

In Bezug auf die Zeitverhältnisse stellten die beiden Kriminalisten Folgendes fest: Isa Goller wurde nachmittags kurz nach halb drei auf der Terrasse der ›Almlust‹ plötzlich nicht mehr gesehen. Für den Aufstieg vom Gasthof zum Steinkogl hätte sie, laut telefonischer Auskunft der Polizei von Lofer, fünfundvierzig, mit einem Halt etwa sechzig Minuten benötigt. Und vom Steinkogl bis zum Fundort der Reste von Isa Goller im obersten Teil des Waldsteigs dürften wahrscheinlich fünf bis zehn Minuten vergangen sein. Aufgrund dieser Routenwahl, ohne einen Zwischenhalt einzurechnen, und unter Annahme eines ganz kurzen Tötungsvorgangs bzw. eines raschen Kollapses am späteren Fundort, konnte der Tod von Isa Goller nicht vor etwa 15.30 Uhr eingetreten sein. Mit einiger Wahrscheinlichkeit war es aber etwas später, vielleicht sechzehn Uhr oder gar 16.15 Uhr, je nach den Ereignissen, die sich dort oben am 21. August 1996 abgespielt hatten.

Für beide Kommissare war klar, dass die Spurensuche auf der Waldsteig-Seite des Berges vordringlich war. Trotz der langen Zeit, die seit dem Tod von Isa Goller verstrichen war, erschien es möglich, dass sich noch irgendeine verwertbare Spur im Raum des Geschehens finden ließe. Nun, die sofortige intensive Nachkontrolle im Waldsteig war vergebens. Zudem resultierten keine neuen Hinweise aus der nochmaligen Kontaktnahme mit der seinerzeitigen Dreierwandergruppe, die anhand der Unterlagen leicht ausfindig gemacht werden konnte. Die drei Männer hatten an jenem kühlen Tag, nachdem sie rasch durch den Waldsteig abgestiegen waren, nachweisbar bereits vor 14.30 Uhr ihr Hotel im Tal erreicht, den ›Bergblick‹ in Lofer, wo sie den restlichen Nachmittag mit entspannender Körperpflege in der Sauna und dann mit Kartenspielen verbracht hatten.

Nach diesen unergiebigen Feststellungen kamen Huber und Gschwandler am 22. Mai 2000 erneut im Büro von Letzterem zusammen. Wieder waren Wanderkarte und Tonbandgerät bereit. Unwahrscheinlich erschien den Kriminalisten die Vorstellung, dass Isa Goller etwa um halb drei am 21. August 1996 bei der ›Almlust‹ in einen Privatwagen eingestiegen sein könnte. Denn auf diese Weise wäre sie zwar rasch ins Tal gelangt, hätte dann aber im betreffenden Auto oder zu Fuß wieder ans untere Ende des Waldsteigs zurückkehren müssen, um von dort erneut in Richtung Steinkogl hinaufzusteigen. Wenn der Steinkogl ihr Ziel gewesen sein sollte, hätte sie doch leichter dorthin gelangen können durch den direkten Aufstieg von der ›Almlust‹ her, also auf dem Weg, den sie zuvor für den Abstieg zum Bergrestaurant benutzt hatte.

Gustav Huber gab zu bedenken: »Isa Goller saß trotz der sicher auch für sie sehr kühlen Witterung allein auf der Terrasse der ›Almlust‹, was sich nur damit begründen lässt, dass sie nach jemandem, den oder die sie rasch erkennen und nicht verpassen wollte, Ausschau hielt.«

Toni Gschwandler ergänzte: »Und wir müssen vorerst annehmen, dass sie die betreffende Person eher vom Steinkogl als vom Parkplatz her erwartete. Sie blickte ja gemäß Aussage der Zeugin Zauner unentwegt zum Berg hinauf.«

Und Huber fügte bei: »Es ist davon auszugehen, dass die Person für Isa Goller sehr wichtig war. Denn wegen ihr begab sich die Deutsche am letzten Ferientag ziemlich weit weg von Zell am See, um eine Wanderung über den Steinkogl zu unternehmen.«

Gschwandler meinte: »Ich würde nicht ausschließen, dass die Person, auf die Isa Goller wartete, nicht in der ›Almlust‹ gesehen werden wollte. Deshalb wartete Isa Goller in der Kälte auf der Terrasse, um ihr, bei erstem Sichtbarwerden, entgegengehen zu können.«

»Vielleicht war die Terrasse der ›Almlust‹ als äußerste Möglichkeit für eine Zusammenkunft vorgesehen«, fiel ihm Huber ins Wort.

Und Gschwandler stimmte zu: »Klar, sonst hätte Frau Goller nicht via Waldsteig und Steinkogl zur ›Almlust‹ wandern müssen. Wahrscheinlich waren die Begegnung und der Beginn der gemeinsamen Wanderung früher, im Idealfall schon am unteren Ende des Waldsteigs, geplant.«

Gschwandler hielt einen Moment inne und fragte dann: »Was hältst du von folgender Idee? Isa Goller, frierend auf der Terrasse sitzend, stellte plötzlich fest, dass sie einen wichtigen Gegenstand verloren hatte. Sie ging dann zwar nicht ein zweites Mal ins Lokal und auf die Toilette, um nachzusehen oder zu fragen. Aber vielleicht hatte sie den Gegenstand in einer Jackentasche aufbewahrt, und die Jacke hatte sie schon bei ihrer Ankunft auf der Terrasse gelassen. Weil sie niemanden in der Nähe sehen konnte und der Reißverschluss offen war, gab es für sie nur die Möglichkeit, dass der Gegenstand unterwegs aus der Jackentasche auf den Weg gefallen sein musste. Der Startpunkt für die Suche wäre demnach gleich bei der Terrasse gewesen, in Richtung Steinkogl. Unter der Voraussetzung, dass sie bis zum Steinkogl den Gegenstand nicht finden konnte, wäre erklärbar, weshalb sie durch den Waldsteig weiterwanderte, um die Suche auf dem ersten Teil ihrer Wanderroute fortzusetzen. Auch im Fall, dass sie mit ihrer Suche erst ganz oben auf dem Steinkogl Erfolg hatte, wäre denkbar, dass sie sich für eine Rückkehr nach Lofer via Waldsteig entschieden hätte.«

Gustav Huber hörte geduldig zu, antwortete dann aber rasch: »Möglich. Aber um festzustellen, dass man unterwegs etwas verloren hat, muss man nicht auf einer unwirtlichen Terrasse sitzen. Der Aufenthalt auf der kühlen Terrasse, als Einzige, lässt sich eigentlich nur damit begründen, dass sie, wie geschehen, Ausschau halten wollte.«

Gschwandler pflichtete bei: »Ja, das ist einleuchtend.« Dann, nach einer kurzen Pause: »Abgesehen von einem Selbstunfall, hätte ihr somit oberhalb der ›Almlust‹, auf dem Steinkogl selbst oder spätestens im obersten Waldsteig ihr Mörder begegnen müssen. Für die Anwesenheit eines einzelnen Wanderers liefern die damaligen Abklärungen allerdings keinen Anhaltspunkt. Aber das besagt natürlich nichts.«

Für die beiden Kommissare stand somit fest, dass Isa Goller verunglückt war oder getötet wurde, nachdem sie aus einem für sie wichtigen Grund, der sich mit einer anderen Person verband, den Rückweg via Steinkogl angetreten hatte und erneut im obersten Waldsteig eingetroffen war. Aufgrund einer telefonischen Auskunft war eine Tötung direkt auf dem Steinkogl nämlich praktisch ausgeschlossen. Ein mit den Örtlichkeiten vertrauter Polizeibeamter in Lofer hatte den beiden Kommissaren bei eingeschaltetem Telefonlautsprecher in der Essenz erklärt:

»Der Wanderpfad vom Steinkogl bis in die Nähe des Fundorts der Körper- und Kleiderreste ist ziemlich eng und steil. Es hätte wohl die Kräfte eines Täters überstiegen, einen leblosen Körper an die betreffende Stelle in den obersten Waldsteig zu schleppen und ihn dann noch an den etwa zehn Meter zum höher gelegenen Fundort zu verbringen. Wohl deshalb gab es schon früher keine Spuren im Bereich des Wanderwegs Steinkogl – oberster Waldsteig.«

Daraus folgerten die Kommissare fürs Tonband: Sofern, was wahrscheinlich ist, eine andere Person die Frau umgebracht hat, muss die Tat ziemlich nahe beim Fundort geschehen sein. Zudem ist zu berücksichtigen: Gemäß Polizeibericht aus Zell am See war Frau Goller gut zu Fuß und nahm an den meisten der organisierten, aber ungefährlichen Bergwanderungen teil. Sie dürfte jedoch kaum das Bedürfnis gehabt haben, allein zwischen Waldsteig-Pfad und Fundort herumzukraxeln, wo es für sie doch recht riskant gewesen wäre. Die Täterschaft dürfte ein Mann gewesen sein, bergerfahren sowie besonders kräftig, sonst hätte er die Tote nicht vom Wanderpfad im obersten Waldsteig zur Fundstelle bringen können.

All dies ließ nur wenig Raum für die Annahme, dass sie die Fundstelle aus eigenem Antrieb aufgesucht haben könnte. Es wäre ein kaum erklärbarer Extremfall gewesen. Sollte sie trotz allem zum späteren Fundort gestiegen und dort ohne Fremdeinwirkung zu Tode gekommen sein, wäre als Ursache am ehesten an eine plötzliche und anhaltende körperliche Schwäche und an eine längere Bewusstlosigkeit zu denken.

Die Kommissare beschlossen deshalb, vorläufig nur die Variante ›Tötungsdelikt durch einen Mann im obersten Waldsteig‹ weiterzuverfolgen.

»Woher könnte der Täter gekommen sein?«, fragte Huber und gab gleich eine erste Antwort: »Falls er mit einem Auto zur ›Almlust‹ gefahren sein sollte, hätte er keinen vernünftigen Grund gehabt, die auf ihn wartende Isa Goller zu einer Rückkehr via Steinkogl und Waldsteig zu bewegen. Denn dies hätte ihr bestimmt nicht eingeleuchtet, weil sie doch schon eine Wanderung über den Steinkogl hinter sich hatte und nun ein Auto auf dem Parkplatz zur Verfügung stand. Und an diesem trüben, kalten Tag hätte sie wohl ohnehin die bequeme Fahrt ins Tal mit dem Auto vorgezogen.«

Darauf meinte Gschwandler: »Die einzige Erklärung, weshalb sie dennoch zusammen mit dem späteren Täter auf den Steinkogl und in Richtung Waldsteig gewandert sein könnte, wäre halt doch der Fall, dass sie unterwegs etwas verloren hatte und den Mann nun zu einer gemeinsamen Suche aufforderte. Und dann kam es im oberen Waldsteig zum Verbrechen.«

Huber gab zu bedenken: »Bei dieser Variante hätte der Täter später sein Auto auf dem Parkplatz bei der ›Almlust‹ holen müssen. Geblieben wäre ihm praktisch nur die Route via Steinkogl und vorbei an der ›Almlust‹.«

Ein weiterer Anruf bei der Polizei in Lofer bestätigte diese Annahme. Denn dem Täter wäre es zeitlich nicht möglich gewesen, vom obersten Waldsteig hinunter nach Lofer zu gehen, um von dort zu Fuß auf dem Spazierweg in der Nähe der Straße oder auf dieser selbst zum Parkplatz beim Gasthof ›Almlust‹ zurückzukehren. Mit einem Fußmarsch hätte er auch bei extrem tüchtigem Ausschreiten keinesfalls vor achtzehn Uhr auf dem Parkplatz eintreffen können. Der Wirt und die Kellnerin der ›Almlust‹ bestätigten aber seinerzeit, bei der Vernehmung vom 27. August 1996, einen Tag nach der Reaktion der Dreierwandergruppe auf den Zeitungsaufruf, dass es nach der Abfahrt des letzten Autobusses um halb sechs keine fremden Fahrzeuge mehr auf dem Parkplatz gegeben hatte. Ausgeschlossen war zudem, dass der Täter den letzten Bus von Lofer zur ›Almlust‹ genommen hatte. Laut protokollierter Aussage des Busfahrers hatte er damals keinen Fahrgast auf der Bergfahrt mit Ankunft bei der ›Almlust‹ um 17.25 Uhr. Weder ein privater Automobilist noch ein Taxifahrer, der den Täter vor diesem Zeitpunkt zur ›Almlust‹ gefahren haben könnte, um dann gleich wieder ins Tal zurückzukehren, wurde seinerzeit ausfindig gemacht.

Gustav Huber meinte hierauf in nachsichtigem Ton: »Neben deiner einzigen Erklärung mit dem wichtigen verlorenen Gegenstand, den Isa Goller und der spätere Täter gemeinsam suchten, gäbe es noch ein weiteres denkbares Szenario: Klar ist doch, dass die beiden Personen einander gekannt haben. Um ihr vorgaukeln zu können, dass sein Auto am unteren Ende des Waldsteigs sei und er deshalb via Steinkogl dorthin zurückkehren müsse, hätte er sich, als sie auf der Terrasse sitzend aufmerksam nach ihm ausspähte, zuerst im offenen Gelände unbemerkt an ihr vorbeischleichen können. Dann hätte er, scheinbar von oben, vom Steinkogl her kommend, ihr auftischen müssen, dass er sein Auto irgendwo unterhalb des Waldsteigs hingestellt habe. Deshalb bliebe nichts anderes übrig, als via Steinkogl dorthin zurückzuwandern.«

Gschwandler schmunzelte: »Das hätte aber ziemlich rasch und indianerhaft vor sich gehen müssen, um nicht von Leuten, mit deren Anwesenheit man im Bereich zwischen der ›Almlust‹ und dem Parkplatz rechnen musste, gesehen zu werden. Und Isa Goller hätte ihn bei der Anfahrt zum Parkplatz oder beim Vorbeischleichen entdecken können. Mir scheint dies ziemlich unwahrscheinlich. Wir sollten diese Variante vergessen.«

Huber fiel es leicht zu akzeptieren: »Es ist schon so.« Dann bemerkte er: »Auch wenn der nachmalige Täter auf dem Fußweg nahe der Straße von Lofer zur ›Almlust‹ gelangt wäre, hätte sich das Problem mit dem heiklen Vorbeischleichen gestellt. Und sollte er den Bus am Morgen genommen haben, wäre er bereits um zehn Uhr beim Parkplatz der ›Almlust‹ eingetroffen. Laut Protokoll benutzten an jenem Tag etwa fünfzehn Fahrgäste den Bus. Dem betreffenden Busfahrer fiel niemand besonders auf. Der Täter hätte sich wohl wegen der unangenehmen Witterung zeitweilig in der ›Almlust‹ aufhalten müssen, aber nicht so lange, dass ihn die Kellnerin gewissermaßen als Dauergast registriert hätte. Später wäre ihm deshalb nichts anderes übrig geblieben, als sich in der Nähe bei kühlem Wetter zu verstecken; dann wäre die Phase mit der wenig glaubhaften Schleicherei im Indianerstil gekommen, vielleicht als Isa Goller auf der Toilette war, was er aber nicht mit Sicherheit voraussetzen konnte. – Halt: Überlegungsfehler: Wenn der spätere Täter mit dem Bus gekommen wäre, hätte er sich aus Vorsicht gar nicht in der ›Almlust‹ gezeigt, sondern wäre Isa Goller entgegengewandert. Und sie hätte gar nicht bis zur ›Almlust‹ gelangen können.«

Toni Gschwandler bemerkte: »Gut, dass du es selber realisiert hast.«

Aufgrund der ihnen relevant erscheinenden Überlegungen folgerten Gschwandler und Huber, dass der Täter weder zu Fuß noch mit dem Bus zur ›Almlust‹ gekommen war. Auch eine Anfahrt mit dem Auto zum Parkplatz schlossen sie aus. So blieb nur, dass er via Steinkogl fast zur ›Almlust‹ gelangte. Im Abstieg zur ›Almlust‹ könnte er Isa Goller beim Näherkommen aus einiger Distanz aufgefordert haben, rasch zu ihm hinaufzusteigen. Das würde ihren ziemlich plötzlichen Aufbruch erklären. Dann könnte der Täter ihr dargelegt haben, dass er sein Auto am unteren Ende des Waldsteigs hingestellt habe. Somit hätte die weitere Wanderung selbstverständlich via Steinkogl und Waldsteig geführt. Nicht übersehen hatten die Kommissare den Protokollhinweis, wonach die Dreierwandergruppe niemanden außer Isa Goller gesehen hatte, bevor sie den Dorfrand von Lofer erreichte. Da die Gruppe relativ früh unterwegs gewesen war, musste man annehmen, dass der spätere Täter erst im unteren Waldsteig eintraf, als die drei Wanderer an jener Stelle schon vorbeispaziert waren. Denkbar war auch, dass er auf sie aufmerksam wurde, etwa weil sie sich beim Abstieg unterhielten, und sich hinter einem Baum versteckte, bis sie an ihm vorbei waren.

Dann wies Toni Gschwandler auf eine allenfalls wichtige Stelle im Protokoll hin. Ein Zeuge namens Isidor Fröschl hatte Ende August 1996 die Vermutung geäußert, er habe die Getötete in Begleitung eines Mittvierzigers im Tanzlokal ›Tenne‹ in Saalbach-Hinterglemm gesehen. Auch wenn seither einige Zeit vergangen war, erschien beiden Kommissaren eine Kontaktaufnahme sinnvoll. Fröschl stammte aus Kufstein und konnte deshalb mit vertretbarem Aufwand nochmals angehört werden. Gustav Huber übernahm es, ihn zu kontaktieren.

Der Kufsteiner war gern zu einer Auskunft bereit. Es war der 24. Mai 2000. Seine Beschreibung von Isa Goller und ihres Begleiters sowie seine Ausführungen zum ziemlich auffälligen Verhalten der beiden waren gar nicht so schlecht. Im Klartext sagte er: »Es gibt Leute, die tanzen. Und es gibt Leute, die tanzen ziemlich geil. Aber das, was die beiden, Isa Goller und der Unbekannte, aufführten, das war schon recht schlimm, eher eine Art Fast-Geschlechtsverkehr in Kleidern.« Die Tanzfläche sei genau in seiner Blickrichtung gewesen, und deshalb habe er das Überborden der beiden Personen überhaupt von seinem Tisch aus wahrgenommen. Als Leiter eines größeren Supermarkts müsse er ein recht gutes Personengedächtnis haben. In diesem Fall, der für ihn im Grund bedeutungslos gewesen sei, habe sein Registrierungsvermögen von Personen und insbesondere ihrer Gesichter möglicherweise einen Nutzen für die Polizei. Als er erneut die damalige Fahndungsfoto von Isa Goller sah, zögerte er keinen Moment und bestätigte: »Das ist sie.« Ein Fachmann der Salzburger Kriminalpolizei fertigte ein sogenanntes Phantombild des Begleiters von Isa Goller an, und Toni Gschwandler und Gustav Huber hofften, damit einer Lösung des Falls näherzukommen.

Das Phantombild war in erster Linie für die Polizei in Zell am See bestimmt, wobei schon klar war, dass es sich bei dem abgebildeten Mann um einen Einheimischen oder einen der vielen auswärtigen Feriengäste von damals handeln konnte. Klar war auch, dass jemand, der in Saalbach-Hinterglemm besonders ausgelassen getanzt hatte, nicht zwingend kurze Zeit später an einem anderen Ort zum Mörder oder Totschläger werden musste. Die Tanzerei, auch wenn gar obszön, war ja eher ein Ausdruck von gegenseitiger Anziehung und überschäumender Lebensfreude und deutete nicht primär auf gewalttätige Auseinandersetzungen mit tödlichem Ausgang hin.

Eventuell ließ sich das Phantombild zusätzlich nutzen. Für den Fall nämlich, dass der Täter mit einem späteren Bus nach Lofer gekommen sein sollte und dann wie vor ihm Isa Goller zu Fuß auf der Naturstraße zum unteren Ende des Waldsteigs gegangen war, um von dort zum Steinkogl hinaufzusteigen. Die Kommissare erachteten es zwar als recht unwahrscheinlich, dass der Busfahrer des betreffenden Kurses sich noch nach Jahren an seine damaligen Fahrgäste erinnern konnte. Am ehesten bestand eine Chance, wenn es eine bekannte oder ziemlich ungewöhnliche Person gewesen sein sollte, die seinerzeit per Bus reiste.

Sollte der Mann, auf den Isa Goller in der ›Almlust‹ gewartet hatte, hingegen mit dem Auto nach Lofer gekommen sein, gab es drei Möglichkeiten, wo er sein Fahrzeug vor dem Aufstieg zum Steinkogl durch den Waldsteig hingestellt haben könnte. Da war zum einen die Bushaltestelle im Zentrum von Lofer. Aber dort wäre er – trotz der vielen Reisenden – wohl das größte Risiko eingegangen, gesehen und unter Umständen erkannt zu werden. Für einen Wanderer, der den Weg via Waldsteig zum Steinkogl wählte und dann auf der Waldsteig-Route zurückkehren wollte, bestand auch die Möglichkeit, sein Auto am unteren Ende des Waldsteigs am Wegesrand hinzustellen. Ein Ortskundiger, der es eilig hatte und wenn möglich nicht gesehen werden wollte, hätte sein Auto unten am Waldsteig oder, als dritte Variante, auf einem nahen Seitenweg geparkt. Keineswegs zwingend war jedoch, dass es sich um einen Einheimischen gehandelt haben musste. Denn auch Fremde waren nach einem Wanderaufenthalt durchaus mit der Gegend vertraut. Klar war hingegen, dass eine Person mit Tötungsabsicht – ob einheimisch oder fremd – nicht in der ›Almlust‹ gesehen werden wollte. Für einen Einheimischen gab es aber auch ein mögliches Diskretionsbedürfnis, wenn die Tötung gar nicht geplant war.

Zusammenfassend konnten die Kommissare feststellen, dass nichts gegen einen Einheimischen als Täter sprach; demgegenüber kam ein ortsfremder Mann für das Verbrechen nur unter bestimmten Voraussetzungen in Frage.

Schon bald, am Montag, den 29.5.2000, meldete die Polizei aus Zell am See, dass sie anhand des Phantombildes an zwei Männer aus dem Ort denke, die einander nicht unähnlich seien und wegen ihres allgemein bekannten Benehmens als seinerzeitige extrem geile Tänzer in Saalbach-Hinterglemm denkbar wären. Beide seien verheiratet und für ihr Fremdgehen bekannt. Sie hätten auch eine Neigung, sich in der Öffentlichkeit gehen zu lassen, besonders außerhalb von Zell am See. Dies wohl in der Meinung, dass man sie dort kaum kenne oder schweige, weil sie gute Kunden seien. Es empfehle sich eine nähere Abklärung in Bezug auf deren Anwesenheit in Zell am See zur fraglichen Zeit sowie beim Personal in der ›Tenne‹ in Saalbach-Hinterglemm und beim Augenzeugen.

Selbstverständlich könne die Ähnlichkeit auch ein Zufall sein, was dann aber vermuten lasse, dass der Tänzer ein Feriengast gewesen sei.

Die beiden Salzburger Kommissare entschieden sich für ein zurückhaltendes Vorgehen. Sie wollten deshalb die Frage von persönlichen Kontaktnahmen mit den beiden Personen und mit dem Personal der ›Tenne‹ zu einem späteren Zeitpunkt nochmals prüfen. In einem ersten Schritt sollte jetzt versucht werden, herauszufinden, welcher von den zwei möglichen einheimischen Männern mit einer gewissen Wahrscheinlichkeit der damalige Tänzer in der ›Tenne‹ war.

Gustav Huber übernahm es, diese Abklärung durchzuführen. Zusammen mit dem Chef der Polizei in Zell am See organisierte er am 30. Mai 2000 für den Zeugen aus Kufstein die unauffällige Möglichkeit, den einen der Männer in der Post und den anderen in der Raiffeisenbank zu sehen, aus einer Distanz von wenigen Metern. Der Zeuge meinte, dass ihm ein gewisser Johann Georg Hohenbachler, Bauunternehmer und von Bekannten Schorschi genannt, in der ›Tenne‹ in Saalbach-Hinterglemm mit seinen exzentrischen Tanzkünsten aufgefallen war. Hohenbachler hatte seither einige Kilogramm zugelegt; sein Bauch stand mittlerweile um einiges mehr vor und sein Gesicht wirkte etwas aufgedunsen. Für die Polizei war es kein Problem, diskret und rasch ein etwas älteres Foto von Hohenbachler zu besorgen, weil man über seine Vereinstätigkeit im Bild war. Die Aufnahme zeigte Hohenbachler mit Kameraden vom Kegelclub ›Sorgenfrei‹ auf einem Ausflug vor rund drei Jahren. Der Zeuge Isidor Fröschl aus Kufstein war sich danach praktisch sicher, in Hohenbachler den gesuchten Tänzer wiederzuerkennen.

Mittwoch, 31. Mai 2000. Gschwandler und Huber setzten sich erneut zusammen, um den Fall zu besprechen. Für sie war klar, dass man mit dem mutmaßlichen Wissen um die Person des obszönen Tänzers von Saalbach-Hinterglemm noch keinen Mord oder Totschlag im obersten Waldsteig nachweisen konnte. Aber es war ein eventuell ausbaufähiger Hinweis. Angezeigt schien, weitere Informationen über den Bauunternehmer in Zell am See zu beschaffen, nicht durch die örtliche Polizei, sondern durch einen Zivilfahnder aus Salzburg. Als Gast begab dieser sich in die Lokale, wo Hohenbachler vorzugsweise verkehrte, auch in fremder Damengesellschaft. Bald lagen Hinweise vor, dass Hohenbachler sich wiederholt mit Isa Goller in der ›Rössl-Bar‹ aufgehalten hatte. Vom Barkeeper war allerdings nur zu erfahren, dass er den spendablen Bauunternehmer Hohenbachler sehr schätze. Da auch er vom Auffinden der Überreste von Isa Goller gehört hatte, meinte er dazu lediglich, dies bestätige einmal mehr, dass den polizeilichen Ermittlungen nicht zu trauen sei. Seinerzeit habe es ganz anders getönt; von einer überstürzten Abreise ohne Gepäck und mit unbekanntem Ziel sei sogar die Rede gewesen. Und nun sei man im Waldsteig gelandet.

Mit wem Isa Goller seinerzeit während der Ferien aus dem Hotel telefoniert hatte, konnte nicht mehr herausgefunden werden. Die Vermutung ging aber dahin, dass sie in heiklen Dingen, etwa für ein Gespräch mit Hohenbachler, eher eine ziemlich nahe öffentliche Telefonzelle benutzt haben dürfte, da sie kein Mobiltelefon besaß. Somit lag es nahe anzunehmen, dass sie am 21. August 1996 nach acht Uhr von einer öffentlichen Sprechstelle aus mit Hohenbachler telefoniert hatte.

Die Recherchen brachten eine weitere Klärung zur Frage, wie Hohenbachler, der mit der Steinkogl-Gegend bestens vertraut war, zum Waldsteig gelangt sein könnte. Die Möglichkeit einer Busfahrt nach Lofer löste sich dabei in Luft auf. Der Fahrer des relevanten Kurses, der den Bauunternehmer seit Langem kannte, hatte Hohenbachler noch nie in seinem Bus gesehen. Folglich musste man davon ausgehen, dass Hohenbachler – sofern er der Täter war – für die Fahrt nach Lofer seinen Privatwagen benutzt hatte. Am wahrscheinlichsten erschien, dass er aus Vorsicht bis ans untere Ende des Waldsteigs gefahren war und dort sein Auto etwas versteckt hingestellt hatte.

Für Toni Gschwandler und Gustav Huber, die am 6. Juni ihr Gespräch fortsetzten, kam es nicht überraschend, dass ihre verschiedenen Erklärungsversuche zur Wanderung von Isa Goller nur eine Annäherung an die möglichen damaligen Geschehnisse erlaubten. Mangels verwertbarer Spuren blieb die Art des Ablebens der deutschen Touristin offen. Sie waren sich im Klaren, dass sie im Moment über keine schlagkräftigen

Argumente verfügten, um den möglichen Täter Hohenbachler zu überführen. Und dass die Last der Untat eines Tages zu einem spontanen Bekenntnis des Totschlägers oder Mörders führen würde, war nur eine schwache Hoffnung. Auch eine ganz andere Täterschaft blieb weiterhin möglich. Zudem konnte – trotz ziemlich eindeutiger Indizien für ein Tötungsdelikt – nicht völlig ausgeschlossen werden, dass Isa Goller doch einen tödlichen Unfall erlitten hatte, ohne Fremdbeteiligung. Sogar ein Suizid hätte es gewesen sein können, eine Verzweiflungstat in der Hoffnung, nie gefunden zu werden.

So resultierte als Zwischenergebnis:

1. Der Bauunternehmer Johann Georg Hohenbachler, genannt Schorschi, war ein enger Bekannter von Isa Goller. Möglicherweise war er am 21. August 1996 gegen 11.45 Uhr mit seinem Privatwagen in die Gegend von Lofer gefahren. Dort könnte er sein Auto etwa um 12.40 Uhr am unteren Ende des Waldsteigs hingestellt haben.
2. Da er vermutlich schon damals nicht der schnellste Wanderer in steilem Gelände war, dürfte er erst kurz nach 14.00 Uhr auf dem Steinkogl eingetroffen sein. Somit hätte er Isa Goller um 14.30 Uhr von oberhalb der ›Almlust‹ das Zeichen geben können, sofort zu ihm hinaufzusteigen.
3. Vorläufig offen blieb dennoch, ob Hohenbachler tatsächlich der gesuchte Unbekannte war.
4. Sollte Isa Goller nicht Selbstmord begangen haben, Hohenbachler aber nicht der Täter sein, könnte eine rasche Einvernahme, die sich kaum unbemerkt vollziehen ließe, eventuell den wahren Mörder warnen und die weitere Arbeit wesentlich beeinträchtigen. Da Eile nicht geboten war, hatte ein vorsichtiges Vorgehen absoluten Vorrang.

Sondereinsatz für Kräutzer

Seit dem Besuch von Gustav Huber in Zell am See vom 10. Mai 2000, als er die Hinweise vom Lehrerpaar Neumeister erhalten hatte, waren vier Wochen vergangen. Er und sein Kollege Gschwandler waren hartnäckige Kriminalisten. Auch in diesem Fall kam es für sie nicht in Frage, einfach die Flinte ins Korn zu werfen, weil etwas mühevoll erschien und möglicherweise langwierig war oder schließlich sogar für die Katz sein könnte. Deshalb lehnten sie es nach ihren gemeinsamen Erwägungen ab, die Einstellung der Ermittlungen zu beantragen. Da sie aber mit zahlreichen anderen Aufgaben beschäftigt waren, Gschwandler nicht einmal freie Kapazitäten für den Einsatz eines seiner Mitarbeiter hatte, beschlossen sie, vorerst Kriminalinspektor Kräutzer mit dem Fall ›Isa Goller‹ zu betrauen, und zwar mit Einsatzort Zell am See ab dem 12. Juni 2000.

Kräutzer, ein ursprünglicher Vorarlberger, war seit Längerem Mitarbeiter von Huber. Damit lag die Betreuung des Falls neu bei Kommissar Huber, was mit dem besonderen Hinweis auf Kriminalinspektor Kräutzer umgehend der Polizei in Zell am See mitgeteilt wurde.

Kräutzer, der seine alemannische Herkunft nicht verleugnen konnte, war ein leicht verschroben wirkender Zeitgenosse. Elegante Bewegungen und gesellschaftlicher Schliff waren nicht seine Sache. Er war mittelgroß, Ende dreißig und sprach langsam mit gedämpfter Stimme. Für manche hatte er ein bisschen etwas von einem Sonderling. Sein Äußeres entsprach also nicht gerade dem, was man sich landläufig unter einem gewieften Kriminalisten vorstellte, aber so krass wie beim früheren Fernseh-Inspektor Columbo war sein Auftreten selbstverständlich nicht. Er hatte weder einen grausam mitgenommenen, ziemlich unsauber wirkenden, zerknitterten Regenmantel noch einen ersatzbedürftigen Anzug noch ein völlig zerbeultes altes Vehikel aus französischer Produktion, das eher am Fasching als Knallfrosch im Umzug zu gebrauchen war.

Das Auftreten von Kräutzer war gar keine schlechte Tarnung, wenn heikle Ermittlungen durchzuführen waren. Vom Erscheinungsbild her hätte Kräutzer ein ziemlich pingeliger Archivar in einer matt beleuchteten, verstaubten Dokumenten-Sammlung sein können. Ein Wirkungsfeld, wo die gewalttätigen Seiten des Lebens die dominierende Rolle spielten, traute ihm der Uneingeweihte jedenfalls nicht zu. Seine Markenzeichen waren: Ordentlicher grauer oder hellbrauner Anzug, ein häufig etwas unsorgfältig gebügelter Hemdkragen, der durch eine ziemlich unmodische, schlaffe Krawatte zusammengehalten wurde, biedere braune Schuhe mit Gummisohlen, oft auch im Sommer, grauer gereinigter Regenmantel, manchmal sogar wenn es nicht regnete, stets korrekte, rechts gescheitelte Frisur, randlose Brille, eindeutig unmilitärischer Gang in leicht gebeugter Haltung. Wegen seines unverkennbaren Hangs, die Dinge mit zusätzlicher Komplexität zu versehen, war Kräutzer manchmal – meist unausgesprochen – ein internes Ärgernis; dabei gerieten die Ersatznerven von Kollegen gelegentlich gehörig ins Flattern.

Huber und Gschwandler wussten, dass man Kräutzer wenn möglich nicht auf Routinefälle ansetzen durfte. Hingegen war er in seiner bedächtigen Art im Rahmen von schwierigen, fast aussichtslos erscheinenden Recherchen am richtigen Platz. Dabei leistete er als durchaus fantasiebegabter Zeitgenosse in der Regel Vorzügliches. Das Komplizierte war eben seine geistige Heimat, wo er sich wohlfühlte und andere aus Ungeduld oder mangels Sensorium scheiterten. Zu seinem akribischen Wesen gehörte es, sich durch nichts aus der Ruhe bringen zu lassen. Eher selten fand er die endgültige Lösung, aber häufig entdeckte er in undurchsichtigen Fällen wichtige Elemente, die bei richtiger Gewichtung und Kombination zum Ziel führten. Plötzlich war »Land in Sicht« durch eine verdrehte Überlegung, die typisch für Kräutzer war und sonst keinem in den Sinn gekommen wäre. Oder die Lösung kam in Griffnähe, weil eine Kontaktperson, die nur von einem wie Kräutzer zu aktivieren war, sich zu diskreten Auskünften oder zu intensivem Kramen in der Erinnerung und zum Spekulieren bewegen ließ.

Gschwandler und Huber informierten ihn anhand der verschiedenen Unterlagen und des Tonbands in allen Einzelheiten. Ein vorsichtiges, gründliches Vorgehen in einer komplexen Angelegenheit war also angesagt, ganz nach dem Geschmack von Kräutzer. Freudig blickte er seinem vorübergehenden neuen Wirkungsraum entgegen, der von Zell am See bis zum Steinkogl reichte. Es erfüllte ihn mit einem gewissen Stolz, dass er wieder einmal in einem schwierigen Fall ausersehen war, bei der Problemlösung eine Rolle zu spielen. In seiner zurückhaltenden Art ließ er sich diesbezüglich aber kaum etwas anmerken, was Gschwandler und Huber, die ihn bestens kannten, zu schätzen wussten.

Kräutzer in seinem Element

Kriminalinspektor Willibald Kräutzer hatte soeben im Hotel ›Erzherzog Johann‹ in Zell am See eingecheckt. Es war später Nachmittag. Man schrieb den 12. Juni 2000, ein Montag. Ein schönes Doppelzimmer zur Einzelbenutzung, mit einem kleinen Balkon, erwartete ihn. Die Einrichtung war, wie im übrigen Hotel, im Stil der österreichischen Gebirgsgegenden: zum Teil bemalte Naturholzmöbel, die Vorhänge und das Tischtuch mit einem kleinen grünen Blumenmotiv auf beigem Grund, die Bettdecke mit rotweißen Karos. Kräutzer fühlte sich vom ersten Moment an wohl in seinem Hotelzimmer. Auch beim Durchstreifen der Gasträume war er angetan vom schönen Hotel, wo es neben dem gemütlich wirkenden und mit großen Nischen versehenen Speisesaal eine Bar gab, in der sich der Gast auf einem der hohen Hocker oder an einem der Tischchen sicher gern einen Drink genehmigte. Eine gute Wahl, die das Sekretariat in Salzburg für ihn getroffen hatte. Eine Wahl, das wusste er, die nicht zufällig war. Denn im ›Erzherzog Johann‹ war bis zum 22. August 1996, also vor fast vier Jahren, die Reisegesellschaft aus Stuttgart untergebracht gewesen, zu der auch Isa Goller gehört hatte. Hier konnte er die Atmosphäre in sich aufnehmen, die schon seinerzeit geherrscht haben dürfte.

Kräutzer breitete auf dem kleinen Tisch in seinem Zimmer die mitgebrachten schriftlichen Unterlagen aus und vergewisserte sich, dass er nichts in Salzburg vergessen hatte. Auch die unerlässliche Wanderkarte für das Steinkogl-Gebiet war da. Als schnelle Gedächtnisstütze war für ihn die Zusammenfassung wichtig, die er noch vor der Abreise in Salzburg erstellt hatte. Darin war Folgendes festgehalten:

1. Am 22. August 1996 um 09.30 Uhr erschien die gern elegant und auffallend gekleidete Isa Goller nicht zur Abreise der Stuttgarter Reisegesellschaft ›TopTour‹. Letztmals gesehen wurde sie am Freitag, 21. August 1996, zirka um 14.30 Uhr, auf der Terrasse der ›Almlust‹ im Steinkogl-Gebiet (Aussage der Kellnerin Erika Zauner).
2. Isa Goller dürfte den Bauunternehmer Johann Georg Hohenbachler (genannt Schorschi) aus Zell am See näher gekannt haben (Tanz in der ›Tenne‹ von Saalbach-Hinterglemm, mehrmals Aufenthalt in der ›Rössl-Bar‹, Zell am See).
3. Wanderroute von Isa Goller am 21. August 1996 (praktisch sicher): Ortseingang Lofer – unteres Ende Waldsteig – Waldsteig – Steinkogl – ›Almlust‹ – Steinkogl – oberster Teil Waldsteig (Anreise mit Bus von Zell am See, Ankunft Ortsrand Lofer 11.30 Uhr).
4. Höchstwahrscheinlich Tötungsdelikt, frühestens um 15.30 Uhr, eher etwa um 16.00 Uhr am 21. August 1996.
5. Täter kräftig und bergerfahren, muss Isa Goller gut gekannt haben. Täter kam vom Steinkogl her, als sie auf der Terrasse der ›Almlust‹ saß. (Vorher Waldsteig, Auto wahrscheinlich unten geparkt.)
6. Überreste von Isa Goller gefunden von Förster Franz Kühstaller, am 21. April 2000. Fundort: oberster Waldsteig, in Talrichtung ca. 10 m links vom Pfad weg, nicht einsehbar und schwer zugänglich (siehe Skizze).

Kräutzer hatte sich bereits aus Salzburg mit dem Polizeichef von Zell am See in Verbindung gesetzt und um einige spezielle Hinweise gebeten. So erfuhr er, dass es wie überall bestimmte Stammlokale für einzelne Personenkreise gab. Hervorzuheben waren das ›Café Mozart‹ als spezieller Treffpunkt der nicht mehr ganz jungen Damenwelt sowie das ›Hotel

Steinbock‹, wo nachmittags vornehmlich für Rentner Kartenspielen angesagt war und abends im Nebengebäude die Kegelclubs Einzug hielten, auch der Kegelclub ›Sorgenfrei‹, dem Hohenbachler angehörte. Hinzu kam der ›Erzherzog Johann‹, wohin es Geschäftsleute und Paare zum Essen zog, darunter auch jüngere Leute, die gern die Bar aufsuchten. Daneben gab es eine Reihe von Tanzlokalen und Nacht-Bars, wie etwa die bereits von einem Salzburger Kollegen erkundete ›Rössl-Bar‹, wo sich der Bauunternehmer Hohenbachler und andere Nachtschwärmer trafen, die allesamt der Anbahnung privater Kontakte nicht abgeneigt waren.

Die ›Rössl-Bar‹ und Mitzi

Vor dem Abendessen machte Kräutzer einen Bummel durch Zell am See und merkte sich dabei die ›Rössl-Bar‹. Nach dem vorzüglichen Essen begab er sich auf sein Zimmer und schaute die Fernseh-Nachrichten. Es war etwa einundzwanzig Uhr, als sich Kräutzer die ›Rössl-Bar‹ vornahm. Er setzte sich an die Theke. Anfänglich wechselte er nur ganz wenige Worte mit den anderen Gästen, vor allem mit der Frau links neben ihm, irgendwelche Blabla-Bemerkungen, eher Satzfetzen. Seine freundliche, aber alles andere als draufgängerische Art konnte niemandem signalisieren, dass er ein Kriminalist auf Informationssuche war. Bei den anderen Gästen und dem Barmann, alle untereinander offenbar bestens bekannt, herrschte der aus ihren Blicken spürbare Eindruck vor, dass sich wieder einmal ein biederer fremder Zeitgenosse verlaufen haben dürfte. Plötzlich tauchte Hohenbachler auf, begrüßt mit einem mehrstimmigen, aber zeitlich leicht verschobenen »Hallo Schorschi« oder »Servus Schorschi«. Kräutzer wusste aufgrund von Fotos und der Beschreibung sofort, um welchen allseits bekannten Schorschi es sich handelte. Hohenbachler begab sich an die Theke und blieb links neben der Frau stehen, die zur Linken von Kräutzer saß. Hohenbachler kannte die Frau mittleren Alters offenbar näher. Für aufmerksame Besucher gut erkennbar, kam er seiner Bekannten körperlich, auch mit der Hand, sehr, sehr nahe. Der Barmann schob ihm einen Whisky aus der Black-Label-Flasche, mit Eis und Sodawasser, zu; offensichtlich kannte er den Standardwunsch von Hohenbachler. Dieser zahlte sofort, leerte in kurzer Zeit sein Glas, während er sich diskret, für Kräutzer auch wegen der recht lauten Hintergrundmusik unverständlich, mit der Frau unterhielt. Nach fünfzehn Minuten verließ der Bauunternehmer das Lokal. Kaum war er gegangen, wandte sich Kräutzer, eine besondere Erleuchtung in Bezug auf den entschwundenen Bargast signalisierend, an den Barkeeper und sagte: »War wohl ein Stammgast?« Der Barkeeper, der von den anderen Gästen Jimmy genannt wurde, blickte ihn kurz an und machte nur: »Ja«. Dann senkte er den Kopf über das Spülbecken, um einige Gläser abzuwaschen. Mit diesem Manöver verhinderte er bewusst, dass zwischen ihm und dem Fremden, den er sichtlich für eine »bescheidene Schuhnummer« hielt, ein Gespräch aufkommen konnte.

Der Frau mittleren Alters, mit der Hohenbachler einen recht handgreiflichen kurzen Schmusekontakt hatte, war die Frage von Kräutzer nicht entgangen. Kontaktfreudig sprang sie gewissermaßen für den abweisenden Barkeeper ein und meinte: »Der Schorschi ist unser Dorf- oder Stadt-Casanova, halt wie man's nimmt … Lädst du mich ein?« Kräutzer lud sie ein, hatte aber den Wunsch, sich mit ihr an ein Tischchen zu setzen, wo man sich doch viel besser unterhalten könne, gemeint war »allein« unterhalten könne.

Seine von Natur aus umständliche Art ermöglichte es ihm, ohne Argwohn auszulösen, ziemlich verdrehte Fragen zu stellen oder korrekturbedürftige Aussagen zu machen. Beides verfehlte auch bei seiner neuen Bekannten, die Mitzi hieß, nicht die von ihm beabsichtigte Wirkung. So gelang es Kräutzer, sie mehrmals zu Richtigstellungen zu verleiten. Und dadurch vermittelte sie ihm Detailinformationen, die ihn speziell interessierten. Mitzi durfte ihn Willi nennen, was, auch zur Freude des Barkeepers, mit einer mittelgroßen Flasche Sekt begossen wurde.

Auf den Casanova-Hinweis von Mitzi hin meinte Kräutzer, der sich als Feriengast ausgab, der einige Tage in Zell am See bleiben wollte: »Damit der Schorschi, wie du ihn nennst, den seltenen Ruf eines

Dorf-Casanovas ... entschuldige, eines Stadt-Casanovas, erlangen konnte, muss er wohl viel Zeit haben und keinem strengen Beruf nachgehen.«

Sofort stellte Mitzi klar: »Wo denkst du hin? Der Schorschi hat ein ziemlich großes Baugeschäft und ist tagsüber recht fleißig ... sagt man jedenfalls.«

»Verstehe«, sagte Kräutzer, um schelmisch zu ergänzen: »Aber alles wird er ja nicht allein machen in seinem großen Baugeschäft, sonst wäre er abends müde und müsste sich brav zu Hause ausruhen.«

Mitzi bestätigte seine Aussage und erläuterte: »Das stimmt schon. Ich habe gehört, dass sein wichtigster Mitarbeiter vieles für ihn erledigt. Er heißt Albert Hütter und ist so etwas wie seine rechte Hand. Er macht alles, was ihm der Schorschi sagt, oder was so nötig ist im Büro.«

»Aha. Dann hat der Chef doch etwas Zeit für die schönen Dinge des Lebens«, stellte Kräutzer schmunzelnd fest.

»Ja, das stimmt natürlich schon. Aber der Schorschi ist auch sehr tüchtig, sagt man jedenfalls.«

»Und der Albert, wie heißt er schon wieder, der macht's wie sein Chef, wenn's dunkel wird?«, fragte Kräutzer und prostete Mitzi zu, was diese erwiderte.

»Hütter heißt er. Soviel ich weiß, verdankt er Schorschi viel. Er ist aber ein ganz anderer Typ, hat eher Mühe mit den Frauen und ist wohl deshalb immer noch ledig.«

»Immer noch? Ist er denn schon so alt?«, fragte Kräutzer, möglichst interessiert wirkend.

Und Mitzi klärte ihn auf: »Der Schorschi ist Ende vierzig, hat zwei Kinder und ist verheiratet. Albert ist, soviel ich weiß, so Ende dreißig.«

Darauf entgegnete Kräutzer treuherzig: »Dann hat er ja noch Zeit. Und in so einer Baufirma oder bei den Kunden oder hier muss doch auch etwas Passendes für ihn zu finden sein.« Er prostete seiner Begleiterin erneut zu, und sie darauf ihm.

Mitzi zuckte mit den Achseln, nahm noch einen weiteren kräftigen Schluck und erläuterte: »Sogar die hübsche Rita, sie war Sekretärin bei Schorschi, hat sich seinerzeit in den Chef verknallt, und Albert, der an ihr tagein, tagaus vorbeigegangen ist, der ist zu nichts gekommen.«

»Aber ich denke: Der Schorschi hat Familie?«

»Ach, sei nicht so altmodisch. Die Affäre ist übrigens vorbei.«

Kräutzer blickte in seiner unnachahmlichen Art hilflos im Lokal umher, nippte an seinem Glas und sagte nur: »Soso, vorbei. Einfach so. Mit der hübschen Rita.«

Darauf Mitzi, sich durch Anlehnen bei Kräutzer besonders vertraulich gebend: »Es ist allgemein bekannt, dass seine Gattin dem Schorschi den Marsch geblasen hat. Aber er scheint der Sekretärin ziemlich große Versprechungen gemacht zu haben, du weißt schon, Scheidung und so. Als er nun plötzlich nichts mehr von einer späteren Heirat wissen wollte, soll sie sehr wütend geworden sein. Bald darauf hat sie gekündigt.«

Kräutzer nickte mitfühlend und fügte bei: »Und heutzutage brauchen ja auch andere Baufirmen eine möglichst gute Sekretärin wie die Frau X. «

»Sie heißt Steiner. Aber sie hat die Branche gewechselt. Jetzt ist sie beim Anwalt Gandwohl.«

»Wohnt der auch hier?«

»Ah, wo er wohnt, weiß ich nicht. Aber seine Kanzlei ist hier, in Zell am See.«

»Dann ist sie wenigstens noch in der Nähe von Schorschi, für alle Fälle«, meinte Kräutzer und fuhr fort: »Und du? Du hast doch sicher einen Freund, der sich wohl ärgert, wenn wir hier so einträchtig über alles Mögliche plaudern?«

Aber Mitzi beruhigte ihn: »Ich bin auch nur eine gelegentliche Besucherin dieser Bar. Man kennt sich hier halt. Seit meiner Scheidung habe ich mich noch nicht für einen neuen Partner entscheiden können.«

Dann sprachen sie kurz über das Wetter, und Mitzi berichtete ihm über andere Lokale in Zell am See, etwa wo es eine Disco gebe und wo es auch ganz nett sei. Kräutzer sagte, dass er in irgendeinem Prospekt etwas von einer ›Tenne‹ gelesen habe; die müsse hier in Zell am See oder in der Nähe sein. Darauf klärte ihn Mitzi auf, dass sich die ›Tenne‹ in Saalbach-Hinterglemm befinde und ein tolles Tanzlokal sei.

Darauf fragte Kräutzer: »Dann fahren die Leute tatsächlich dorthin, obwohl es hier wahrscheinlich auch gute Tanzmöglichkeiten gibt?«

Aber Mitzi machte ihm klar: »Weißt du, die ›Tenne‹ ist etwas ganz Besonderes. Da geht man schon ganz gern hin. Ich war schon mehrmals dort. Auch der Schorschi und viele hier mögen die ›Tenne‹.

Sie erzählte ihm noch, dass sie als Fußpflegerin selbstständig arbeite. Dann schaute Kräutzer auf die Uhr und sagte etwas von einem langen Tag, den er, von Bludenz in Vorarlberg kommend, hinter sich habe, und dass er jetzt erst einmal ausschlafen müsse. Mitzi bedankte sich für seine nette Gesellschaft mit einem Busserl auf die Wange. Kräutzer verließ das Lokal, blieb aber nur kurz vor der ›Rössl-Bar‹ stehen. Da er vorher absichtlich einen kleinen Briefumschlag mit Ansichtskarten unter den Tisch hatte fallen lassen, kam er gleich noch einmal zurück und sah Mitzi, die wieder an der Bar saß, im Gespräch mit dem Barkeeper, der offenbar plötzlich ein intensives Diskussionsbedürfnis hatte. Nachdem Kräutzer den Briefumschlag unter dem Tisch »entdeckt«, sich nach ihm gebückt und wieder aufgerichtet hatte, sagte er in Richtung Bar: »Ach, vor lauter … Servus!« Dann ging er zum zweiten Mal.

Ein Exzess

Der Kriminalinspektor begab sich in sein Hotel und ging bald zu Bett, wo er die Erzählung ›Eine dumme Geschichte‹ von Fjodor Dostojewskij zu lesen begann. Die großartige Dichtung fesselte ihn, weil sie eine unerhörte Zunahme der Spannung in einem dafür an sich ungeeigneten Rahmen bot. Ausgangspunkt war eine zeitweise eher langweilige, aber nicht alkoholfreie Abendeinladung in einem eleganten Haus im St. Petersburg des neunzehnten Jahrhunderts. Dabei tauschten drei vornehme hohe Beamte wiederholt sarkastische Bemerkungen aus, auch über die Ansicht eines der Anwesenden, dass man neuerdings eine gewisse Volksnähe, das heiße Humanität, zum Ausdruck bringen müsse. Dieser Teilnehmer an der Gesprächsrunde hatte dann auf dem Heimweg die abstruse Idee, als nicht geladener Gast in das einfache Haus einzutreten, wo das Hochzeitsfest eines seiner Untergebenen in vollem Gang war, eines kleinen Beamten mit einem Minigehalt. Das Haus gehörte dem Brautvater. Es lag am Nachhauseweg des hohen Beamten, den er – weil sein Kutscher sich verdrückt hatte – nicht mit einem anderen Gefährt, sondern zu Fuß zurückzulegen beabsichtigte. Im Haus mit der Hochzeitsgesellschaft wollte er, bereits ziemlich alkoholisiert, mit einer Rede seine Volksnähe demonstrieren. Aber im feuchtfröhlichen und immer turbulenter werdenden Fest zeigte es sich, dass er nicht bei allen willkommen war. Für einzelne Gäste stellte er sogar einen großen Störfaktor dar, was sie ihn sehr deutlich spüren ließen. Dem Bräutigam selbst und einem geladenen Bürodiener, der auch bei dem hohen Beamten arbeitete, war alles schrecklich peinlich. Auch das war klar ersichtlich. Dennoch brachte es der feine Herr nicht fertig, rasch den Rückzug anzutreten, wozu ihn seine innere Stimme mehrmals eindringlich mahnte. Eine unsichtbare Hand hielt ihn zurück. So geriet der hohe Beamte gewissermaßen in einen Alkoholstrudel. Er nahm laufend weitere verschiedene alkoholische Getränke zu sich, ließ sich gehen und gab sich ziemlich wehrlos, sogar wenn er massiv angepöbelt wurde. Dann versank er total im Alkohol, brach ohnmächtig zusammen und verlor delirierend jegliche Kontrolle über gewisse Körperöffnungen. In seinem katastrophalen Zustand hatte er das Glück, dass ihn die Mutter des Bräutigams mit viel Einsatz versorgte und vor allem reinigte. Am nächsten Morgen brachte sie ihn wieder einigermaßen auf die Beine. Schließlich gelangte er dann in sein eigenes Haus, wo er sich nach seiner deprimierenden Entgleisung verkroch. Erst eine gute Woche später wagte er es, sich wieder im Amt zu zeigen. Dort bemühten sich alle erfolgreich, so zu tun, als wüssten sie von nichts. Der neuliche Hochzeiter hatte aber einen Versetzungsantrag gestellt, unterbreitet durch den Bürodiener, der am Hochzeitsfest teilgenommen und alles miterlebt hatte. Zweck des Antrags war es, dem Dunstkreis dieses Vorgesetzten zu entkommen und bei einem anderen hohen Beamten zu arbeiten. Nachdem er sich einen so schrecklichen Auftritt samt Abgang beim Hochzeitsfest seines Untergebenen geleistet hatte, gab er als dessen bisheriger oberster Chef unverzüglich dem Antrag wohlwollend statt. Zugleich zog er gewissermaßen eine falsche Hirnschublade auf und beauftragte den erwähnten Bürodiener in einer Anwandlung von Großmut, dem Untergebenen mitzuteilen, dass er ihm verzeihe und alles vergessen wolle. Dies war für den Bürodiener dann doch zu viel, sodass er sich – unbefohlen und damit gegen die Regel verstoßend – rasch zurückzog. Offensichtlich wollte er möglichst schnell aus dem Büro des Vorgesetzten mit seiner total verdrehten Wahrnehmung wegkommen und sich irgendwo auslachen. Der hohe Beamte, allein geblieben, saß zuerst immer noch auf dem hohen Ross, erkannte jedoch irgendwie, dass das mit der Volksverbundenheit nicht so einfach war. Deshalb redete er sich vorerst ein, der einzige Ausweg müsse in großer Strenge gegenüber Untergebenen liegen. Schließlich wurde ihm aber seine peinliche Vorstellung und Selbsterniedrigung im Haus des Hochzeiters bewusst, und er begann sich abgrundtief zu schämen. Erschöpft in seinen Bürostuhl versinkend, konstatierte er am Schluss der Geschichte sein totales Versagen an der Hochzeitsfeier.

Mit Blick auf seine Berufserfahrung dachte Kräutzer: ›Mit und ohne Besäufnis sind manchmal auch in Kriminalfällen die Ereignisse außer Kontrolle geraten und haben zwangsläufig zu einer Katastrophe geführt.‹ Dann schlief er ein.

Im Steinkogl-Gebiet

Am nächsten Tag, es war Dienstag, 13. Juni 2000, stand er sehr früh auf. Nach dem Frühstück machte er einen Spaziergang zum See und setzte sich auf eine Bank. Es waren erst wenige Leute unterwegs. Wie weiter? Das Wetter versprach, ausnehmend schön zu werden. Nach einer Weile entschloss er sich deshalb, das Steinkogl-Gebiet aufzusuchen. Er kehrte ins Hotel zurück, zog rasch seine Wanderausrüstung an, nahm die Wanderkarte und ging zur Bus-Haltestelle beim Rathaus. In Lofer stieg er am südlichen Dorfrand aus. Dann spazierte er zum unteren

Ende des Waldsteigs. Der Aufstieg zum Steinkogl brachte ihn ziemlich ins Schwitzen. Aufgrund der Akten hatte er eine genaue Angabe über die Stelle, wo die Überreste der Leiche von Isa Goller und ihrer Ausrüstung gefunden wurden. Um abseits des Wanderwegs dorthin zu gelangen, musste er sich stark zusammenreißen, weil das Gelände recht steil war und an einen »Schmalspurbergsteiger« wie ihn höchste Ansprüche stellte. Ohne dringendes dienstliches Bedürfnis wäre er sicher nicht zu der betreffenden Stelle gestiegen. Für ihn stand sofort fest, dass es nur einem besonders kräftigen, bergerfahrenen Mann gelungen sein konnte, die tote Isa Goller zur Fundstelle zu schleppen; hätte sie noch gelebt und Widerstand leisten können, wäre es wohl unmöglich gewesen, sie dorthin zu ziehen. Er befasste sich auch mit der Annahme, die Frau könnte von sich aus dorthin geklettert sein, wo sie dann die Kräfte verließen. Aber weshalb hätte sie, die kein entsprechendes Training hatte, vielleicht nicht wirklich schwindelfrei war, ausgerechnet einen solchen Ort aufsuchen sollen? Nachweisbar gab sie viel auf ihr Äußeres, wollte sich also stets möglichst vorteilhaft präsentieren. Und gerade hier hätte sie doch – abgesehen von der Gefährlichkeit – mit einer erheblichen Verschmutzung von Händen und Kleidern rechnen müssen.

Somit war für Kräutzer die von den Kommissaren formulierte Hypothese ›Tötung in der Nähe des späteren Fundorts‹, also am Weg im obersten Teil des Waldsteigs, die einzig einleuchtende. Denn der weitere, zwar nur noch relativ kurze Aufstieg zum Steinkogl machte ihm die praktisch unüberwindbare Schwierigkeit klar, eine tote erwachsene Person von rund sechzig bis fünfundsechzig Kilogramm Gewicht von weiter oben allein hinunterzutragen oder bergab zu schleppen und dann noch im schwierigen Gelände abseits des Wegs zum schwer zu erreichenden Fundort hinaufzubringen.

Kräutzer wanderte vom Steinkogl zur ›Almlust‹, wo er sein Mittagessen einnahm. Er konnte sofort verstehen, dass der Wirt und die Kellnerin damals bei dem unfreundlichen Wetter nicht in der Lage waren, den Hang zum Steinkogl im Auge zu behalten. Mit Ausnahme von Isa Goller hatten sich seinerzeit ja alle Besucher, etwa fünfzehn Personen, in die

Gaststube gesetzt. Um gut zu verfolgen, was sich draußen abspielte, hätte man sich vernünftigerweise auf die Terrasse begeben müssen. Möglich wäre auch gewesen, durch eines der Fenster in Richtung Steinkogl zu schauen, allerdings mit stark eingeschränktem Blickfeld. Wie bei vielen Gebirgshäusern waren die Fenster der ›Almlust‹ nämlich relativ klein. Kam hinzu, dass damals doch recht viel zu tun war; Wirt und Kellnerin hatten deshalb für überflüssiges Ausschauhalten keine Zeit. Und die Gäste im Lokal waren wohl in erster Linie mit sich und ihrer Verpflegung beschäftigt. So erklärte sich, dass es keine Zeugenaussage über Isa Goller gab, nachdem sie die Terrasse verlassen hatte.

Als es ans Bezahlen ging, sagte Kräutzer zur Kellnerin: »Jetzt hat man die vermisste Frau doch noch gefunden. Schlimm.«

»Ja, das hat lange gedauert. Sie war an jenem Tag hier auf der Terrasse, ganz allein, dabei war's so kalt, ausnahmsweise.«

»Ah, bei Ihnen war sie? Und Sie haben sie nicht gefragt, weshalb sie nicht ins warme Lokal komme?«

»Doch, doch. Aber die Frau wollte ganz und gar nicht. Sie schaute, fast stur, dauernd zum Steinkogl hinauf, auch als ich sie bediente.«

»Erwartete die Deutsche denn jemanden aus der Richtung? Oder haben Sie jemanden kommen sehen?«

»Gesehen habe ich niemanden. Aber das unablässige Ausschauhalten der Frau kann ich mir nur so erklären, dass sie auf andere Leute wartete.«

Kräutzer fragte sofort: »War sie denn in Sorge um jemanden, dass sie so intensiv ausspähte?«

Darauf entgegnete die Kellnerin: »Etwas aufgeregt war die Frau schon. Sie erzählte aber nichts. Und dann, als ich wieder auf die Terrasse kam, um nachzusehen, war sie weg.«

Kräutzer meinte darauf betrübt: »Weg, für immer«, um nachzuhaken: »Und Sie haben sie nicht einmal beim Aufstieg gesehen?«

»Nein. Aber ich hatte auch kaum Zeit, musste drinnen bedienen und, wie gesagt, 's war kalt. Ich hatte nur kurz und ohne Erfolg zum Parkplatz geschaut, weil ich nur mit einem Verschwinden in einem Auto oder in Richtung Wanderweg nach Lofer gerechnet hatte. Der Wanderweg beginnt gleich hinter dem Parkplatz. Aber sie ist ja, wie man jetzt weiß, wieder auf den Steinkogl gestiegen. Merkwürdig, als sie zu uns kam, habe ich sie zufälligerweise von der Tür aus auf den letzten Schritten gesehen. Sie kam vom Steinkogl her. Und nachher ging sie, wie jetzt klar ist, wieder dorthin und nicht ins Tal.«

Kräutzer bemerkte nachdenklich: »Ja, merkwürdig. Das Leben ist voller Überraschungen.«

Mit einem freundlichen »Auf Wiedersehen« verließ er sodann die ›Almlust‹ und stieg nochmals zum Steinkogl hinauf. Ohne sich zu beeilen, benötigte er vierzig Minuten und sagte sich, dass Frau Goller eigentlich nicht mehr als fünfzig Minuten gebraucht haben dürfte, allerhöchstens eine Stunde. Dann, abwärts, bis zum obersten Waldsteig, an die Stelle, wo es zum abseitigen Fundort ging, brauchte er nur gut fünf Minuten. Die reine Wanderzeit, ohne Halt auf dem Steinkogl, ohne Zeit für schwere Auseinandersetzung einzurechnen, dürfte also für Isa Goller höchstens eine Stunde und zehn Minuten betragen haben. Ziemlich genau um 14.30 Uhr war sie am 21. August aufgebrochen. Rechnete man noch eine gut viertelstündige schwere Auseinandersetzung zur reinen Wanderzeit von siebzig Minuten, konnte der Todeszeitpunkt gegen sechzehn Uhr gewesen sein. Vielleicht war es aber etwas später, wegen eines Halts unterwegs oder eines längeren Streits, bevor sie umgebracht wurde.

Kräutzer stieg vom obersten Waldsteig erneut zum Steinkogl hinauf, wofür er – jetzt eher beschleunigend – gut zehn Minuten benötigte. Dann ging's zügig, die Schwerkraft nutzend und die Kniegelenke nicht gerade schonend, in einer halben Stunde hinunter zum Parkplatz bei der ›Almlust‹. Er schätzte: Wenn er das Tempo noch mehr verschärft hätte und abwärts mit erheblichem Sturzrisiko gerannt wäre, hätte sich die Strecke vom obersten Waldsteig bis zum Parkplatz vielleicht in fünfunddreißig Minuten bewältigen lassen, gut zehn Minuten zum Steinkogl und etwa fünfundzwanzig Minuten zum Parkplatz. Das wäre aber das Minimum gewesen. Unter der Annahme, dass das Tötungsdelikt um 16.15 Uhr geschah, hätte der Täter etwa eine Viertelstunde Zeit gehabt, um die Tote zum späteren Fundort zu schleppen und zu tarnen. Länger hätte es nicht dauern dürfen; denn er musste laufend damit rechnen, von allfälligen Wanderern gesehen zu werden. Anschließend wollte er sicher so rasch wie möglich vom Tatort weg. Sollte er zum Parkplatz bei der ›Almlust‹ zurückgekehrt sein, hätten die Zeitverhältnisse etwa folgendes Bild ergeben: 16.30 Uhr Start im obersten Waldsteig, dann etwa um 16.40 Uhr Ankunft auf dem Steinkogl und zirka ab 17.10 Uhr Eintreffen auf dem Parkplatz, also jedenfalls vor der Ankunft des letzten Autobusses um 17.25 Uhr bei der ›Almlust‹. Der Täter hätte demnach vor der Busankunft noch kurz sein Äußeres etwas in Ordnung bringen können, um dann mit seinem Auto in Richtung Tal zu fahren. Das wäre im Einklang mit den protokollierten übereinstimmenden Aussagen des Wirts und der Kellnerin, dass um 17.30 Uhr kein fremdes Privatauto mehr auf dem Parkplatz stand.

Der Busfahrer

Mit dieser plausiblen Chronik der Ereignisse im Kopf bestieg Kräutzer den Bus, der auf dem Parkplatz bei der ›Almlust‹ wartete. Pünktlich um 17.30 Uhr fuhr er ab. Neben dem Kriminalinspektor waren elf Passagiere im Fahrzeug. Beiläufig fragte er den Fahrer, ob er die Geschichte über die tot aufgefundene deutsche Touristin gehört habe, was dieser bejahte, um beizufügen: »Am Tag, als sie hier oben verschwand, hatte ich Dienst.«

Kräutzer gab sich mit seinem Ausweis zu erkennen und bat den Busfahrer um ein vertrauliches Gespräch in Lofer bei einem Kaffee oder Bier. Auf der weiteren Fahrt schaute Kräutzer die Gegend an. Gebirgige und dann eher hügelige Natur mit Wald und Wiesen. Eingangs Lofer war eine Fahrzeugwerkstätte, wo Autos und Traktoren standen. Dann kam die Haltestelle im Zentrum, wo der Busfahrer von einem Kollegen abgelöst wurde.

Kräutzer und der Fahrer, der Gustl Grieshammer hieß, setzten sich ins Gasthaus ›Gams‹. Der Kriminalinspektor, nach seiner ziemlich anstrengenden Wanderung mit dreifacher Steinkogl-Besteigung recht durstig, bestellte ein Bier; auch der Busfahrer, der die Luft trocken fand.

Kräutzer fragte: »Wie war das an jenem Abend, als Sie mit dem Bus oben bei der ›Almlust‹ abfuhren, war da noch ein Besucher-Auto auf dem Parkplatz?«

»Nein, alles leer, nur der Toyota vom Wirt und der Erika ihr Fiesta, die ich beide kenne«, entgegnete der Busfahrer. »Das habe ich schon damals Ihrem Kollegen erzählt.«

Kräutzer wunderte sich einen Moment lang. Denn er erinnerte sich nicht an einen Protokollvermerk mit der Aussage des Busfahrers zum Thema ›Parkplatz ohne Besucher-Fahrzeuge um 17.30 Uhr‹. Aber vielleicht hatte er etwas übersehen.

Dann erkundigte sich der Kriminalinspektor: »Und unterwegs, als Sie hinauffuhren, war da etwas?«

»Da sind mir einige Autos begegnet. Ich weiß nicht mehr genau wie viele, sicher mehr als eines, vielleicht drei oder vier. Auch das habe ich schon bei der damaligen Zeugenaussage mitgeteilt. Mehr wollte man nicht wissen.«

»Hätten Sie denn zusätzlich noch etwas berichten können?«

»Nun, da ich von Berufs wegen neugierig bin, was auf der Straße passiert, schaue ich fast immer auf die Nummernschilder. So weiß ich, woher die Autos und wahrscheinlich deren Inhalt kommen.«

»Und, erinnern Sie sich an etwas Besonderes?«

»Ja, ausnahmsweise. Aufgrund der damaligen polizeilichen Untersuchung und wegen der anschließenden Zeitungsmeldungen und Diskussionen mit dem Wirt und der Kellnerin in der ›Almlust‹ war dies ja ein besonderer Tag. Das vergisst man nicht mehr.« Er holte tief Atem, nahm erneut einen kräftigen Schluck und fuhr fort: »Es waren, glaube ich, etwa zwei bis drei Personenwagen aus Deutschland und sicher nur einer aus der Gegend, aus Zell am See. Der ist mir aufgefallen, im oberen Teil, weil es ein Einheimischer war. – Nach ihm kam noch ein Auto, es könnten auch zwei gewesen sein.«

»Und wissen Sie, woher die Deutschen waren?«

»Da habe ich nicht so genau hingeschaut. Ich kann also nicht sagen, woher die kamen.«

»Wie viele Personen waren es pro Auto?«

»Auch dazu kann ich nichts sagen. Ob ich damals nähere Angaben hätte machen können, ist aber fraglich. Wenn man seinerzeit ausführlich mit mir gesprochen hätte, nicht nur ganz kurz, wäre jetzt vielleicht etwas in euren Unterlagen. Sicher ist es jedoch nicht.«

»Der Wagen aus Zell am See, wie viele waren da drin?«

»Ich meine, nur der Fahrer.«

»Keine Fahrerin?«

»Auch möglich.«

»Wirklich allein?«

»Ich glaube schon. Aber vielleicht irre ich mich.«

»Ist Ihnen etwas Besonderes über den Fahrer oder die Fahrerin des Autos mit der Autonummer von Zell am See in Erinnerung geblieben?«

»Eigentlich nicht. Ich kann nicht einmal sagen, ob eine ganz junge oder eine alte Person am Steuer war. So genau schaut man nur ganz selten; schließlich muss ich vor allem auf das eigene Fahrzeug achten.«

Kräutzer nickte verständnisvoll. »Wissen Sie noch etwas über die Marken der Autos?«

»Alles eher Mittelklasseautos, eventuell auch ein größeres Modell. Es könnten japanische und deutsche Marken gewesen sein.«

»Und das aus Zell am See, Farbe, Marke?«, wollte Kräutzer wissen.

»Die Farbe war, glaube ich, eher dunkel, braun, grün oder blau, vielleicht sogar schwarz, jedenfalls nicht knallrot, weiß, gelb oder silbrig, nein, nichts Leuchtendes oder Grelles. Ein mittleres Modell, möglicherweise ein deutsches Fabrikat, aber behaften Sie mich nicht.«

Vergänglichkeit

Kräutzer fuhr nach Zell am See zurück, duschte lange und gründlich und ging dann verspätet zum Abendessen ins schöne Hotel-Restaurant. Es schmeckte vorzüglich, und er aß eindeutig mehr als sonst um diese Zeit. Da er die Anstrengungen des Tages spürte, zog er sich nach einem Bier in der Hotel-Bar bald auf sein Zimmer zurück. Im Fernsehen wurde ein alter Krimi aus den sechziger Jahren gezeigt. Die meisten Schauspieler lebten längst nicht mehr. Er stellte sich vor, dass die Dahingegangenen alle noch einmal lebend nebeneinander stünden, jeder und jede hinter der eigenen Urne. Und die tatsächlich noch Lebenden hielten sich in einer Gruppe daneben auf und schauten ihre Kolleginnen und Kollegen verwundert an.

›Wie rasch alles ändern kann‹, dachte Kräutzer. ›Der Tod. Weg. Aus. Fertig. Bald aufgelöst. Für die gläubigen Christen oder Anhänger einer anderen großen Religion noch als Seele irgendwo unterwegs und hoffentlich unbehelligt von den Seelen böser Vorgänger wie Hitler oder Stalin oder einer Giftmischerin. Und für die Nicht-Glaubenden ist da nur noch irgendwo ein Registereintrag, vielleicht ein Grabstein, eine Grabtafel oder nicht einmal das. Definitiv entsorgt. Von Schauspielern oder anderen Künstlern bleibt noch ein Film oder ein Gemälde, eine Komposition oder so zurück. Architekten bauen ihre eigenen Denkmäler. Von Schriftstellern, sofern sie es überhaupt zu einer Veröffentlichung gebracht haben, ist vielleicht ein Werk noch aktuell. Aber möglicherweise stehen auch von einst privilegierten Autoren nur noch Bücher in privaten Regalen und ziehen Staub an. Denkbar wäre auch, dass eines ihrer Werke zu einem absoluten Tief- oder Wegwerfpreis in einem Korb vor einer Buchhandlung gelandet ist. Wie jüngst der Kriminalroman ›Der Verdacht‹ des berühmten Friedrich Dürrenmatt, für einen Euro auf einen nostalgischen Käufer wartend, der selbst in die Jahre gekommenen ist.

Vielleicht haben einzelne Menschen, Künstler oder andere Personen eigene Nachkommen, oder es gibt Nachkommen von Verwandten. Dennoch ist alles für die Abgetretenen nicht mehr erfassbar, nicht mehr spürbar, durch sie auch nicht mehr beeinflussbar, außer vielleicht über ein Testament oder eine Stiftung. Und von fast allen Dahingegangenen haben praktisch hundert Prozent der übrigen Menschheit nie gehört. Folglich sind sie, mit wenigen Ausnahmen, bereits zu Lebzeiten für die anderen inexistent gewesen. Ihr Ableben ist subjektiv inexistent, weil es das Ableben von Inexistenten ist. Bei Inexistenten gibt es keine Trauer, auch keine schöne Erinnerung, einfach nichts. Es ist, als wären sie nie gewesen. Und dabei haben sich viele Verstorbene zu Lebzeiten sehr ernst, sogar unheimlich ernst genommen und gedacht, sie seien unersetzlich. Etwas Wichtigeres als ihre Gefühle, ihr Verlangen und Tun könne es auf dieser Welt gar nicht geben.‹

Für Gläubige blieb die Vorstellung, dass am Schluss nicht Schluss sein würde. Kräutzer schien dies recht anmaßend und Ausdruck menschlicher Selbstüberschätzung, die auf eine unnatürliche Sonderbehandlung der Menschen setzte. Er dachte: ›Und diese Sonderbehandlung soll ihnen vorbehalten sein? Ausgerechnet den Menschen, die laufend irgendwo Kriege geführt haben, zum Teil im Namen ihres Gottes und mit gesegneten Waffen. Und wenn kein Krieg ist, schädigen sie sich sonst.‹ Im landläufigen Sinn war Kräutzer also nicht gläubig. Aber er hatte großen Respekt vor der gesamten Natur, ob Mensch, Tier, Pflanze oder sogenannte tote Materie. Alles war ja dauernd der Veränderung unterworfen und auf seine Art vergänglich. Laufend, jeden Moment anders waren die Flüsse, in riesigen Zeitabständen änderten normalerweise die Berge ihr Erscheinungsbild. Und dazwischen lagen die Lebensfristen der Lebewesen, auch der uralten Bäume im kalifornischen Sequoia-Nationalpark und der eindeutig kurzlebigeren Menschen. Dass Letztere es nicht immer der Natur überließen, die Lebensdauer ihrer Artgenossen zu bestimmen, beschäftigte Kräutzer täglich. Berufsbedingt hatte er mit Menschen zu tun, die andere vernichtet hatten, und mit solchen, die vernichtet worden waren, von denen er die schlimmen Bilder kannte und manchmal kaum ausblenden konnte. Nachts, wenn er schlafen sollte, war das hin und wieder ein Problem. In dieser Nacht schlief er bald ein.

Bisherige Ergebnisse

Früh am nächsten Morgen – es war Mittwoch, 14. Juni 2000, sein dritter Tag in Zell am See – begab sich Kräutzer wieder zu einer der Sitzbänke am See und blickte aufs Wasser. Er dachte an Schillers ›Wilhelm Tell‹, wo es heißt: »Es lächelt der See, er ladet zum Bade. Der Knabe schlief ein am grünen Gestade.« Noch war es für ihn zu früh am Tag, um ein Bad im See zu nehmen. Und viel zu früh am Tage war es für den schon etwas älteren Knaben Kräutzer, um am Gestade bereits wieder einzuschlafen.

Er versuchte deshalb, das bisher Erlebte und Gehörte zu ordnen. Zuerst dachte er an Hohenbachler, der sich in der ›Rössl-Bar‹ abstoßend geil aufgeführt hatte. Vor seinem geistigen Auge sah er auch den sich beim Thema Hohenbachler total abweisend zeigenden Barkeeper Jimmy, einen offenbar recht engen Freund des Bauunternehmers; dann die mitteilungsfreudige Mitzi mit ihren Bemerkungen zu Hohenbachlers Ruf als Frauenheld und über dessen Familienverhältnisse, dann mit ihren Hinweisen auf einen gewissen Albert Hütter, die rechte Hand von Hohenbachler, und schließlich auf die frühere Sekretärin des Bauunternehmers, die sich mehr als nur eine Bürokarriere in der Baufirma ausgerechnet hatte und – als Folge ihrer Enttäuschung über Hohenbachler – weitergezogen war, ins Sekretariat von Anwalt Gandwohl.

Hierauf ließ er sich die von ihm verifizierten Zeitverhältnisse durch den Kopf gehen, welche in Bezug auf das Tötungsdelikt im Waldsteig zu berücksichtigen waren. Er dachte auch an den Fall, dass der Täter zum Parkplatz bei der ›Almlust‹ zurückgekehrt sein könnte, um dort in das dunkle, eventuell blaue, grüne oder schwarze Auto zu steigen. Es war offenbar ein Mittelklassewagen, mit dem Kennzeichen von Zell am See, welchen Gustl Grieshammer am Tag des Verschwindens von Isa Goller gesehen hatte, als er am 21. August 1996 nach 17:00 Uhr mit seinem Bus von Lofer zum Parkplatz bei der ›Almlust‹ unterwegs war. Wahrscheinlich saß nur der Lenker oder eine Lenkerin drin.

Viel war das noch nicht. Immerhin hatte er einige möglicherweise ausbaufähige Zusatzinformationen zu den bisherigen Protokollvermerken.

Dann dachte er wieder an den Krimi vom Vorabend. ›Schon merkwürdig, wie die Schauspieler sich sagen lassen müssen, wo und wie sie hinzustehen, hinzuliegen oder sich zu bewegen haben, was für Kleider – wenn überhaupt – und welche Frisur zu tragen sind, welche Miene erwartet wird, die Gesten, die sie machen sollten, und welchen Text sie sprechen müssen. Alles ist vorprogrammiert, gesteuert, also inszeniert. Marionetten, die es, mit Einschränkungen, auch im gewöhnlichen Alltag gibt. Nichts erfolgt spontan, auch wenn es so aussieht. Die Beleuchtung und der allfällige sanfte oder starke Wind samt eventuellem Regen oder Schneefall sind selten echt, werden meistens bedarfsgerecht produziert. Und alles wird so lange wiederholt, bis der Regisseur der Ansicht ist, die jeweils bestmögliche Aufnahme sei ›im Kasten‹. Nicht zu vergessen die Stunts und Tricks. Dann werden die Szenen aneinandergereiht, müssen also geschnitten und schließlich mit Musik und Geräuschen unterlegt werden. Am Ende liegt dann der fertige Film vor. Nichts, das wirklich von innen kommt, aber so wirken sollte. Alles aufgesetzt, alles Mache.

Der Kommissar im Film überführt den Täter in einem noch so verzwickten Kriminaldrama mit nur wenigen Umwegen instinktsicher, innert fünfzig bis neunzig Minuten, oft mit einer am Ende noch schnell eingebauten überraschenden Erkenntnis, die zum Ziel führt. Häufig ist die Lösung nicht logisch, sondern wird den nicht immer besonders kritischen Betrachtern untergejubelt. Denn im Lauf des Streifens sind sie recht ungeduldig geworden und wollen jetzt endlich ein Resultat sehen. Sie sollen es haben. Durch Erhöhung des Handlungstempos und der Spannung wird längeres Nachdenken verhindert, und so funktioniert die Schlussphase meistens recht gut, auch wenn sie gar schnell die Lösung bringt, manchmal nach einer endlosen Verfolgungsfahrt, bei der jedes Schulkind merkt, dass der Fahrer im hinteren Fahrzeug keine Vergnügungsfahrt unternimmt, aber der Täter, dem er nachfährt, einfach nicht darauf kommt. Kurz: im Rahmen von keineswegs immer schlüssigen, aber gelegentlich packenden Stories erwecken die Stars unter den

Schauspielern fast immer den Eindruck, sie könnten alles besser als normale Leute, seien viel tapferer, klüger, eloquenter.

Im Theater liegen die Dinge ähnlich, aber mit Schneidetricks und fast endlosen Wiederholungen von einzelnen Szenen ist bei der Aufführung vor Publikum nichts zu machen. Wichtig sei, hat einmal ein guter österreichischer Regisseur und Schauspieler in einem Interview gesagt, dass man im Theater oder bei Filmaufnahmen alles andere vergisst, nur seine Rolle spielt, sich voll in sie hineindenkt und -fühlt, und sich beispielsweise nicht damit beschäftigt, dass die junge Frau gegenüber die eigene Tochter ist.

Und wie ist es im gewöhnlichen Alltag, in der unvollkommenen Welt, wo häufiges Wohlverhalten und gelegentliche Verbrechen zum Normalfall gehören? Im Grund gibt es diese fast völlig fremdbestimmten Puppen beiderlei Geschlechts auch, nicht überall und nicht immer, aber auch. Und konditioniert sind alle, ob sie wollen oder nicht, durch ihr Erbgut, ihre Erziehung, ihre Umgebung, ihren Werdegang, ihr Schicksal. Wenn jedoch etwas nicht abschließend von einer Art ›Regie‹ festgelegt wird, dann sind zusätzlich – in unterschiedlichem Ausmaß zwar – Wünsche, Gier, andere Triebe, Fehlvorstellungen, Wissen, Können, Unvermögen, Spontaneität, Trägheit und so weiter in einem variierenden Mix von Bedeutung. Auch die allgemeinen oder besonderen Umstände bis zum Wetter können ins Gewicht fallen. Ereignet sich eine Untat oder Katastrophe, kommt sie für die Betroffenen meist überraschend. Einzelne nehmen Schaden, müssen vielleicht sterben.

Besonders interessant ist, dass alle – die meist korrekten Menschen wie auch die Verbrecher – die gleichen Eigenschaften haben, allerdings stark unterschiedlich im Ausmaß und in der diesbezüglichen Kombination; offen bleibt stets, ob und wie sich diese Charakteristiken im Einzelfall manifestieren. Ohne diese Sachverhalte, die das Hineindenken in andere Personen erst ermöglichen, wären die Kriminalisten gar nicht in der Lage, in komplizierten Fällen einigermaßen realistische Arbeitshypothesen zu formulieren, um einer Lösung näher zu kommen.‹

Kräutzer beendete seine generelle Abschweifung und kehrte zu den

Ereignissen zurück, die ihn bei seinen gegenwärtigen Ermittlungen speziell interessierten. Er fragte sich, ob es nur einen oder eventuell mehrere Täter mit unterschiedlichen Rollen gegeben hatte und ob allenfalls sogar eine Art Regisseur am Werk gewesen war.

Rita Steiner

Kriminalinspektor Kräutzer erinnerte sich an das Gespräch mit Mitzi, die am vorgestrigen Abend wohl recht enttäuscht war, dass Hohenbachler sie nur ziemlich unsittlich betastet hatte und dann einfach weggegangen war. Deshalb dürfte sie wohl bereit gewesen sein, ihm über den Bauunternehmer einige Details zu berichten, die der Barkeeper mit Sicherheit verschwiegen hätte. Und unter den Einzelheiten, die Mitzi erzählt hatte, war auch die Information über die ehemalige Sekretärin von Hohenbachler gewesen, die jetzt beim Anwalt Gandwohl arbeitete. Ob sie ihm auch noch etwas Interessantes mitzuteilen hätte?

Er ging zurück ins Hotel und rief die Kanzlei Gandwohl an. Er wusste, dass er im Stil seines Vorgesetzten, Kommissar Huber, sprechen musste, wenn er am Telefon etwas erreichen wollte. Also gab er sich große Mühe, seinen Chef zu imitieren.

Die Dame, die sich nach Nennung des Kanzleinamens mit »Steiner« gemeldet hatte, war überrascht, als Kräutzer, der nur seinen Namen genannt hatte, gewissermaßen mit der Tür ins Haus fiel und sagte: »Frau Steiner, Sie waren doch früher in der Baufirma Hohenbachler tätig?«

Ohne zu überlegen, sagte sie: »Ja, warum?«, und bereute sofort, dass ihr diese persönliche Auskunft so spontan herausgerutscht war.

»Kräutzer, Kriminalpolizei. Ich sollte mit Ihnen als Auskunftsperson dringend ein vertrauliches Gespräch führen. Als Auskunftsperson, wohlverstanden. Sie haben nichts zu befürchten.«

Vorsichtig entgegnete sie nun: »So, ein Gespräch, weshalb?«

»Nicht am Telefon. Es ist sehr dringend, duldet überhaupt keinen Aufschub. Absolute Diskretion ist selbstverständlich, wenn Sie kooperativ sind. Würden Sie sich weigern, was ich natürlich nicht hoffe, müsste ich Sie umgehend von der hiesigen Polizei abholen und zur Dienststelle bringen lassen. Sie verstehen! Wann passt es Ihnen heute?«

Das war einschüchternd genug. Rita Steiner mochte sich deshalb nicht weiter zieren und hatte auch ein wenig Angst, obwohl sie sich überhaupt nicht vorstellen konnte, weshalb die Kriminalpolizei an einem Gespräch mit ihr derart interessiert sein sollte. Sie sammelte sich und antwortete so ruhig sie konnte: »Wenn Sie mich so fragen, um dreizehn Uhr. Aber ich müsste gegen zwei wieder in der Kanzlei sein, damit es nicht auffällt.«

»Das lässt sich einrichten. Wie wäre es in der Bar im ›Erzherzog Johann‹? Pünktlich um dreizehn Uhr, an einem Einzeltischchen? Ich werde dafür sorgen, dass sonst keine weiteren Gäste dort sind. Selbstverständlich werde ich Ihnen zu Beginn unseres Gesprächs meinen Ausweis zeigen. Sie dürfen ihn genau anschauen. Und wenn Sie dann noch den geringsten Zweifel haben sollten, gehen wir halt gemeinsam zur örtlichen Polizei. Selbstverständlich möchte ich von Ihnen auch einen amtlichen Ausweis sehen. Passt das?«

»Ja, das geht«, entgegnete die Sekretärin, jetzt doch eher beruhigt.

Kräutzer entgegnete: »Gut. Ich bin mittelgroß, eher schlank, Ende dreißig, habe braunes Haar mit Scheitel, trage eine randlose Brille, grauen Anzug, blaue Krawatte und lege meinen Regenmantel über die Stuhllehne an meinem Tisch. Woran erkenne ich Sie, Frau Steiner?«

»Ich bin achtundzwanzig und hundertsechzig Zentimeter groß – wegen der Stöckelschuhe sieht es vielleicht nach etwas mehr aus. Ich habe dunkelbraunes langes Haar und trage ein zweiteiliges rosa Kleid mit stilisierten Blumen, ziemlich große, schwarze, rosenähnliche Blumenköpfe.«

»Alles klar. Es ist streng vertraulich. Bitte also zu niemandem ein Wort. Dann bis dreizehn Uhr im ›Erzherzog Johann‹ und vielen Dank für Ihre Gesprächsbereitschaft.«

Kurz vor dreizehn Uhr ging Kräutzer in die Bar des Hotels, die er bis vierzehn Uhr für seine Zwecke reserviert hatte. Den Regenmantel legte er über die Stuhllehne eines Tischchens, das strategisch gut positioniert war. Es stand an der Wand. Von seinem Platz aus hatte er den ganzen Raum im Blickfeld. Vorsorglich hatte er eine Flasche Mineralwasser und zwei Gläser hinstellen lassen. Rita Steiner, eine hübsche junge Frau, traf pünktlich ein, war aber ziemlich verlegen, was sich an ihrem Gang und dem sichtlich erröteten Gesicht erkennen ließ. Persönlich hatte sie mit der Kriminalpolizei noch nie etwas zu tun gehabt. Sie schaute nur kurz auf den Polizeiausweis, den ihr Kräutzer hinhielt. Dann zeigte sie ihren Ausweis, und Kräutzer notierte schnell einige Angaben sowie die Privatadresse von Rita Steiner. Sie wollte im Moment nichts trinken.

Hierauf erklärte der Kriminalinspektor der Sekretärin nochmals, dass das Gespräch streng vertraulich sei. Dann wurde er in der Sache konkret und sagte, dass es um den Bauunternehmer Johann Hohenbachler gehe.

Rita Steiner wurde noch verlegener, senkte den Blick und schwieg.

Kräutzer fragte dann möglichst freundlich: »Sagen Sie, zu Ihrer Zeit in der Firma Hohenbachler, wie war das so im Büro?«

Sie fasste sich etwas und sagte mit unsicherer Stimme: »Im Büro war stets der Herr Hütter, der für alles sorgte. Und ich war da, als Sekretärin.«

»Erzählen Sie mir kurz etwas über Hütter.«

Erleichtert, dass sie nicht über sich als einstige Sekretärin berichten musste, erläuterte sie, zusehends ihre Anspannung abbauend: »Er ist der engste Mitarbeiter von Herrn Hohenbachler. Der ganze Schriftverkehr, die Offerten, die Pläne, Steuer- und Personalangelegenheiten, einfach alles, was das Büro betrifft, läuft über ihn.«

»Und Hohenbachler?«

»Er holt die Aufträge herein und geht den Baustellen nach, weil Herr Hütter davon nichts … nicht so viel versteht.«

»Also eine Art Arbeitsteilung«, stellte Kräutzer nüchtern fest.

»Ja, dem Herrn Hohenbachler liegt das Büro nicht so, und der Herr Hütter könnte draußen nicht viel ausrichten.«

»Kontrolliert Hütter auch die Termine?«

»Schon, aber – wenigstens zu meiner Zeit – habe ich den Terminkalender betreut, vor allem für die beiden Herren.«

»Sie wussten also, wer, was, wo und wann zu erledigen hatte?«

»Ja, so war's.«

»Wann haben Sie die Stelle gewechselt?«

»Vor zwei Jahren.«

»Aha. Also 1998. Gibt es irgendwo eine Aufzeichnung über die Termine von Hohenbachler zu Ihrer Zeit?«

»Ja, allerdings wohl nicht mehr über alle Jahre. Ich war sieben Jahre dort. Das System war am Anfang anders. Aber von den letzten vier oder fünf Jahren müsste eigentlich der ganze Kalender vorhanden sein, wenn er nicht zufällig gelöscht wurde.«

»Der ganze Kalender?«

»Jeder Tag und damit auch jeder Arbeitstag im Jahr, mit den Zeitangaben.«

»Und wer hat heute Zugang zu diesem Kalender?«

»Ich denke die neue Sekretärin, Frau Aloisia Peterle, und auch Herr Hütter. Der Chef natürlich auch, aber er hat früher bei Bedarf nur Informationen verlangt. Die Dateien hat er nicht selber abgerufen.«

»Angenommen, man würde sich bei der Suche nach aktuellen Terminkalendern oder bei Kalendern der Vergangenheit nicht zurechtfinden und hätte keine Hilfe, wie und wo müsste man suchen?«

»Das ist ganz einfach, jedenfalls für die letzten Jahre, in denen ich dort arbeitete. Im Computer der Sekretärin ist alles gespeichert, mit allen Angaben über Abwesenheiten.«

»Wie kommt man an das Programm? Gibt es irgendein Passwort oder so?«

»Zuerst muss man ›HobaZaS‹ eingeben, was für Hohenbachler Zell am See steht. Dann muss man nur noch unter ›Kalender‹ die Daten für das betreffende Jahr abrufen.«

»Bitte schreiben Sie es mir auf diesen Zettel.«

Rita Steiner notierte mit etwas zittriger Schrift, auch weil sie vor Aufregung feuchte Hände hatte.

Kräutzer fuhr in möglichst ruhigem Ton fort: »Findet man da auch Angaben zu den Steuern?«

»Ja«, erwiderte Frau Steiner sichtlich überrascht und schaute Kräutzer fragend an.

»Erinnern Sie sich noch an die Zeit vor vier bis fünf Jahren?«

»Mehr oder weniger. Aber sicher bin ich nicht.«

»Man sagt, dass Hohenbachler nicht nur seine Aufträge, Baustellen und Familie hatte. Was können Sie mir dazu vertraulich sagen?«

Rita Steiner errötete und wirkte einen Moment lang nervös. Dann beruhigte sie sich und sagte ziemlich fest: »Ich hatte mit Herrn Hohenbachler eine Beziehung. Aber das ist vorbei.«

»Hatte er noch andere Bekanntschaften?«

»Ich glaube schon. Soweit ich gehört habe, waren es nur kurze Abenteuer. Vor allem mit Touristinnen.«

»Und Hütter, wie war's bei dem?«

»Herr Hütter machte immer das, was Herr Hohenbachler ihm aufgetragen hatte. Er ist als zurückhaltend gegenüber Frauen bekannt. Man hat auch schon etwas anderes gemunkelt, was ich aber nicht glaube.«

»Aus Ihren Worten schließe ich, dass Hütter kein Draufgänger ist. Eher unbeholfen.

»Ja, das ist die richtige Beschreibung«, entgegnete sie.

»Über die Termine von Hütter wussten Sie auch Bescheid?«

»Selbstverständlich. Aber er war meist im Büro; gelegentlich ging er zu einem Amt oder so.«

Kräutzer war der für ihn riskante kurze Auf- und Abstieg zwischen dem Pfad im obersten Waldsteig und der Fundstelle der Überreste von Isa Goller tief in die Knochen gefahren. Unter dem Eindruck dieses Erlebnisses fragte er möglichst beiläufig: »Sind Hohenbachler und Hütter eigentlich erfahrene Berggänger?«

Der Themenwechsel löste bei Rita Steiner die Anspannung spürbar. Auf Kräutzers Frage hin ließ sie sich ein Glas Mineralwasser einschenken und erwiderte: »Soviel ich weiß, war Herr Hohenbachler gelegentlich beim Wandern und so, nicht beim richtigen Bergsteigen, nein. Aber der Herr Hütter hat immer wieder im Büro von seinen Bergtouren berichtet und manchmal Fotos gezeigt, auch von gefährlichen Klettereien. Da hatte ich immer etwas Angst, nur schon beim Hinschauen.«

»Steile Passagen?«, fragte Kräutzer in möglichst gewichtigem Tonfall.

»Ja, sehr. Sicher nichts für mich. Ich hatte ihm das zuerst gar nicht zugetraut. Schon beeindruckend. Schöne Aufnahmen.«

Und Kräutzer fuhr fort: »Ja das Hochgebirge muss für gewisse Leute eine besondere Faszination haben. Was für Autos fuhren zu Ihrer Zeit Hohenbachler und Hütter?«

»Herr Hohenbachler hatte einen großen weißen Mercedes und Herr Hütter einen blauen Opel, ein mittleres Modell. Beide Fahrzeuge wurden von der Firma zur Verfügung gestellt. Daneben fuhren beide auch, aber eher selten, noch den grünen Golf der Firma, den vor allem andere bei Bedarf benutzten, auch ich. Geschäftlich natürlich.«

Kräutzer nickte und sagte: »Noch etwas. Haben Sie damals auch vom Verschwinden der deutschen Touristin gehört?«

»Ja, selbstverständlich. Davon haben alle gehört. Im Sommer werden es drei, nein sogar vier Jahre sein. Die Zeitungen haben darüber letzthin wieder berichtet, weil man vor etwa einem Monat die Leiche der Frau gefunden hat.«

Kräutzer kam der Sache immer näher und fragte: »Erinnern Sie sich noch an die Zeit, als die Frau verschwand?«

»Ja, zufälligerweise sogar ganz genau, aus einem bestimmten Grund. Denn am Tag bevor die Touristin nicht zur Abfahrt des Reisebusses erschien, hatte Herr Hohenbachler am späten Vormittag in der Nähe von Bad Hofgastein einen Autounfall. Es war ein Freitag. Nur Blechschaden, aber das Auto lief nicht mehr und musste dort zur Reparatur gebracht werden. Er war schuld. Ich musste dann, weil er angerufen und mir dies aufgetragen hatte, mit dem Golf der Firma zur Unfallstelle fahren und ihn abholen.«

»Und sind Sie dann sofort mit ihm nach Zell am See zurückgefahren?«

»Nein, wir haben in Bad Hofgastein das Mittagessen eingenommen und sind dann so – ich würde sagen gegen drei … ja, es wird so gegen drei gewesen sein – wieder in Zell am See eingetroffen.«

Kräutzer rieb sich das Kinn. »Was geschah dann?«

»Ich ging mit Herrn Hohenbachler ins Büro. Ich glaube, dass er bald darauf noch zu einer Besprechung musste. Aus der betreffenden Angabe im Kalender sollte ersichtlich sein, wann und wo das war und mit wem.«

»Haben Sie eine Vermutung, wer die deutsche Touristin hier besonders gut gekannt hatte?«

Rita Steiner zögerte einen winzigen, aber spürbaren Moment und entgegnete dann entschlossen: »Auch Herr Hohenbachler kannte sie näher. Aber gerade an jenem Tag sagte er zu mir, beim Mittagessen, dass er sich endlich von der recht aufsässigen Deutschen habe lösen können.«

»Das sagte er zu Ihnen?«

»Ja. Er wollte mir wohl mitteilen, dass er zwar noch verheiratet sei, aber einer gemeinsamen Zukunft mit mir sonst nichts mehr im Wege stehe.«

»Wo war damals Hütter, als Sie mit Hohenbachler zu Mittag aßen und danach, bei Ihrer Rückkehr?«

»Ich nehme an, dass er hier in einem Lokal das Mittagessen eigenommen hatte, wie immer. Ich bin aber nicht mehr sicher, ob er auch da war, als wir zurückkehrten. Für mich war an jenem Tag die Mitteilung von Herrn Hohenbachler, dass es mit der Deutschen endgültig aus sei, wichtig.«

»Verstehe. Und danach, wie war es da?«

»Sie meinen nach dem Wochenende, das auf den Freitag folgte, an dem Herr Hohenbachler den Unfall hatte?«

»Ja.«

»Am Montag, ich glaube bereits am Montag, wurde die Sache mit der vermissten deutschen Touristin durch die Zeitungen, vor allem die ›Kronenzeitung‹ und die ›Salzburger Nachrichten‹, bekannt gemacht. Da gab es ziemlich viel Aufregung. Viele Leute sprachen darüber.«

»Auch Hohenbachler?«

»Ja, sicher.«

Und Kräutzer bohrte noch etwas weiter: »War er besonders aufgeregt oder verhielt er sich sonstwie anders?«

»Aufgefallen ist mir nichts, jedenfalls nichts, das ich heute noch wüsste.«

»Und Hütter?«

»Mit ihm habe ich im Büro darüber gesprochen. Das weiß ich noch. Wir fanden das beide ziemlich rätselhaft.«

»Und danach: Ging das Leben normal weiter?«

»Ja. So ist es halt. Bis vor einigen Wochen war es kein Thema mehr. Jetzt wirkt alles so mysteriös.«

Kräutzer nickte und bemerkte nachdenklich: »Ja, das ist es, mysteriös.«

Nach einer kurzen Pause sagte er: »Dann möchte ich Sie nicht länger aufhalten. Nochmals, damit es ganz klar ist, unser Gespräch muss streng vertraulich bleiben. Zu niemandem ein Wort, auch nicht im Büro oder zu einer Freundin oder einem Freund. Sie müssen das unbedingt für sich behalten, im Interesse der ungestörten Polizeiarbeit! Es könnte sein, dass ich Sie nochmals befragen muss.«

Rita Steiner hatte verstanden. Sie war sichtlich erleichtert, dass sie das Gespräch hinter sich hatte, und ging wieder in die Kanzlei. Auf dem Weg dorthin dachte sie bei sich: ›Eigentlich war der Kriminalpolizist ganz nett. Aber vielleicht ist das seine Methode. Hoffentlich habe ich nichts Falsches gesagt.‹

Der Kriminalinspektor war stolz, dass er, im Selbsturteil, vom Stil her fast ein richtiges Chef-Interview geführt hatte.

Weitere Informationsbeschaffung – Bericht an den Chef – das Finanzamt wird aktiv

Dann begab sich Kräutzer zur Polizei-Dienststelle. Dort erfuhr er, dass Hütter als Geschäftswagen einen dunkelblauen mittelgroßen Opel fuhr. Vom Chef der Polizei wollte Kräutzer wissen, wer im Finanzamt zuständig sei für unangemeldete Kontrollen in Firmen und für die Beschlagnahmung von Akten. Zudem ersuchte er ihn, Details über den Unfall von Hohenbachler in Erfahrung zu bringen, der sich bei Bad Hofgastein am 21. August 1996 ereignet hatte, zufälligerweise das Datum, an dem Isa Goller verschwand.

Den Namen des Chefs des Finanzamtes, der solche Aktionen persönlich leitete, nannte ihm der Polizeichef sofort. Und kurz darauf bestätigte er die Darlegungen von Rita Steiner über den Unfall von Hohenbachler bei Bad Hofgastein. Hohenbachler war demnach am 21. August 1996 um 10.50 Uhr in einen Unfall verwickelt gewesen, und sein Auto musste zur Reparatur. Das polizeiliche Unfallprotokoll wurde kurz vor Mittag unterzeichnet. Der vom Polizeichef kontaktierte Polizist in Bad Hofgastein, der damals vor Ort gewesen war, erinnerte sich noch daran, dass Hohenbachler telefonisch seine Sekretärin aufgeboten hatte, die dann mit dem Auto, einem hellgrünen Golf, angefahren kam und mit ihm zum Essen ging.

Dann rief Kräutzer seinen Chef, Kommissar Huber an, der in Salzburg war, und berichtete kurz über den Stand seiner Ermittlungen. Sie waren sich einig, dass der weitere Aufenthalt von Hohenbachler, zirka ab fünfzehn Uhr am Tag des Verschwindens von Isa Goller, ihrem mutmaßlichen Todestag, noch endgültig abgeklärt werden sollte. Sie waren sich auch einig, dass Hohenbachler am selben Tag kaum etwa um sechzehn Uhr im obersten Waldsteig gewesen sein konnte. Dennoch war mit allen Möglichkeiten zu rechnen, bis das Alibi eindeutig feststand. Aufgrund der Aussage von Rita Steiner war anzunehmen, dass Hohenbachler kein Bergsteiger war, sondern gelegentlich eine Wanderung auf einer einfachen Route unternahm.

Nun wollte man sich möglichst genaue Kenntnis verschaffen über die An- beziehungsweise Abwesenheit von Hütter am Tag des Verschwindens von Isa Goller. Erhellendes konnte vielleicht eine allenfalls vorhandene Spesenabrechnung über gefahrene Autokilometer bringen. Offenbar hatte Hütter schon viele gewagte Bergtouren gemacht; im obersten Waldsteig hätte er kaum Probleme mit einem gefährlichen Abstecher abseits des Wanderwegs gehabt.

Um an Abwesenheitslisten und Spesenabrechnungen zu kommen, schlug Kräutzer vor, dass es am besten wäre, das Finanzamt einzuschalten. Es sollte zur umgehenden Beschlagnahmung von entsprechenden Akten und Computerdaten aus dem Jahr 1996 in der Baufirma Hohenbachler ermächtigt werden. Vielleicht könnte man noch das Jahr 1997 hinzunehmen, um möglichst keinen Verdacht in Bezug auf die Untersuchung des Tötungsdelikts Isa Goller zu wecken. Selbstverständlich interessierte einzig der August 1996, und zwar der sogenannte Kalender beziehungsweise Terminplan, und zudem waren die Spesenabrechnungen von Hütter möglicherweise von Belang. In Bezug auf Letztere hieß es zu beachten, dass Hütter sie vielleicht erst etwas später, im September 1996, erstellt hatte. Huber nahm unverzüglich Kontakt mit dem zuständigen Staatsanwalt auf und konnte bereits zeitig am Vormittag des folgenden Tages einen entsprechenden Beschluss erwirken.

Es kam Kräutzers vierter Tag in Zell am See. Man schrieb Donnerstag, den 15. Juni 2000. Im Finanzamt hatte er bereits am Vorabend dessen Chef über das besondere Interesse der Kriminalpolizei an Hohenbachler und Hütter informiert, aber lediglich generell. Noch vor zehn Uhr konnte die Aktion der Finanzbehörde in der Baufirma Hohenbachler starten. Die beschlagnahmten Dateien und Papiere wurden sofort nach Salzburg verbracht, wo sich Spezialisten unverzüglich auf die Suche nach den relevant erscheinenden Informationen machten, beginnend mit dem 21. August 1996, dem Tag des Verschwindens von Isa Goller.

Ein möglicher Tathergang

Kräutzer, der mit der Beschlagnahmung der Akten bei Hohenbachler und deren Auswertung direkt nichts zu tun hatte, wollte sich nochmals im Gebiet des seinerzeitigen Verbrechens an Isa Goller inspirieren lassen. Am Vormittag nahm er deshalb erneut den Bus nach Lofer und dann weiter zur ›Almlust‹. Auf der sonnigen Terrasse des Bergrestaurants, wo sich schon andere Touristen aufhielten, setzte er sich an einen Holztisch an der Wand und blickte gebannt in Richtung Steinkogl. Dass er dabei nicht gleichzeitig mitbekommen konnte, was außerhalb seines Blickwinkels auf dem nahen und an sich gut einzusehenden Parkplatz geschah, bestätigte sich abermals.

Während einer längeren Imbisspause erfuhr er von der Kellnerin Zauner keine relevanten Neuigkeiten. Dann begab sich der Kriminalinspektor auf einen Spaziergang nach Lofer, aber nicht auf dem speziellen Fußweg, sondern auf der Straße, welche der Bus und die Autos benutzten. Er ließ sich viel Zeit. Unterwegs erhielt er auf seinem Mobiltelefon einen Anruf von Kommissar Huber aus Salzburg, der ihm mitteilte, dass Hohenbachler am 21. August 1996 den Rest des Nachmittags im Bauamt von Zell am See verbracht hatte. Dies gehe aus den beschlagnahmten Akten hervor und sei von der Gemeinde bestätigt worden. Über eine Abwesenheit Hütters am 21. August sei nichts vermerkt, was natürlich auch ein Versehen sein könne. Immerhin habe es den Unfall von Hohenbachler gegeben. Da Frau Steiner nach Bad Hofgastein gefahren sei, dachte sie in der Folge möglicherweise nicht mehr daran, Hütters Abwesenheit zu erfassen.

Kräutzer trieb die Frage um, wie das Verbrechen im Einzelnen abgelaufen sein könnte, wenn Hütter der Täter gewesen sein sollte. An einer Stelle, wo der Spazierweg die Straße kreuzte, sah er in kurzer Distanz eine Bank in der Wiese. Er begab sich dorthin, nahm Platz und betrachtete die stille, schöne Landschaft. Huber rief ihn erneut an, um mitzuteilen, dass Hütter keine Auto-Spesenabrechnung für den 21. August 1996 erstellt habe. Zudem kündigte der Kommissar an, dass er am folgenden Tag etwa um neun in Zell am See sein werde.

Dann dachte Kräutzer erneut an die Welt der Schauspieler und stellte sich den folgenden Film der Ereignisse im Gebiet Waldsteig – Steinkogl – Gasthaus ›Almlust‹ vor:

Hohenbachler spielte am Anfang und Schluss selbst eine wichtige Rolle und führte insbesondere Regie. Als Hauptakteur setzte er den willfährigen Hütter für seine Zwecke ein.

Die Regie-Idee von Hohenbachler war, die Deutsche zu veranlassen, sich am zweitletzten Ferientag, kurz vor ihrer Abreise, ziemlich weit weg von Zell am See zu begeben. Zu diesem Zweck machte ihr Hohenbachler am Telefon die Wanderung von Lofer via Waldsteig zum Steinkogl beliebt. Dabei erzählte er ihr etwas von dringenden Geschäften. Für den

Fall einer kleinen Verspätung versprach er, auf der gleichen Route, also via Waldsteig, nachzukommen. Oben, auf dem Steinkogl, sei es herrlich, das Richtige für den Ferienabschluss, und sie könnten dann ganz für sich sein. Er fügte aber hinzu, dass im Extremfall, wegen irgendeines nicht planbaren Geschäftsvorfalls, eine etwas größere Verspätung nicht völlig auszuschließen sei. Sollte er es aus diesem Grund zeitlich nicht schaffen, sie bis zum Steinkogl einzuholen, dann müsse sie, ohne lange anzuhalten, zur ›Almlust‹ hinuntersteigen und dort warten, bis er via Steinkogl eintreffe. Zusätzlich bemerkte er, dass er in der ›Almlust‹ nicht gesehen werden wolle und ihr dankbar wäre, wenn sie auf der Terrasse seine Ankunft abwarten würde. Es wäre aber wirklich ein Extremfall und könne dann nicht lange dauern, bis er dort eintreffe.

Isa Goller konnte nach diesen zwar etwas komplizierten Darlegungen nicht ahnen, dass er gar nicht die Absicht hatte, im Wandergebiet zu erscheinen. Und Hohenbachler seinerseits kannte seinen ihm treu ergebenen Hütter; er wusste um dessen Probleme mit den Frauen. So erzählte er Hütter kurz die mit Isa Goller getroffene Verabredung und informierte ihn, dass er sich von ihr definitiv trennen wolle. Deshalb werde er auch nicht zum Waldsteig und so weiter kommen. Dann trug er Hütter auf, mit seinem Firmenauto, dem dunkelblauen Opel, zur ›Almlust‹ zu fahren und etwa um dreizehn Uhr dort zu sein. Dort angekommen, solle er sich sofort aufmachen und Isa Goller entgegengehen in Richtung Steinkogl. Vermutlich werde er ihr oben auf dem Steinkogl begegnen oder während sie in Richtung ›Almlust‹ absteige. Für den Fall einer extremen Verspätung habe er ihr aufgetragen, auf der Terrasse der ›Almlust‹ auf ihn zu warten. Sobald Hütter sie dann sehe, halt möglichst bald nach der Begrüßung, müsse er ihr klaren Wein einschenken, nämlich dass Hohenbachler sich nie mehr mit ihr treffen wolle. Dies wäre dann auch die Gelegenheit für Hütter, sich selber der männerverrückten Deutschen als großzügigen Tröster anzubieten.

Er dürfe ruhig bis zum nächsten Tag wegbleiben. Mehr könne er, Hohenbachler, für ihn in aller Freundschaft im Moment nicht tun. Aber er werde sich, wenn alles gelaufen sei, schon noch erkenntlich zeigen.

Wie angeordnet, fuhr Hütter rechtzeitig los. Er musste ja um dreizehn Uhr bei der ›Almlust‹ sein. Dass die Straße kurz vor Lofer wegen eines schweren Unfalls längere Zeit unpassierbar sein würde, konnte er nicht ahnen. (Kräutzer wusste von der Gendarmerie in Lofer über den seinerzeitigen Unfall, der sich um die Mittagszeit ereignet hatte und wegen ausgelaufenen Heizöls zur Sperrung der Straße führte, eine Sperrung, die immer wieder verlängert werden musste und schließlich bis etwa vierzehn Uhr dauerte). So traf Hütter arg verspätet, es war fast halb drei, auf dem Parkplatz der ›Almlust‹ ein. Die umsichtige Planung von Hohenbachler mit der besonderen Anordnung für den Extremfall zahlte sich aus.

Hütter sah Isa Goller sofort auf der Terrasse. Sie blickte aber unverdrossen zum Steinkogl. Als er ganz nahe bei der Terrasse war, grüßte er und rief ihr zu, dass er sie im Auftrag von Hohenbachler, der sich leider verspätet habe, sofort zurück zum Steinkogl begleiten müsse. Nach unverzüglichem Aufbruch erreichten die zwei gegen halb vier den Steinkogl. Dort fiel dann dem unbeholfenen Hütter nichts Besseres ein, als Isa Goller zu erzählen, Hohenbachler müsse wohl noch im Waldsteig sein. Wegen der vorgerückten Zeit sei es sicher zweckmäßig, ihm noch etwas entgegenzugehen.

Im obersten Waldsteig sagte Hütter dann endlich die Wahrheit und erbot sich der schwer enttäuschten Isa Goller als treuen Freund, der sie trösten wolle. Hierauf versuchte er, zudringlich zu werden. Wider Erwarten wollte die Deutsche nichts von ihm wissen und wehrte sich heftig. Dabei warf sie ihm massiv beleidigende Worte an den Kopf. Hütter packte eine unsägliche Wut, er vergaß sich und würgte sie mit großer Kraft. Plötzlich stellte er fest, dass sie sich nicht mehr wehrte. Er hatte zu stark zugedrückt. In Panik schleppte er den leblosen Körper an die Stelle, wo man die Tote vom Weg her nicht sehen konnte und wo kaum jemand hinkam, weil das Gelände für die meisten viel zu gefährlich war. Für Hütter mit seiner Erfahrung von vielen Bergtouren waren Auf- und Abstieg kein besonderes Problem, auch wenn es ihn einiges an Kraft kostete, die leblose Frau an die spätere Fundstelle zu verbringen. Eilig deckte er Isa Goller mit Ästen zu, machte sich dann so schnell wie möglich zum Steinkogl auf und stieg rasch, teilweise im leichten Laufschritt, zum Parkplatz bei der ›Almlust‹ hinunter. Dort traf er etwa um 17.10 Uhr ein, nahm sein Auto und fuhr wie benebelt ins Tal. Unterwegs begegnete ihm – wie der Buschauffeur Gustl Grieshammer am Dienstag in der ›Gams‹ in Lofer beim Bier gegenüber Kräutzer dargelegt hatte – der Autobus, der in Richtung ›Almlust‹ unterwegs war.

Danach fuhr er nach Zell am See zurück und ging in seine Wohnung. Von dort rief er Hohenbachler an und bat ihn um ein dringendes Gespräch, es sei etwas passiert. Hohenbachler ging zur Wohnung von Hütter, wo ihm dieser über das schlimme Ereignis im oberen Waldsteig berichtete. Hohenbachler fragte ihn, ob ihn jemand im Waldsteig, auf dem Steinkogl oder bei der ›Almlust‹ gesehen haben könnte. Hütter verneinte dies mit Entschiedenheit. Darauf befahl Hohenbachler dem total erschütterten Hütter, der am ganzen Leib zitterte: »Zu niemandem ein Wort. Kein Alkohol zur Beruhigung, ja nicht, hörst du! Entspanne über das Wochenende, so gut es geht. Geh möglichst nicht aus dem Haus. Am Montag kommst du ins Geschäft wie immer. Einfach weiterarbeiten, keine Nervosität, möglichst Ruhe bewahren. Wenn jemand von der Polizei kommen sollte, wissen wir nichts. Auf Anfrage, nur auf Anfrage, hast du am Freitag vom Mittag an eine Fahrt mit deinem Geschäftsauto gemacht, weil du in Absprache mit mir wieder einmal privat nach Salzburg wolltest. Zum Einkaufen und so. Unterwegs, du bist schon bei Bad Reichenhall gewesen, hast du dann plötzlich starkes Kopfweh bekommen und es kaum mehr aushalten können. Deshalb hast du umdrehen müssen. Auf einem Parkplatz hast du einen längeren Halt gemacht und danach nochmals auf dem Parkplatz hinter Lofer in Richtung Salzburg. Du weißt schon, wo der Parkplatz hinter Lofer ist. Nachdem das Kopfweh nachgelassen hatte, bist du nach Hause gefahren, um ein Aspirin zu nehmen und dich hinzulegen. Also, wir wissen von nichts. Auch wenn sie uns mit Fragen durchlöchern sollten. Klar?«

Hütter sagte erleichtert: »Alles klar. Ich danke dir.« Und Hohenbachler verließ ihn.

Am Montag, den 24. August 1996, ging im Geschäft alles weiter wie bisher. Hütter kaschierte seine noch nicht ganz abgebaute Nervosität durch besonderen Arbeitseifer. Wie die Sekretärin, Frau Rita Steiner, hatte auch er die Berichte in der ›Kronenzeitung‹ und in den ›Salzburger Nachrichten‹ gelesen über das rätselhafte Verschwinden der deutschen Touristin Isa Goller. Die Zeitungen veröffentlichten auch eine Fotografie von der Frau. Überall in Zell am See war das Ereignis ein wichtiges Gesprächsthema. In der Baufirma ging aber die Arbeit vor. Diskussionen über den Vorfall gab es selbstverständlich auch, vor allem zwischen Hütter und Frau Steiner. Aber der Unfall des Chefs bei Bad Hofgastein beschäftigte sie beide ebenfalls.

Damit endete der »Film«, und für Kräutzer blieb die Frage: ›Wie sollte man all dies Hütter nachweisen können – sofern es überhaupt zutrifft?‹

Dann setzte er seine Wanderung auf der Straße fort. Grübelnd gelangte er schließlich am Dorfeingang von Lofer zur Fahrzeug-Reparaturwerkstätte, die er nun schon zweimal vom Bus aus gesehen hatte, auf der Talfahrt am ersten Tag nach seiner Bergwanderung und heute, auf der Fahrt hinauf zur ›Almlust‹. Vor der Werkstätte sagte er zu sich: ›Im dümmsten Fall erfahr' ich halt nichts Neues.‹ Dann trat er ein und sprach den schon etwas älteren Eigentümer an, einen Mann von etwa sechzig Jahren, dem seine Arbeit offenbar alles bedeutete.

An den Tag des Verschwindens der deutschen Touristin erinnerte sich dieser nicht nur wegen der damaligen Zeitungsberichte. Auch die neusten Meldungen über das Auffinden der Überreste von Isa Goller kannte er. Genau an dem Tag, als die Deutsche verschwand, Ende August 1996, kam ein Bauer bei ihm vorbei. Er war aus einem deutschen Auto gestiegen. In der Werkstätte beklagte er sich dann heftig, dass ihn ein Einheimischer nicht mitgenommen habe, einer aus Zell am See. Einfach zugefahren sei der Pazi*. Erst ein Deutscher, dessen Auto fast voll besetzt gewesen sei, habe angehalten, als er am Wegrand gewinkt habe. Oben, in Richtung ›Almlust‹, auf einer Seitenstraße, war der Bauer

* österreichische Abkürzung für ›Lumpazivagabundus‹ im Sinn von ›Landstreicher‹, ›Gauner‹, ›übler Kerl‹

nämlich mit Holzarbeiten beschäftigt, als sein Traktor stehen blieb und nicht mehr anlief. Er sei dann zur Straße Lofer – ›Almlust‹ gegangen, um möglichst rasch eine Mitfahrgelegenheit bis zur Werkstätte zu erhalten. Zum Glück sei ›gleich nach dem windigen Fahrer aus Zell am See ein deutscher Wagen gekommen, der ihn hierher gebracht habe.

Der Garagist gab Kräutzer die Telefonnummer des Bauern, der seinerzeit wegen des defekten Traktors zu ihm gekommen war und sich über den unfreundlichen Landsmann geärgert hatte. Kräutzer rief sofort an und erhielt die Bestätigung, dass es sich um einen mittelgroßen dunkelblauen Opel, vielleicht auch einen Ford oder so, gehandelt hatte. Zudem teilte ihm der Bauer mit, dass nur der Fahrer, ein Mann mittleren Alters, im Wagen gewesen war.

Zur Aussage von Gustl Grieshammer und zur Theorie von Kräutzer passte das.

Eigendynamik der missachteten Regieanweisung

Für Kriminalinspektor Kräutzer brach der fünfte Tag im schönen Zell am See an. Es war Freitag, 16. Juni 2000. Sein Vorgesetzter, Kriminalkommissar Huber, traf wenige Minuten vor neun im ›Erzherzog Johann‹ ein.

Sofort gingen sie die bisherigen Erkenntnisse in allen Einzelheiten durch. Kräutzer präsentierte dem Kommissar seinen »Film« über den Hergang des Verbrechens mit Albert Hütter als Täter. Er schloss mit der telefonisch eingeholten Aussage des Bauern, dessen Traktor am 21. August 1996 gegen fünf Uhr oben, fast bei der ›Almlust‹, stehen gebliebenen war. Die Beobachtung des Land- und Fortwirts untermauerte Kräutzers Annahme, dass Hütter mit dem blauen Opel der Firma an diesem 21. August etwa um 17.15 Uhr von der ›Almlust‹ ins Tal gefahren sein könnte. Für die Ermittlungsarbeit war selbstverständlich bedeutungslos, dass der Bauer immer noch ordentlich erbost schien über den ihm unbekannten Automobilisten, der ihn seinerzeit nicht zur Werkstätte mitgenommen hatte. Interessant waren hingegen folgende Punkte: Der Bauer war sich ganz sicher, dass der Fahrer – keine Fahrerin – allein im Auto war. Auf dem Nummernschild hatte er klar das Kennzeichen von Zell am See erkennen können. Und es handelte sich um einen dunkelblauen Mittelklassewagen, wahrscheinlich einen Opel.

Was war nun zu tun? Auf der Hand lag, dass man sich in einem der nächsten Schritte mit Hütter näher befassen musste. Aufgrund der am Vortag von der Steuerfahndung bei Hohenbachler beschlagnahmten Akten blieben die Verdachtsmomente in Bezug auf Hütter bestehen. Kommissar Huber und Kräutzer waren sich einig, dass nichts dagegensprach, bei Bedarf weitere Aktionen in der Baufirma durch einen Steuerfahnder in Begleitung eines Polizeibeamten durchführen zu lassen. Vor nächsten Schritten wollte Huber aber noch einmal in Ruhe gründlich nachdenken. Für ihn war in erster Linie wichtig, weiterhin überlegt zu handeln und die entscheidenden Maßnahmen möglichst sorgfältig aufeinander abgestimmt zu treffen.

Nur mit Mühe konnte Huber den nun ungewohnt tatendurstigen Kriminalinspektor Kräutzer dazu veranlassen, sich einfach im Hotel etwas zu entspannen, bis er ihn brauche. Das sei möglicherweise ja schon bald. Vielleicht finde sich im Hotel ein interessanter Lesestoff. Mit ziemlicher Sicherheit gebe es im Laufe des Nachmittags oder gegen Abend etwas zu tun. Er könne aber schon einmal sein Zimmer räumen, sich im Hotel abmelden und das Gepäck in den Dienstwagen bringen, der draußen stehe. Entweder lasse sich heute alles klären oder eben nicht. So oder so sei diese Woche weitgehend gelaufen. Je nach Ergebnis müsse man über eine Fortsetzung sprechen.

Als erfahrener Kriminalist wusste Huber, dass man im Lauf der Ermittlungsarbeit oft nicht genau sagen konnte, wann die entscheidende Schlussphase bei der Aufklärung eines Verbrechens anbrach. Meistens erkannte man dies erst hinterher. Jedenfalls durfte man sich nicht zu früh in Zielnähe wähnen. Jeder übereilte Schritt konnte den Erfolg gefährden. Vorsicht und Besonnenheit waren angesagt.

Für Huber war Kräutzers Theorie des Verbrechenshergangs an sich schlüssig, überzeugte ihn aber in einem wichtigen Punkt nicht. Dieser betraf die Person von Albert Hütter. Der Kommissar sagte sich: ›Dieser Hütter ist zwar ein zuverlässiger Mitarbeiter und eine Vertrauensperson von Hohenbachler. Und den Bauunternehmer kann man privat als ziemlich lockeren Vogel einstufen, der schon vor vier Jahren ein gestörtes Familienleben gehabt hat. Aber trotz allem muss man anerkennen, dass Hohenbachler im Geschäftsleben recht geschickt vorgeht, was seiner Firma zugutekommt. Er kennt sicher die Stärken und Schwächen seines Mitarbeiters Hütter und versteht es, ihn für seine Zwecke einzusetzen. Und wer die Schwächen eines anderen Menschen recht genau kennt, weiß auch Bescheid darüber, wo dessen Grenzen sind. Zudem ist anzunehmen, dass Hohenbachler weder total besoffen noch sonstwie geistig schrecklich reduziert war, als er sich mit der heiklen Mission betreffend Isa Goller befasste. Im Gegenteil. Er strebte sicher eine gute Erledigung des Auftrags an. Deshalb galt es, unter den verfügbaren Leuten den bestmöglich geeigneten Mann auszuwählen, selbst wenn es eilte. Der im Umgang mit Frauen unbeholfene Hütter war in diesem Fall garantiert nicht sein optimaler Problemlöser.‹ Aufgrund dieser Überlegung konnte sich Huber eigentlich nicht vorstellen, dass Hohenbachler ausgerechnet Hütter in diesem delikaten Fall losgeschickt haben sollte. Hütter wäre nicht einmal zweite Wahl gewesen.

Huber fand auch: Der Autounfall bei Bad Hofgastein, am Vormittag des 21. August 1996, war eindeutig die Folge von mangelnder Aufmerksamkeit. Vielleicht belastete etwas den sonst eher hartgesottenen Hohenbachler. Es könnte eine von ihm kurz zuvor inszenierte ›Übung im Steinkogl-Gebiet‹ gewesen sein. Also doch irgendwie so etwas wie der Film von Kräutzer? Möglich. Aber mit anderer Besetzung.

Halb zwölf. Kommissar Huber griff zum Telefon und rief in der Schule an, wo sein Jugendfreund Fritz Neumeister unterrichtete. Huber dachte, dass Fritz vielleicht einen hilfreichen Hinweis geben könnte. Er, der tüchtige Lehrer, der schon lange in Zell am See lebte, musste doch etwas über gewisse Leute im Ort wissen, das nicht unbedingt Allgemeingut war. Es dauerte eine Weile, bis Fritz am Apparat war.

»Ich bin's … Gustav. Hallo Fritz.«

»Servus, mein Lieber. Hört man auch wieder einmal etwas von dir?«

»Entschuldige, dass ich deinen Unterricht störe.«

»Schon gut. Wenn's was Wichtiges ist, bleibt nichts anderes übrig.«

»Es ist wichtig, dringend und streng vertraulich. Ich bin wieder hier in Zell am See und brauche deine Hilfe. Es geht um die deutsche Touristin, die verschwunden war und deren Überbleibsel kürzlich gefunden worden sind.«

»Ist doch mehr dahinter?«, fragte Fritz Neumeister überrascht, aber auch mit einer gewissen Genugtuung in der Stimme.

»Nun ja … vielleicht schon. Kann ich dich kurz nach dem Mittagessen treffen? Vorher muss ich mich noch mit meinem Mitarbeiter besprechen.«

»Selbstverständlich. Ginge es um dreizehn Uhr? Um zwei habe ich wieder Unterricht.«

»Das wäre bestens. Wo?«

»Macht es dir etwas aus, in die Schule zu kommen? Entweder ist das Lehrerzimmer frei oder sonst der Besprechungsraum, in dem wir ungestört sind.«

»Alles klar. Bitte sprich im Moment mit niemandem über das Thema. Freundliche Grüße an deine liebe Gattin. Nein, bitte im Moment nicht, damit alles unter uns bleibt. Also bis nachher. Servus!«

Und Fritz Neumeister entgegnete: »Ja, bis gleich. Servus, Gustav!«

Huber und Kräutzer nahmen früh einen kleinen Mittagsimbiss. Bei dieser Gelegenheit erläuterte der Kommissar seinem Mitarbeiter, weshalb Hütter für ihn nicht als Täter infrage komme. Kräutzer musste zugeben, dass Hütter vom Typ her wenig geeignet war für einen derart schwierigen Auftrag. Sodann informierte ihn der Kommissar, dass er sich mit seinem Schulfreund aus der Gymnasialzeit treffe und etwa um zwei Uhr zurück sein werde. Kräutzer solle dann bitte bereit sein.

Kurz vor dreizehn Uhr stand Kommissar Huber vor dem Schulhaus. Schon bog Fritz Neumeister auf seinem Fahrrad um die Ecke. Sie begaben sich ins Lehrerzimmer. Huber erzählte ganz offen über den Verdacht gegen Hohenbachler, aber nur als irgendwie involvierte Person, die nicht selbst gehandelt haben konnte, weil er nachweisbar zuerst auswärts war und später in einem Amt in Zell am See eine Besprechung hatte.

Unvermittelt fragte Gustav Huber: »Wen zählst du zu den männlichen Vertrauensleuten von Hohenbachler?«

»Da gibt es mehrere. Der Hütter, der ist sein Vertrauensmann in der Firma.«

»Privat auch?«

»Das würde ich ausschließen. Der Hütter ist an sich nicht sein Typ, im Geschäft wohl schon, aber nicht privat.«

»Wer noch?«

»Vor allem Kollegen von seinem Kegelclub, dem Kegelclub ›Sorgenfrei‹.«

»Alle?«

»Nicht gerade alle. Aber mehrere.«

»Und die hätten ausnahmslos, quasi aus dem Stand und unter der Woche Zeit gehabt, um zum Waldsteig und zum Steinkogl zu gehen?«

»Das glaube ich nicht. Zudem zeigen einige von ihnen vermutlich nur dann wenig Zurückhaltung gegenüber Frauen, wenn sie in der Horde auftreten können. Der größte Teil weiß aber schon, was sich gehört.«

»Es geht ja um eine Einzelaktion«, unterstrich Gustav Huber. »Oben, im Waldsteig, reichte es nicht, im Verein mitzujohlen und so. Wer hätte denn vor etwa vier Jahren, gegen Ende August, möglicherweise auf Abruf zur Verfügung stehen können für die Ausführung des nicht gerade einfachen Auftrags? Also allein?«

»Da bleibt von den Kegelbrüdern eigentlich nur einer, der Kummer Franzl. Ob er sich allerdings für eine derartige Sache hätte einspannen lassen, scheint mir doch sehr fraglich. Der hatte es an sich nicht nötig. Und so ist es immer noch.«

»Im Klartext: Du meinst, dass Kummer ein Typ ist, der keine Vermittlungsdienste benötigt, um an eine Frau heranzukommen?«, fragte Huber.

»Er war kaum scharf auf die Frau. Und auf irgendeine Honorierung durch Hohenbachler war er sicher nicht angewiesen. Gefährtinnen hatte er schon seinerzeit und Geld auch«, präzisierte Fritz.

»Aber jemand war es. Wer fällt dir sonst ein, etwa aus dem Umfeld, in dem Hohenbachler noch heute viele seiner Abende und Nächte verbringt?«

»Mein lieber Gustav, du weißt doch, dass ich ein Stubenhocker bin, der gelegentlich etwas Sport treibt, aber sicher nicht in Bars und so verkehrt.«

»›Bar‹ ist das richtige Stichwort. Die ›Rössl-Bar‹. Den Barmann, kennst du den?«

»Persönlich nicht. Ich weiß nur, dass er Schlunecker heißt und von seinen Kumpanen Jimmy genannt wird. Er ist hier bekannt als einer, der wechselnde Bekanntschaften hat, wie Hohenbachler. Details kenne ich nicht. Ich rede nur nach, was die Leute so sagen. Er scheint ein Spezl * von Hohenbachler zu sein. Früher war er auch schon in Keilereien verwickelt. Ist wohl schon eine Weile her.«

Gustav Huber bedankte sich bei Fritz Neumeister für das Gespräch und erinnerte ihn noch einmal daran, mit niemandem darüber zu sprechen. Dann ging er zurück in den ›Erzherzog Johann‹. Es war kurz vor zwei, als er nach einem kleinen Umweg, der ihm zusätzliche Gelegenheit zum Nachdenken gegeben hatte, dort eintraf.

Kommissar Huber ging zum Telefon und reservierte im Rathaus ein kleines Besprechungszimmer. Dann rief er Kräutzer zu sich.

»Unser neuer Standort ist in Kürze ein Besprechungszimmer im Rathaus; ich habe soeben reserviert. Wir sollten gleich hingehen.«

Auf dem Weg dorthin trug er Kräutzer auf, sofort bei der Polizei in Erfahrung zu bringen, ob über Schlunecker etwas Spezielles vermerkt sei, wie dessen Fitness eingestuft werde, etwa zum Bergsteigen, ob er Auto fahren könne und selber ein Fahrzeug besitze, und falls ja, welche Größe, Marke und Farbe. Die Auskunft sei sehr dringend. Er werde vor dem Besprechungszimmer auf ihn warten. In der Folge steuerte Kräutzer die Polizei an, die gleich neben dem Rathaus war.

* österreichisch für ›spezieller Kollege‹

Es dauerte nicht lange, und Kräutzer kam zum Rathaus hinüber, wo er mit seinem Vorgesetzten zusammentraf. Er berichtete ihm, dass der ledig gebliebene Schlunecker immer noch ein ziemlich bewegtes Leben führe, oft mit Schulden zu kämpfen habe, körperlich recht gut beisammen sei, also einiges aushalte, wahrscheinlich auch in den Bergen, und den Führerschein besitze. Seit etwa fünf Jahren fahre er einen Mittelklassewagen, einen weißen Subaru.

Huber wurde nachdenklich und murmelte: »Einen weißen Subaru. Das passt nicht.«

Dann sagte er unvermittelt zu Kräutzer: »Wir müssen Hütter ins Rathaus bringen lassen. Ein Polizist und ein Steuerfahnder sollen das erledigen, wie besprochen.«

»Meinen Sie, dass es doch der Hütter war, wie ich zuerst vermutete?«, fragte Kräutzer, bemüht, nicht allzu freudig zu wirken.

Kommissar Huber schüttelte verneinend den Kopf und sagte, indem er Kräutzer einen zwar ernsten, aber doch eher milden Blick zuwarf, der ihn trösten sollte: »Nein, tut mir leid, aber er sollte uns einen der letzten Mosaiksteine liefern. Wir werden sehen.«

Dann fuhr Huber eindringlich fort: »Wenn Sie den Auftrag betreffend Hütter erteilt haben, kommt gleich der zweite dran. Den Hohenbachler müssen wir ab sofort durchgehend beschatten lassen. Sollte er Zell am See verlassen wollen, muss er unverzüglich verhaftet und ebenfalls ins Rathaus gebracht werden. Dafür dürfte ein Mann der Polizei ausreichend sein. Argument: Dringende Steueruntersuchung. Und sonst, wenn er am Ort bleibt, hat diese Aktion später, quasi auf Ihren Knopfdruck hin, zu geschehen. Sie sind mir dafür verantwortlich; es darf nichts schiefgehen.«

Kräutzer ging sofort wieder zur Polizei-Dienststelle hinüber, um seine Aufträge zu erledigen. Jetzt lief etwas. Die Gefahr eines ruhigen Nachmittags bestand nicht mehr.

Kurz nach halb drei. Es klopfte an der Tür des Besprechungszimmers im Rathaus. Dann trat Hütter ein, verlegen, begleitet von einem Steuerfahnder und einem Polizeibeamten. Kriminalkommissar Huber kam rasch zur Sache. Es gebe mehrere Unklarheiten. Er beginne mit einem bestimmten Tag im August vor bald vier Jahren. Damit Hütter sich besser erinnern könne: An diesem Tag habe Hohenbachler einen Autounfall bei Bad Hofgastein gehabt und sei erst so gegen drei ins Büro zurückgekehrt.

Huber: »Sie wissen, wovon ich rede? Stimmt die Zeitangabe?«

Hütter wirkte etwas bedrückt und entgegnete: »Ja, ich erinnere mich. Es dürfte so um drei herum gewesen sein, aber ganz genau weiß ich das nicht mehr«.

»Und Sie waren im Büro, als Hohenbachler zurückkam?«

»Ja.«

»War er allein?«

»Nein, Rita Steiner war bei ihm. Sie musste ihn mit dem Golf holen. Sein Mercedes blieb in Bad Hofgastein zur Reparatur.«

»Waren Sie an jenem Tag immer im Büro?«

»Nicht ganz. Ich musste kurz weg«, berichtete Hütter, sichtlich etwas verkrampft.

»Wann war das?«, fragte der Kommissar.

»Etwa um halb elf.«

»Wohin mussten Sie denn?«

»Ich hatte von Herrn Hohenbachler den Auftrag, den Opel, meinen Geschäftswagen, zu einem seiner Kollegen zu fahren.«

»Sonst nichts?«

»Nein.«

»Und was war dann?«

»Ich kehrte zu Fuß zur Firma zurück und ging später zum Mittagessen. Ich glaub', ich war vorher, vor dem Essen, noch auf der Post oder etwas einkaufen. Oder beides. Dann, etwa ab dreizehn Uhr, es kann auch halb zwei gewesen sein, war ich wieder im Büro.«

Gustav Huber wartete einen Moment. Dann fragte er: »Wann haben Sie denn das Auto bei dem Kollegen von Herrn Hohenbachler zurückgeholt?«

»Es könnte so um sieben gewesen sein, jedenfalls nach Büroschluss.«

»War etwas Besonderes am Wagen?«

Hütter sah man an, dass er sich über die Frage wunderte. Rasch antwortete er: »Eigentlich nicht … Ich konnte nichts feststellen, habe aber auch nicht speziell nachgeschaut.«

Huber unterbrach das Gespräch, hieß Kräutzer, mit ihm zu kommen, und bat Hütter, den Steuerfahnder und den Polizisten, sich etwas zu gedulden.

Draußen sagte er zu Kräutzer: »Jetzt müssen wir sofort den Hohenbachler hierher bringen lassen. Er muss im Nebenzimmer warten. Herr Kriminalinspektor Kräutzer, Ihr Knopfdruck, bitte!«

Darauf sagte Kräutzer erstaunt: »Aber der kann's ja nicht gewesen sein!«

Huber blickte ihn genau an und bemerkte ruhig, aber vielsagend: »So sieht's aus.«

Kräutzer ging erneut ins Polizei-Amt und war gleich wieder zurück im Rathaus. Dann warteten Kommissar Huber und er etwa zehn Minuten in der Eingangshalle. Schon tauchte ein Polizist mit Hohenbachler auf, der sich ziemlich aufregte. Darauf wurde nicht eingegangen. Man bat ihn, in Begleitung des Polizisten, in ein anderes Zimmer, mit der Bemerkung, es dauere nicht lange.

Huber und Kräutzer gingen ins Besprechungszimmer zurück, in dem sich Hütter aufhielt.

»Nun, Herr Hütter, wem mussten Sie denn den dunkelblauen Opel bringen?«

Hütter, den es sehr gestört hatte, als er von der Polizei abgeholt wurde, fand die Befragung nun äußerst lästig. Hierzu sagte er aber nichts, sondern senkte kurz den Kopf und blickte dann wieder auf. Dabei tat er einen Moment lang so, als ob er plötzlich den Namen nicht mehr wüsste.

Huber schaute ihn mit festem Blick an. »Zu wem?«

Hütter zögerte nur noch kurz und sagte hierauf, als wäre es eine Nebensächlichkeit: »Zu Jimmy Schlunecker. Er ist der Barmann von der ›Rössl-Bar‹.«

Darauf fragte Huber: »Hatte Hohenbachler damals geschäftliche

Beziehungen zu Schlunecker?«

»Nein. Es war eine Privatangelegenheit.«

Kommissar Huber bemerkte trocken: »Aha, und dafür gab's den Geschäftswagen der Baufirma.«

Hütter wusste, dass so etwas steuerliche Probleme bringen konnte, und sagte rasch: »Es war eine Ausnahme. Es ist nur dieses eine Mal in all den Jahren vorgekommen.«

Huber fuhr fort: »Wie war Schlunecker, als Sie abends das Auto bei ihm wieder in Empfang nahmen?«

»Ich habe nichts Besonderes bemerkt – soweit ich mich erinnern kann.«

Huber wies den Polizeibeamten an, mit Hütter direkt ins Polizei-Amt hinüberzugehen und dort auf ihn zu warten. Er machte deutlich: »Sie müssen ihn dauernd im Auge behalten. Herr Hütter darf mit niemandem Kontakt haben, weder unterwegs noch drüben!«

Dann telefonierte Kommissar Huber mit seinem Mobiltelefon nach Salzburg. Bereits vor vierzehn Uhr, nach dem Gespräch mit Fritz Neumeister, hatte er einen möglichen Bedarf am »Lieferwagen« avisiert. Man war also vorbereitet.

Auf seinen neuerlichen Anruf hin konnte dieser sofort starten. Mit ›Lieferwagen‹ bezeichneten die Polizeibeamten unter sich das Spezialfahrzeug, das eine Gefängniszelle enthielt. Darin wurden besondere Täter transportiert.

Dann wurde Hohenbachler ins Besprechungszimmer gebeten. Er war immer noch ungehalten.

Gustav Huber begann ruhig: »Sagen Sie, Herr Hohenbachler, Sie erinnern sich doch bestimmt an den Tag vor nahezu vier Jahren, als Sie vor Bad Hofgastein einen Autounfall verursachten.«

Hohenbachler entgegnete überrascht: »Ja, und?«

»Was ist denn dort genau passiert?«

Hohenbachlers Anspannung löste sich auf einen Schlag. Er präzisierte, dass es Ende August 1996 gewesen sei, an einem Freitagvormittag. Dann schilderte er seinen Fahrfehler, der zu einer Streifkollision geführt hatte, mit der Folge, dass er in einem Graben landete, aber unversehrt blieb. Auf verschiedene Rückfragen hin erzählte er den Unfallhergang in allen Einzelheiten und berichtete über die damalige Notwendigkeit, sein Auto in Bad Hofgastein zur Reparatur zu geben. Deshalb habe er sich abholen lassen müssen, von seiner Sekretärin. Dass ihn die Schuld am Unfall traf, stand für ihn außer Frage.

Kommissar Huber ließ sich bei dem Gespräch über den nebensächlichen Unfall viel Zeit, um sicherzustellen, dass nach einer Verhaftung im Zusammenhang mit dem Fall Isa Goller die temporäre Belegung einer örtlichen Gefängniszelle nicht allzu lange dauern musste. Im Idealfall war bis zu einer Festnahme der »Lieferwagen« schon da und konnte gleich seine »Fracht« aufnehmen; jetzt war er allerdings noch unterwegs nach Zell am See.

Zum Unfallhergang bemerkte Kommissar Huber schließlich ernst: »Sie wissen also ganz genau, was sich damals bei Bad Hofgastein ereignete.« Nach einer kurzen Pause fügte er hinzu: »Es gibt Dinge, die vergisst man nie.«

Dann fuhr Huber fort: »Aber jener Tag war auch sonst noch ereignisreich. Sie hatten Herrn Hütter einen speziellen Auftrag gegeben.«

Hohenbachler runzelte erstaunt die Stirn. »Einen speziellen Auftrag?«

»Nun, Hütter musste den Opel, den ihm die Firma zur Verfügung gestellt hatte, Ihrem Spezialfreund Schlunecker bringen.«

»Ach so. Ja, das stimmt. Schlunecker wollte, glaub' ich, einen Ausflug machen und hatte mich um ein Auto gebeten, weil seines defekt war.«

»Aha, defekt. Und wohin ging der Ausflug?«

Irritiert und eine gewisse Nervosität zeigend, sagte Hohenbachler: »Das weiß ich nicht mehr. Halt irgendwohin.«

Gustav Huber schaute ihn durchdringend an und bohrte weiter: »So, so, irgendwohin, sagen Sie. Und Sie wissen nicht mehr – da sind Sie sich ganz sicher –, wohin Schlunecker damals wollte?«

Hohenbachler, zunehmend gereizt scheinend, antwortete recht barsch: »Nein, keine Ahnung!«

Kommissar Huber sah den Bauunternehmer lange an und fragte

dann mit fester Stimme: »Nicht etwa ins Steinkogl-Gebiet, in Ihrem Auftrag?«

Hohenbachler, der bisher nach vorn geneigt am Tisch gesessen hatte, eher bullig-aggressiv, mit ziemlich breit aufgelegten Ellenbogen, wich sichtlich zurück, presste die Lippen zusammen und bekam einen roten Kopf, schwieg aber.

Huber wiederholte, jedoch nicht mehr fragend, sondern als zweifelsfreie Bestätigung, laut und deutlich: »Ins Steinkogl-Gebiet, in Ihrem Auftrag!«

Hohenbachler gab sich noch nicht geschlagen. »Wieso fragen Sie mich das?«

»Ich frage nicht. Ich gebe Ihnen eine Chance. Ich weiß, dass es so war. Also?«

Hohenbachler spürte, dass es kein Entrinnen mehr gab. Er hatte Schweißperlen auf dem Gesicht und sagte resignierend mit leicht wässrigen Augen: »Nun ja, ich habe Jimmy Schlunecker um einen Freundschaftsdienst gebeten. Mehr nicht.«

»Was heißt ›mehr nicht‹?«

»Er sollte die Deutsche – Sie wissen schon, Frau Isa Goller – oben treffen, sich an meiner Stelle ein bisschen um sie kümmern.«

»Und?«

»Dann ist es passiert.«

Kommissar Huber schaute ihn durchdringend an und sagte dann in einem Ton, der keine Widerrede duldete: »Wie ist es passiert? Erzählen Sie jetzt die Geschichte vom Anfang bis zum Schluss!«

Hohenbachler versuchte sich zu sammeln. Man sah ihm an, dass ihm der Druck der Vernehmung stark zusetzte. Sein Gesicht war stark gerötet. Er räusperte sich und berichtete von seiner Bekanntschaft mit Isa Goller, die er häufig in der ›Rössl-Bar‹ getroffen habe. Hin und wieder hätten sie auch Lokale in der näheren und weiteren Umgebung aufgesucht. In Saalbach-Hinterglemm oder in Saalfelden und so. Die Deutsche sei drei Jahre hintereinander nach Zell am See gekommen, mit einer Reisegesellschaft aus Stuttgart. Bei ihrem letzten Besuch im August 1996, vor fast vier Jahren, habe sie – vermutlich in einer reichlich späten Torschlusspanik – mehr von ihm gewollt, so eine Art feste Bindung. Aber das sei für ihn ganz unmöglich gewesen. Mehrmals habe er versucht, ihr das beizubringen. Weil es ziemlich hoffnungslos gewesen sei, habe er auf das Ende des Ferienaufenthalts von Isa gesetzt. Danach, in Stuttgart, würde sie sich zwangsläufig wieder beruhigen. Aber sie habe ihn auch in den letzten Ferientagen wiederholt bestürmt, sogar noch am Morgen des Tages vor der Abreise. Da habe er sich rasch etwas ausgedacht, um ihr nun, am Schluss der Ferien, absolut klarzumachen, dass es aus sei.

Er habe ein eindeutiges Zeichen setzen wollen. Hinter der ziemlich vierschrötigen Idee mit dem Nachfolger in der Person von Jimmy Schlunecker – es hätte ihr ja freigestanden, diesen abzulehnen – habe die Absicht gestanden, den Schock vielleicht etwas zu mildern. Was dann geschehen sei, habe er nicht zu verantworten, da er niemals eine solche Weisung gegeben hätte. Alles sei außerhalb seiner Einflussmöglichkeiten gewesen. An so etwas hätte er nicht im Entferntesten gedacht. Man habe ihm hinterher alles erzählt.

Demnach hatte sich mit den Worten Hohenbachlers Folgendes zugetragen:

»Entgegen meiner Anweisung wollte Schlunecker die Mission nicht allein durchführen, sagte mir aber nichts. Deshalb telefonierte er an jenem Morgen rasch seinem langjährigen, damals arbeitslosen Kollegen Fred Olmauer und informierte ihn über die Sache. Auch Olmauer und Isa Goller kannten sich von der ›Rössl-Bar‹. Olmauer war sofort bereit mitzumachen. Er und Schlunecker hielten es für zweckmäßig, von zwei Seiten zum Treffpunkt Steinkogl hinaufzusteigen, Olmauer durch den Waldsteig und Schlunecker von der ›Almlust‹ her. So war sichergestellt, die Deutsche auf der besagten Route anzutreffen und sie zum Steinkogl begleiten zu können. Sie verständigten sich dahingehend, dass derjenige von ihnen, dem Isa Goller auf seiner Strecke begegnen sollte, ihr rasch zu erklären hätte, dass ich bereits auf dem Steinkogl auf sie warte, obwohl dies nicht stimmte. Die Überlegung: Somit wäre es kein Problem, sie entweder vom Waldsteig her zum Aufstieg auf den Steinkogl oder eben von der ›Almlust‹ her zur Rückkehr dorthin zu bewegen und, oben angekommen, ihr dann zu zweit die Sachlage zu erläutern.

Mir gegenüber erklärten Schlunecker und Olmauer am Abend, nach ihrer Rückkehr, in Bezug auf die Vorbereitung der Aktion: Olmauer hatte Schlunecker im Telefongespräch vom Vormittag darauf hingewiesen, dass er ein Auto benötige, weil er seines vor wenigen Tagen zu Schrott gefahren habe. Zudem hatte Olmauer die Idee gehabt, er könnte zur Erleichterung der schwierigen Diskussion mit Isa Goller etwas Wein und Gläser zum Steinkogl mitbringen. Um ein Auto für Olmauer zu organisieren, schritt dann Schlunecker zu einer Notlüge. Er rief mich gleich an und bat mich, ihm für die Aktion einen Wagen zur Verfügung zu stellen, da sein eigenes Auto einen Defekt habe; der Motor springe nicht mehr an. Ein Garagenbesuch könne Zeit kosten, eventuell zu viel Zeit. Aber der Defekt war nur eine Erfindung von Schlunecker, von der ich nichts wissen durfte. Ich war sofort bereit, dem Jimmy Schlunecker den Opel durch Hütter bringen zu lassen. In der Folge war Schlunecker mit unserem Firmenwagen unterwegs, während Olmauer das keineswegs defekte Auto von Schlunecker, einen weißen Subaru, benutzte. Sie fuhren hintereinander, als sie gegen Mittag vor Lofer in eine unfallbedingte, nicht mehr enden wollende Straßensperre gerieten. In Lofer trennten sich dann ihre Wege, aber erst etwa um vierzehn Uhr.

Olmauer fuhr zum unteren Ende des Waldsteigs, Schlunecker zur ›Almlust‹. Dort sah er, schon vom Parkplatz aus, Isa Goller auf der Terrasse sitzen. Sie bemerkte ihn aber zuerst nicht, weil sie zum Steinkogl hinaufschaute. Bei ihr angelangt, teilte er ihr mit, er sei von mir informiert worden, dass ich leider verspätet sei und zum Steinkogl kommen werde, vom Waldsteig her. Aufgrund dieser Mitteilung und da sie Schlunecker von unzähligen ›Rössl-Bar‹-Besuchen her gut kannte – sie duzten sich seit Langem, leistete sie seiner Aufforderung, sofort zum Steinkogl hinaufzusteigen, gern unverzüglich Folge.

Oben auf dem Steinkogl war dann zwar ein Mann, aber nicht ich, sondern Fred Olmauer. Bei der Begrüßung war Isa Goller laut Schlunecker ziemlich erstaunt, weil sie mich dort erwartet hatte und nicht den

Olmauer. Schlunecker war sofort bemüht, sie zu beschwichtigen, und erklärte, dass ich wohl gleich eintreffen würde. Olmauer holte zur Ablenkung seine zwei Flaschen Wein hervor. Man plauderte etwas, trank ein erstes Glas und Schlunecker oder Olmauer schenkten, nach eigenen Angaben, tüchtig nach. Schon bald hatten offenbar alle mehrere Gläser Wein intus, Isa Goller mindestens zwei, vielleicht drei, die beiden Männer eher drei bis vier, alles ziemlich schnell getrunken. Olmauer und Schlunecker wollten sich vor allem Mut antrinken, um endlich mit der Wahrheit herausrücken zu können, die ihnen wie ein Mühlstein auf dem Magen lag.

Dann endlich wagte es Schlunecker, gemäß meiner Weisung, der Deutschen mitzuteilen: ›Der Schorschi wird nicht kommen. Für ihn ist die Beziehung beendet.‹

Auf diese Mitteilung reagierte Isa zuerst mit Verständnislosigkeit. Dann wollte sie das Gesagte nochmals hören. Darauf blieb sie noch einen Moment lang ruhig, wie erstarrt. Und danach kam es zur Explosion. Von einer unheimlichen Wut erfasst, wurde Isa sehr laut. Gemäß Schlunecker versuchten er und Olmauer, die Deutsche so gut es ging zu besänftigen. Aber sie schrie und schrie immer noch mehr. Darauf machte Olmauer, der den Alkohol ziemlich spürte, offenbar Anstalten, Isa zu umarmen, und wurde dabei etwas gar zudringlich. Isa, etwas weniger stark angetrunken, riss sich von ihm los, beschimpfte ihn hasserfüllt und lief unter wahnsinnigem Geschrei in Richtung Waldsteig davon. Der erheblich angetrunkene Olmauer setzte ihr nach einem Moment der Verwirrung nach, gefolgt vom ebenfalls keineswegs mehr nüchternen Schlunecker.

Rasch holte der kräftige Olmauer sie ein, im obersten Teil vom Waldsteig, wo es zu der schrecklichen Szene kam. Ziemlich atemlos packte er sie an den Schultern, um sie anzuhalten und zu beruhigen. Schlunecker, keuchend und benebelt, blieb auf dem engen Weg hinter den beiden stehen. Isa Goller, in alkoholisierter Aufregung, hörte mit dem lauten Schimpfen nicht auf und steigerte sich immer mehr in ihren Zorn hinein. Olmauer rang nach Atem. Und Isa schrie unaufhörlich – ein Wahnsinn. Olmauer geriet zunehmend in Panik und versuchte, ihr mit

Gewalt den Mund zuzudrücken. Dabei würgte er, laut späterer Aussage von Schlunecker und ihm, in seiner wegen des Alkohols kaum noch kontrollierbaren Verfassung die wild um sich schlagende Isa Goller immer mehr, unabsichtlich zu viel.

Plötzlich ging ein Ruck durch die Frau, die sich auf einen Schlag nicht mehr wehrte und leblos in seinen Armen hing. Schlunecker und Olmauer waren entsetzt, konnten im ersten Augenblick kaum mehr denken und starrten einander an. Schließlich fanden sie die Sprache wieder und hatten den Eindruck, die Deutsche müsse tot sein. Berauscht sowie von Grauen und großer Angst gepackt, trugen sie zu zweit die ihnen tot scheinende Frau zu einer schwer zugänglichen, vom Weg her nicht sichtbaren Stelle und deckten sie rasch mit Ästen zu. Wie durch ein Wunder stürzte dabei keiner von ihnen im gefährlichen Gelände ab.

Herr Kommissar, es war ein verrückter Unfall; Olmauer wollte die deutsche Touristin doch nicht töten. Niemand wollte sie töten. Wieso auch? Ich finde, dass es ein reines Unglück gewesen ist, ein schreckliches Unglück.«

Hohenbachler war so erregt, dass er eine Weile nicht weitersprechen konnte. Huber sagte nichts und wartete ab. Dann fuhr der Bauunternehmer fort: »Nachher stieg der alkoholisierte Olmauer möglichst rasch durch den Waldsteig ab, zum unterhalb hingestellten Auto, das Schlunecker gehörte. Und dieser begab sich so schnell wie möglich via Steinkogl zum Parkplatz unterhalb der ›Almlust‹, nahm den Opel unserer Firma und steuerte ihn in seinem bedenklichen Zustand ins Tal. Im Auto sah Schlunecker erstmals wieder auf die Uhr. Es war 17.10 Uhr. Am Ortsrand von Lofer, dort etwa, wo der Unfall um die Mittagszeit gewesen war, trafen sie sich und fuhren hintereinander nach Zell am See zurück. Immer noch eindeutig alkoholisiert und komplett erledigt, riefen sie mich dann nach sechs an und erzählten mir bei Schlunecker zu Hause die schaurige Geschichte.

Darauf gab ich Weisung, sich in der Sache absolut still zu verhalten, nirgends auch nur die geringste Andeutung zu machen, selbstverständlich auch nicht gegenüber Hütter oder einer Bekannten in einem schwachen Moment. Mit der Zeit werde Gras darüber wachsen, da man die Leiche von Isa Goller nie finden werde an der abgelegenen, gefährlichen Stelle. Letzteres hat sich jetzt offensichtlich nicht bewahrheitet. Dann sagte ich zu Olmauer, dass er jetzt am besten nach Hause gehe, was dieser tat. Und Schlunecker trug ich auf, beherrscht zu bleiben, vor allem wenn Hütter den Opel abhole. Er müsse möglichst ruhig wirken.

Noch von Schlunecker aus telefonierte ich mit meinem Handy ins Geschäft. Hütter war noch da. Ich gab ihm den Auftrag, gleich bei Schlunecker den Firmen-Opel zu holen, mit der Erklärung, Schlunecker sei soeben an mir vorbeigefahren, auf dem Weg zu seiner Wohnung. Dann ging ich zum See hinunter, um mich während eines Spaziergangs etwas zu sammeln. – Herr Kommissar, glauben Sie mir: Es war ein Unfall, eine extrem unglückliche Verkettung von Ereignissen, für alle entsetzlich. Grauenhaft.«

Schluss-Bouquet

Kriminalkommissar Huber wollte wissen, wo Olmauer jetzt war. Der Polizist, welcher dem Verhör beiwohnte, sagte rasch, dass er die Adresse kenne, wo man ihn höchstwahrscheinlich antreffen werde. Mittlerweile war der »Lieferwagen« aus Salzburg mit einem Polizisten als Fahrer und zusätzlich zwei Mann als Begleit-Polizisten eingetroffen.

Huber ging mit Kräutzer nochmals nach draußen. Dort erhielt der Kriminalinspektor den Auftrag, zusammen mit dem Chef der örtlichen Polizei unverzüglich die Verhaftung von Olmauer vorzunehmen, ihn im »Lieferwagen« unterzubringen und von einem der Salzburger Begleit-Polizisten bewachen zu lassen. Dann solle er ihm sofort berichten, wie Olmauer auf den Vorwurf reagiert habe: »Sie werden verdächtigt, Isa Goller am 21. August 1996 getötet zu haben. Ich muss Sie festnehmen!« Anschließend komme Schlunecker dran. Er werde ihm noch sagen, wie er in diesem Fall vorzugehen habe.

Zurück im Besprechungszimmer machte er Hohenbachler darauf

aufmerksam, dass er noch abwarten müsse, es gebe noch etwas zu erledigen. Dann verließ Huber gleich wieder den Raum und wartete vor der Tür auf Kräutzers Bericht.

Nach recht kurzer Zeit meldete sich der Kriminalinspektor. Olmauer habe bei der Festnahme keine Schwierigkeiten gemacht, aber auf den Vorwurf Kräutzers sofort entgegnet, dass es ein schrecklicher Unfall gewesen sei, den er doch nicht gewollt habe. Olmauer habe Tränen in den Augen gehabt. Nun sei er im »Lieferwagen«, verzweifelt und bewacht von einem der Salzburger Polizisten, nachdem man ihm sein Mobiltelefon und alle Gegenstände abgenommen hatte, mit denen er sich selbst hätte gefährden können.

Kommissar Huber gab nun Kräutzer die Weisung, zusammen mit dem Chef der Polizei von Zell am See zu Schlunecker zu gehen und ihn zu verhaften, mit der Erklärung: »Sie sind festgenommen. Sie werden verdächtigt, an der Tötung von Isa Goller am 21. August 1996 aktiv oder passiv beteiligt gewesen zu sein.« Bereits gut zehn Minuten später erschienen Kräutzer, der Chef der örtlichen Polizei und Schlunecker, dem Handschellen verpasst worden waren.

Kräutzer berichtete seinem Vorgesetzten, dass Schlunecker sofort erklärt habe, es sei ein verhängnisvoller Unfall gewesen. Olmauer habe niemals die Absicht gehabt, die Frau zu töten. Alle seien stark alkoholisiert gewesen. Und er, Schlunecker, habe den Unfall nicht verhindern können; es sei furchtbar gewesen. Dann habe er sich widerstandslos abführen lassen. Schlunecker wurden ebenfalls die für ihn möglicherweise gefährlichen Utensilien abgenommen. Dann musste er sich hinten ins Auto des Kriminalkommissars setzen und wurde dort vom zweiten der Salzburger Begleit-Polizisten bewacht.

Hierauf ging Huber ins Polizeigebäude und sagte zu dem Beamten, der bei Hütter war, dass dieser gehen könne, weil gegen ihn nichts vorliege. Gleich darauf rief er in Salzburg an, um die Rückkehr mit zwei vorläufig Festgenommenen in der Sache Isa Goller zu avisieren.

Zurück im Besprechungszimmer erteilte Kommissar Huber dem Bauunternehmer Hohenbachler die Bewilligung, nach Hause zurückzukehren. Er werde kurzfristig noch eine schriftliche polizeiliche Weisung erhalten, deren Empfang er mit Unterschrift bestätigen müsse. Darin werde festgehalten, was ab sofort und bis Weiteres gelte: Er müsse jederzeit erreichbar sein. Auslandsreisen seien verboten. Sollte er Zell am See auch nur vorübergehend verlassen wollen, habe er vorgängig die Zustimmung der Polizei einzuholen und dabei über Zielort, Erreichbarkeit und Dauer der Abwesenheit genau zu informieren. Diese Auflagen seien so lange Kraft, bis er neuen Bescheid erhalte. Wenn er dies nicht akzeptieren wolle, bliebe nur seine vorläufige Festnahme. Hohenbachler war stillschweigend damit einverstanden, indem er nickte und betroffen zu Kommissar Huber blickte.

Zum Schluss sagte Huber zu Hohenbachler: »Sie müssen sich den Vorwurf gefallen lassen, dass Sie den Ihnen seit fast vier Jahren bekannten Hergang der Tötung von Isa Goller bewusst bis heute verschwiegen haben. Dadurch haben Sie die Aufklärung der Tat wesentlich behindert. Der Fall ist für Sie mit Sicherheit noch nicht abgeschlossen.«

Die Kriminalisten aus Salzburg, der Fahrer und die Begleit-Polizisten, die mit dem »Lieferwagen« gekommen waren, verabschiedeten sich eilig von ihren Kollegen aus Zell am See und dem Steuerfahnder. Im startbereiten »Lieferwagen« war Olmauer eingesperrt; der Fahrer und einer der Salzburger Begleit-Polizisten saßen vorne im Fahrzeug. Kräutzer setzte sich ans Steuer des Dienstwagens von Kommissar Huber, wo im Fond Schlunecker und der andere der beiden Salzburger Begleit-Polizisten warteten. Huber nahm neben Kräutzer Platz. Schlunecker war kreidebleich. Mit gesenktem Kopf verhielt er sich wie vor wenigen Tagen in der ›Rössl-Bar‹, als er sich beim Besuch von Kräutzer ans Gläserspülen gemacht hatte, um einem unliebsamen Gespräch auszuweichen.

Dann fuhr der »Lieferwagen« mit Blaulicht los; Kräutzer, ebenfalls mit Polizeilicht, folgte unmittelbar dahinter. Das gemeinsame Ziel: Salzburg.

Sie waren erst einige Meter gefahren, als Kriminalkommissar Huber mit sichtlicher Genugtuung zum mit geschwellter Brust hinter dem Steuer sitzenden Kräutzer freundlich sagte: »In Salzburg muss ich Ihnen noch etwas sagen.«

In der Landeshauptstadt angekommen, wurden Olmauer und Schlunecker sofort von den Begleit-Polizisten und zwei dort bereitstehenden Polizeikräften abgeführt. Allein geblieben mit Kräutzer, wandte sich Huber mit großer Befriedigung an seinen Mitarbeiter.

»Ja, was ich Ihnen unter uns noch sagen wollte: Gute Arbeit, Herr Kriminalinspektor! Ihr Einsatz hat sich wieder einmal ausgezahlt.«

Im Labyrinth

Der Fall Schöntaler

Die am 28. Mai 2005, einem Samstag, etwa um 19:30 Uhr, in ihrer Villa im zürcherischen Küsnacht ermordete Frau Stefanie Dorothea Schöntaler geborene Neumann wurde fünfunddreißig Jahre alt. Sie war seit Mai 2001 die Gattin des Bankiers Rudolf Schöntaler, des Leiters der Flora-Bank mit Sitz im nahen Zürich. Die Untat verursachte damals viel Aufregung in den Medien. Der siebzigjährige Vater von Frau Schöntaler war der Sohn des Gründers der Flora-Bank und deren Präsident des Verwaltungsrats. Frau Schöntaler hatte keine Geschwister. Den zwei Jahre älteren, gut aussehenden und fleißigen, aber nicht vermögenden Bankangestellten Schöntaler hatte sie gegen den Wunsch ihrer Eltern geheiratet. Diesen wäre es lieber gewesen, wenn sich ihre Tochter für einen Nachkommen einer alteingesessenen, reichen Zürcher Familie entschieden hätte. Nun, es fügte sich anders. Schöntaler heiratete die zukünftige Bankerbin, wechselte zugleich in die vornehmste Etage der Bank und machte seine Arbeit recht gut. Selbstverständlich war er sich bewusst, dass er seine steile Karriere und den damit verbundenen Wohlstand einzig seiner Gattin verdankte. Das Ehepaar Schöntaler hatte keine Kinder.

Frau Schöntaler und ihre Eltern waren nicht sonderlich erbaut von der Art, wie sich der junge Gatte nach der Heirat für seine neue, gehobene Stellung ihnen gegenüber erkenntlich zeigte. Offenbar hatten sie ein wesentlich größeres Maß an Dankbarkeit erwartet. Dabei war

Schöntaler nicht wirklich undankbar. Es lag ihm lediglich nicht, nach außen als selbstbewusster Bankier aufzutreten und privat besondere Unterwürfigkeit zu zeigen. Aus seiner Sicht gab es dafür auch keinen Anlass. Denn er hatte nicht das Gefühl, er habe sich auf unredliche Weise in die Position des Bankchefs manövriert. Dennoch ließen ihn seine Schwiegereltern und auch die Gattin mit allerlei Anspielungen und manchmal auch mit Direktheiten spüren, woher sein Geld und Ansehen kamen. Natürlich fand er die Erniedrigungsversuche ungehörig, vermied aber eine offene Auseinandersetzung. In der Folge suchte er gelegentlich Trost in Kreisen, deren Ruf zwar zweifelhaft war, wo man aber seine Gefühle nicht verletzte. Allein schon dieser Umstand weckte in ihm eine besondere Fröhlichkeit. Da er immer über eine gut gefüllte Brieftasche verfügte und sich stets als heiteren, spendablen Zeitgenossen gab, war er in diesem Milieu besonders willkommen.

Aufgrund seines Berufs war Schöntaler auch außerhalb der Bank ausreichend Realist. So war er sich im Klaren, dass fast überall im Leben das Geld eine große Rolle spielte und manchmal das Einzige war, das zählte. Als Bankier hatte er schon früh gelernt: Allein wegen eines gewinnenden Wesens konnte man nur in seltenen Ausnahmefällen derart Anklang finden, dass nichts anderes von Bedeutung war. Unter die Ausnahmen fielen interessanterweise gelegentlich auch Eheschließungen, obwohl gerade in diesem Sektor schon immer viel gerechnet wurde. In Bezug auf seine Heirat wusste er, dass die Rechnerei nichts gebracht hätte. Dennoch fragte er sich manchmal, ob seine Frau ihn wirklich nur aus Liebe geheiratet hatte, oder ob es ihr im Kern darum gegangen war, am Arm des ihr geeignet erscheinenden Mannes, für den sie durchaus Sympathie hatte, Widerstand gegen elterlichen Druck zu demonstrieren und ihren Kopf durchzusetzen.

Nach der Hochzeit realisierte Frau Schöntaler nicht, dass sie ihre Erwartungshaltung in Bezug auf Dankesbezeugungen seitens des Gatten allzu deutlich zum Ausdruck brachte. Sie war sich folglich nicht bewusst, wie stark ihre Gedanken nach draußen drängten und Teil ihres Verhaltens gegenüber dem Gatten wurden, in ihrer Wortwahl, Mimik und

Gestik spürbar waren. Ihm setzte dies in der ersten Zeit sehr zu, dann sukzessive weniger, weil er sich daran gewöhnte. Er sprach jedoch nicht darüber. So gut es ging, versuchte er, seine Gefühle über die Brüskierungen durch die Gattin herunterzuwürgen und nicht zu zeigen. Dabei driftete er aber in seinen Empfindungen immer weiter von ihr weg. Die räumliche Nähe in der schönen Villa konnte daran nichts ändern. Erst relativ spät wurde sich Frau Schöntaler der zunehmenden seelischen Distanz zu ihrem Gemahl gewahr. Während er sich mit allem abgefunden hatte und der Gattin zwar höflich, aber mit immer größerer Apathie begegnete, begann sie die Situation immer stärker zu belasten. Selbstkritik war ihr jedoch fremd. Zudem ließ es ihr Stolz nicht zu, eine Aussprache zu suchen und so dem Problem auf den Grund zu gehen. Die Folge war, dass sie die bei ihr liegende Ursache der Beziehungskrise nicht erkennen konnte. Sie stand vor einem scheinbar unlösbaren Rätsel.

Nach dem Mord förderte die gerichtsmedizinische Untersuchung der Leiche von Frau Schöntaler einige besondere Erkenntnisse zutage. Festgestellt wurde, dass sie kontinuierlich große Mengen an Schmerzmitteln eingenommen haben musste, während einiger Zeit auch Drogen auf Amphetaminbasis, eventuell auch andere. Eine Rückfrage bei der Hausdame, Frau Erna Kleindienst, ergab, dass Frau Schöntaler über längere Zeit fast täglich mehrere Tabletten geschluckt hatte, insbesondere weil sie stark wetterfühlig gewesen sei. Zudem habe Frau Schöntaler jahrelang viel geraucht. Diese Informationen wurden nur der Vollständigkeit halber registriert. Denn die Todesursache waren eindeutig die beiden Schüsse in die Herzgegend.

Im Anschluss an den Mord machte sich der mit dem Fall betraute Kommissar Fred Feser seine Gedanken über die ehelichen Verhältnisse bei den Schöntalers. Eine mögliche kriminalistische Deutung der Ereignisse rund um die Tötung von Frau Schöntaler basierte auf der Annahme, dass ihr Gemahl die Herabsetzungen durch seine Gattin und die Schwiegereltern – sie waren dem Personal keineswegs verborgen geblieben – im Laufe der Zeit immer weniger verkraftete. Nachweisbar erledigte er aber seine Führungsaufgaben in der Bank mit Anstand und

Erfolg. Bei seinen Kunden und in der Branche erfreute er sich großen Ansehens. Dies gab ihm vermutlich die Kraft, auf die verletzenden Bemerkungen im privaten Bereich nicht mit offensichtlicher Verärgerung oder gar mit Wutausbrüchen zu reagieren. Nach Auffassung des Kommissars ließ sich die Entwicklung bis zum Mord an Frau Schöntaler unter Umständen folgendermaßen erklären:

Mit immer besser eingeübtem, fast vollkommenem Gleichmut fraß der Bankier die Demütigungen in sich hinein und wirkte deshalb nach außen stets beherrscht. Aus diesem Grund ahnten weder Frau Schöntaler noch ihre Eltern, dass er unter der Entwürdigung enorm litt. In Bezug auf seinen Seelenzustand bot er das trügerische Bild eines scheinbar für alle Zeiten erloschenen Vulkans, während er einer heftigen Eruption zustrebte.

Dann, am 28. Mai 2005, gegen halb acht Uhr abends, läutete es an der Haustür der Villa von Rudolf und Stefanie Schöntaler. Da die Hausdame einige Tage frei hatte und Rudolf Schöntaler an einem geschäftlichen Abendessen mit Kollegen aus Bankkreisen im Stadtzentrum von Zürich teilnahm, öffnete Frau Schöntaler persönlich die Tür. Vermutlich erfolgte dies ohne jegliche Vorsichtsmaßnahme, eine normale Reaktion in der an sich ruhigen und polizeilich recht gut überwachten Gemeinde. Sie wurde unvermittelt im Hauseingang mit zwei Schüssen getötet.

Der Zufall wollte es, dass nahe der Villa eine Polizeistreife vorbeiging und die Schüsse hörte. Der Mörder, ein gewisser Umberto Sartori, lief den Polizisten direkt in die Arme. Als polizeibekannter Verbrecher, dem man bisher aber noch keine Tötungsdelikte nachweisen konnte, schien seine Aburteilung eher eine Formsache zu sein.

Ungeklärt blieb zunächst das Motiv. Offen war auch, ob es sich bei Sartori um einen Einzeltäter handelte oder ob er zum Mord angestiftet worden war. Aufgrund eines polizeilichen Zeitungsaufrufs mit dem Foto von Sartori meldete sich am Dienstag nach dem Mord, am 31. Mai 2005, Erich Wigauer, der Oberkellner in der ›Braunen Ente‹ an der Korngasse in Zürich. Darauf suchte ihn ein Polizeibeamter in Zivil an seinem Arbeitsplatz auf. Wigauer berichtete, dass er Sartori am Abend des Verbrechens, etwa um 18.30 Uhr, bedient habe. Bei dieser Gelegenheit erwähnte er auch den ihm vom Sehen bekannten Hermann Kischer, mit dem Sartori im Restaurant an einem Tisch gesessen habe; die beiden seien allein gewesen.

Polizeiliche Recherchen über Kischer ließen es als nicht ausgeschlossen erscheinen, dass er es war, der Sartori als Auftragsmörder engagiert hatte. Aber man konnte Kischer nicht einmal ansatzweise etwas nachweisen. Und über einen möglichen, hinter Kischer stehenden Initiator des Mordes gab es nur Mutmaßungen. War es der Racheakt eines verärgerten Bankkunden oder eines entlassenen Bankangestellten gewesen, der Schöntaler selbst und nicht dessen Gattin erschießen lassen wollte? War der Täter in Panik geraten und tötete statt des Bankiers dessen Gemahlin? Stand der in seinen Gefühlen tief verletzte Ehemann hinter dem Mord, direkt als Auftraggeber von Sartori oder indirekt, via einen Mittelsmann, beispielsweise Kischer? Handelte es sich um eine Verwechslung, weil Sartori eine andere Person in Küsnacht hätte umbringen sollen? War Sartori auf eigene Faust zu einem Einbruch unterwegs und erschrak, als auf sein nur zur Absicherung erfolgtes Läuten hin die Tür geöffnet wurde? Oder war das Motiv in einer anderen Richtung zu suchen, an die man bisher nicht gedacht hatte?

Alles offene Fragen, die auch deshalb keiner Klärung nähergebracht werden konnten, weil Sartori kurz nach seiner Festnahme, also vor dem Prozess, auf wundersame Weise die Flucht aus der Untersuchungshaft gelungen war und er seither unauffindbar blieb.

So kam es, dass – mangels eventueller Hinweise von Sartori – der mögliche Mordorganisator Kischer mit seinen undurchsichtigen, via Milieu erschlossenen Einkommensquellen nicht belangt werden konnte.

Der Bankier Schöntaler hatte für die Zeit der Untat ein einwandfreies Alibi. Am Abend des Mordes war er im ›Rebstock‹ in der Korngasse gewesen, einem teuren Hotel mit Restaurant. Nur wenige Schritte von der ›Braunen Ente‹ entfernt pflegte dort seit Langem in- und ausländische Prominenz zu verkehren. Nach dem Mord gab sich der Bankier, für alle Welt sichtbar, eine Zeitlang als trauernden Gatten; dann, nach etwas mehr als einem Jahr, heiratete er seine Sekretärin und blieb aus kriminalistischer Sicht unauffällig.

Der Fall Wigauer

17. Juni 2007, ein Sonntag. Eine Privatperson meldete der Zürcher Kriminalpolizei telefonisch, dass sie oberhalb Kilchberg, an einem Waldrand, nahe der Straße in Richtung Adliswil, einen Toten gefunden habe. Es sehe nach einem Verbrechen aus; der Getötete habe einen eingeschlagenen Schädel. Kriminalkommissar Brodmann und einer seiner Assistenten, Kriminalinspektor Svoboda, hatten Pikettdienst*. Sie rückten sofort aus. Das Opfer war rasch identifiziert. Es handelte sich um Erich Wigauer, Oberkellner in der ›Braunen Ente‹.

Die unverzügliche gerichtsmedizinische Untersuchung und die weiteren der Polizei bekannten Umstände ließen darauf schließen, dass man Wigauer am 12. Juni 2007 ermordet hatte. Noch in der Nacht dürfte er an die spätere Fundstelle gebracht und nur mit wenig Aushub eingegraben worden sein, wahrscheinlich weil der Wiesenboden keine tiefe Grabung ohne Baumaschineneinsatz zuließ. Fünf Tage später nahm der Hund eines wandernden Naturfreunds Witterung auf, der dann die Kriminalpolizei anrief.

Bereits am 14. Juni 2007, also drei Tage vor dem Auffinden der Leiche von Wigauer, war Kriminalinspektor Svoboda in der Wohnung des Getöteten gewesen. Denn Frau Wigauer hatte eine Vermisstenanzeige erstattet, weil ihr Gatte seit zwei Tagen nicht nach Hause zurückgekehrt war. Am Arbeitsplatz wusste man nichts über Wigauers Verbleiben. Dort war er letztmals am 12. Juni gegen 01:00 Uhr, nach Fertigstellung der Tagesabrechnung, vom Kellner Oskar Lempert und von der Schankhilfe Thea Rauscher gesehen worden. In der Wohnung des Ehepaars Wigauer entdeckte der Kriminalinspektor ein Sparbuch, von dem Frau Wigauer keine Ahnung hatte. Darin waren periodische Zahlungseingänge von

* Bereitschaftsdienst

jeweils 5000 Fr. bis 6000 Fr. verzeichnet. Diese Beträge hatten nichts mit der beruflichen Tätigkeit von Wigauer zu tun. Deshalb lag die Vermutung nahe, es handle sich um eine düstere Zahlungsquelle. Eine erste solche Überweisung an Wigauer war am 21. Juni 2005 erfolgt. Der Oberkellner hatte laufend etwa die Hälfte des an ihn überwiesenen Betrags abgehoben, den Rest aber offensichtlich während einiger Zeit nicht angerührt. Die Ausgaben für den ehelichen Haushalt bestritt er aus seinem Einkommen als Oberkellner. Im Oktober 2006 bezog er dann erstmals eine größere Summe von diesem Sparbuch-Konto, und zwar 12'500 Franken. Frau Wigauer berichtete auf Anfrage, dass sie einen gebrauchten Kleinwagen gekauft hatten; man habe sich auch noch einen neuen Fernseher geleistet. Ihr Gemahl habe ihr erzählt, dass er alles bar bezahlen könne, weil er kurz zuvor im Lotto gewonnen habe. Frau Wigauer kannte sich in Geldsachen offensichtlich nicht aus. Sie hatte ihrem Gatten die erfreuliche Geschichte vom Lottogewinn gern geglaubt.

Kommissar Brodmann beschafft Zusatzinformationen

Bei Kriminalkommissar Feser klingelte das Telefon, kaum war er an diesem Montag im Büro. Es war der 18. Juni 2007. In Gedanken bei einem anderen Fall, nahm er den Hörer ab. Es war sein Freund und Kollege Charly Brodmann, der sich schon bei Arbeitsbeginn an ihn wandte.

»Hallo Fred, tut mir leid, dich zu stören. Aber es ist dringend.« Dann berichtete Brodmann kurz über den Fund der Leiche von Wigauer am Vortag.

»Was – *der* Wigauer?«

»Ja, genau, *der* Wigauer. Ich hatte Pikettdienst, wie du weißt. Mein Mitarbeiter Svoboda und ich fuhren zur Fundstelle. Du kennst die Gegend ja. Die Leiche war übel zugerichtet, nicht tief eingegraben und dann mit Ästen und Holz etwas zugedeckt worden. Der Fundort stimmt nicht mit dem Tatort überein. Die Gerichtsmedizin hat rasch gearbeitet.

Wigauer wurde letzte Woche, wahrscheinlich in der Nacht vom Montag auf den Dienstag, nach Mitternacht, also am 12. Juni, umgebracht. Die Spurensicherung stellte mehrere Ölflecke an den Kleidern und Haaren der Leiche fest, die aus einer Garage oder Werkhalle, wo mit Öl hantiert wird, stammen könnten. Ich bin jetzt mit den weiteren Ermittlungen befasst.«

»Wigauer informierte uns seinerzeit im Fall Schöntaler über die Zusammenkunft von Kischer mit Sartori.«

»Eben. Speziell deshalb rufe ich jetzt an. Denn im Zusammenhang mit den Ermittlungen zur Tötung Wigauers habe ich auch noch einen Zusatzauftrag erhalten. Es soll nämlich nochmals der Versuch unternommen werden, herauszubekommen, wer – außer Sartori – an der Ermordung der Bankiersgattin Schöntaler am 28. Mai 2005 in Küsnacht irgendwie beteiligt gewesen sein könnte. Damals war das ja dein Fall. Du erinnerst dich sicher noch an die Einzelheiten.«

»Selbstverständlich. Ja, da ist einiges noch ungeklärt. Ich habe den Fall einigermaßen präsent. Trotzdem könnte es sein, dass ich mich nicht mehr auf Anhieb zu allen Details der damaligen Ermittlung äußern kann und etwas nachdenken muss. Worum geht es denn im Speziellen, mein Lieber?«

»Nun, vorerst einmal um den uns bekannten Hermann Kischer, der bis heute bei vielen krummen Touren die Fäden zieht, meist im Hintergrund. Aufgrund der Aktenlage war er allerdings noch nie in einen Mord verwickelt. Kischer und Sartori fielen damals offenbar keinem Gast im Lokal auf.«

»So war es«, entgegnete Feser. »Das Restaurant soll an jenem Abend recht gut besucht gewesen sein. Doch trotz eines Zeugenaufrufs verblieb einzig Wigauer, der sich an seine beiden Gäste, Kischer und den ihm vorerst unbekannten Sartori, erinnern konnte.«

»Aha. Und weiter?«

»Von Kischer wusste er den Namen. Denn dieser fuhr einen roten Ferrari und verkehrte zufälligerweise in derselben Garage wie er. Dort wurden sofort alle auf Kischer mit seinem Schlitten aufmerksam. Auch

Wigauer, als dieser eines Tages sein Auto zum Service brachte. Von einem Automechaniker erfuhr er dann den Namen des scheinbar betuchten Zeitgenossen, der damals besonders schnell unterwegs war. Seit einiger Zeit, etwa einem halben Jahr, fährt der Herr einen großen Audi. Mit seinem beruflich geschulten Gedächtnis für Gesichter wusste Wigauer am Abend des 28. Mai 2005 sofort, dass es sich bei einem seiner Gäste um den Ferrarifahrer handelte, den er vor einiger Zeit auf dem Gelände der Autowerkstätte gesehen hatte. Den anderen, den Sartori, erkannte er dann anhand der Fahndungsfotografie in der Zeitung. Im Wesentlichen müsste dies alles in den Akten stehen.«

»Ja, schon, aber eher kurz gefasst«, bestätigte Charly Brodmann. »Zudem – verzeih – mit deinen Worten wirkt das ganz anders. Und wenn du erzählst, höre ich vielleicht noch etwas, das man aus den Unterlagen entweder nicht entnehmen kann oder beim Durchlesen nicht so richtig spürt.«

»Schon gut. Wigauer war offenbar ein aufmerksamer Beobachter«, fuhr Feser fort. »Er war damals auch in der Lage, ziemlich präzis anzugeben, wie lange sich Kischer und sein Begleiter in der ›Braunen Ente‹ aufgehalten hatten.«

»Und in Bezug auf Sartori, konnte er nähere Angaben machen?«, wollte Brodmann wissen.

»Eindeutig. Er beschrieb ihn als etwa 25-jährig, schwarzhaarig, knapp mittelgroß, drahtig, mit eher dunklem Teint und harten südländischen Gesichtszügen. Er sagte auch aus, dass Sartori nach Kischer das Lokal betreten und kurz vor diesem verlassen hatte. Gibt es denn jetzt schon erste Erkenntnisse, die auf eine Verbindung vom Fall Schöntaler zur Ermordung von Wigauer hinweisen?«, fragte Feser.

»Da liegt leider wenig Neues vor. Wigauer ist am letzten Donnerstag, also am 14. Juni, von seiner Gattin als vermisst gemeldet worden. Er war schon mehr als zwei Tage nicht nach Hause gekommen, das heißt seit Dienstag nach Arbeitsschluss, der so um ein Uhr war.«

»Aha. Und?«

»Inspektor Svoboda ging am letzten Donnerstag aufgrund der

Meldung von Frau Wigauer bei ihr vorbei. In ihrer Anwesenheit hat er die eheliche Wohnung durchsucht. In einem Schrank hat er ein Sparbuch gefunden, lautend auf ein Konto bei der Zürcher Kantonalbank. Darin sind schon bald nach jenem 28. Mai 2005, dem Samstagabend, an dem Frau Schöntaler ermordet wurde, genau erstmals am 21. Juni 2005, laufend größere Zahlungseingänge vermerkt worden; sie haben stets die recht beachtliche Größenordnung von 5000 bis 6000 Franken oder etwas mehr erreicht.«

»Das ist interessant«, flocht Fred Feser ein.

»Und jeweils unmittelbar nach dem Zahlungseingang wurde fast exakt die Hälfte des Geldes abgehoben.«

»Merkwürdig. Mord und Erpressung?«, fragte Feser.

»Das wäre gut möglich. Jedenfalls könnte die Sache mit dem Fall Schöntaler zu tun haben. Wie war das damals mit Kischer, kannst du mir dazu noch etwas Besonderes sagen?«

»Gerne. Aber es sind nur Vermutungen.«

»Verstehe.«

»Damals hatten wir immer den Eindruck, dass neben dem Mörder Sartori – den Kischer konnten wir bekanntlich nicht überführen – noch mindestens eine andere Person am Verbrechen beteiligt gewesen sein musste, und zwar als eigentlicher Auftraggeber. Denn bei Sartori fehlte, soweit bekannt, das eigentliche Motiv, außer Geld fürs Töten. Da brauchte es noch den Anstifter und Zahler. Aber trotz genauer Abklärungen konnten wir keinerlei Beziehung zwischen Kischer und Frau Schöntaler oder ihrer Familie ermitteln. Und sofern Kischer als Auftraggeber von Sartori – was dennoch irgendwie wahrscheinlich geblieben ist, aber nicht bewiesen werden konnte – den Einsatz des Killers organisiert hatte, ging es bei ihm wohl ebenfalls einzig ums Abkassieren für seine Dienste. Es musste also noch jemanden geben, der an Kischer gelangt war mit dem eigentlichen Mordauftrag.«

Charly Brodmann warf ein: »Gab es dafür irgendeinen halbwegs konkreten Anhaltspunkt?«

»Nun, leider hatten wir nichts Konkretes in der Hand und versuchten einfach, logisch zu denken. Zudem war Kischer schon immer einer – du weißt das ja –, bei dem es nicht auffiel, wenn er über eine größere Geldsumme verfügte. Wir standen in Bezug auf Kischer mit leeren Händen da. Das war ja das Problem. Die Tatumstände schlossen die Möglichkeit seiner Beteiligung zwar nicht aus, sprachen aber auch nicht eindeutig dafür.

»Schwierige Sache.«

»Du sagst es. Bei der Befragung konnten wir aus Kischer und Sartori damals nichts herausbringen. Und Wigauer bestätigte lediglich immer wieder, dass an jenem Abend, um halb sieben herum, also recht kurz vor dem Schöntaler-Mord, Kischer und Sartori in der ›Braunen Ente‹ zusammengetroffen waren, was natürlich andere Gründe gehabt haben könnte. Leider hatte Wigauer nach eigener Aussage am Tisch der beiden keinerlei Gesprächsfetzen aufschnappen können. Diese Darstellung erschien durchaus plausibel. Auch auf Insistieren hin verneinte Wigauer, dass noch jemand beim Gespräch zwischen Kischer und Sartori dabei gewesen war.«

Fred Feser hielt einen Moment inne, und Charly Brodmann, der ihn nicht unterbrechen wollte, machte nur: »Hm, hm.«

»Wenn die fleißig sprudelnde Geldquelle mit der Ermordung der Frau des Bankiers und nun von Wigauer selbst zu hat, musste dieser mehr gewusst haben, als er uns damals erzählte«, folgerte Feser.

»Das ist auch mein spontaner Eindruck«, meinte Brodmann. »Die beiden Fälle könnten wirklich etwas miteinander zu tun haben. Diese Möglichkeit rückt den Fall Schöntaler wieder ins Rampenlicht. Ich darf jetzt sowohl die Mordsache Wigauer als auch die allenfalls damit verbundene Angelegenheit Schöntaler betreuen. Die betreffende kurze Aktennotiz solltest du bald auf deinem Pult finden. Der mögliche Zusammenhang der beiden Fälle ist ja auch der Grund, weshalb ich dich jetzt von deiner Arbeit abgehalten habe. Zum Glück sitzen meine Zähne noch gut.«

»Klar, dass du jetzt beiden Fällen nachgehen darfst«, meinte Fred Feser mit ironischem Unterton. »Nur wenn neue Erkenntnisse direkt bei mir aufgetaucht wären oder man den Sartori endlich erwischt hätte, wäre das Dossier bei mir geblieben. Jetzt scheint es denkbar, dass der Fall Wigauer auch in der Sache Schöntaler Licht ins Dunkel bringt. Deine guten Beißer werden dir die heikle Arbeit sicher erleichtern. Und du bist ja nicht allein. Ich werde mit Rat und eventuell auch Tat immer für dich da sein.«

»Na, vielleicht verliere ich trotzdem einen Zahn, bevor der Fall gelöst ist. Ich danke dir aber für deine Auskunft. Du hörst selbstverständlich wieder von mir, sobald ich weiter bin und mehr weiß oder wenn ich nochmals eine Information brauchen sollte.«

Brodmann kombiniert

Der polizeiliche Zeugenaufruf vom 30. Mai 2005 im Zusammenhang mit dem Schöntaler-Mord und dem sofort gefassten, aber bald entflohenen Täter Sartori war damals sehr wahrscheinlich auch dem polizeibekannten Kriminellen Kischer zur Kenntnis gelangt. Als ihn die Polizei kurz darauf in der Mordsache Schöntaler kontaktierte und befragte, dürfte er vermutlich sofort an die ›Braune Ente‹ gedacht haben, wo er am Abend der Tat kurz mit Sartori zusammengekommen war. Vielleicht gelangte er damals zu der Ansicht, dass der Hinweis auf ihn nicht von einem anderen Gast stammte, sondern vom Oberkellner, der ihn bedient hatte.

Dies könnte Kischer dann dazu veranlasst haben, mit Wigauer in Verbindung zu treten und ihm einen interessanten Deal vorzuschlagen. Bedingung für das Geschäft wäre gewesen, dass Wigauer schweigen könne. Das Schweigen betraf – immer nach dieser Hypothese – einen anderen Gast, mit dem Kischer an seinem Tisch in der ›Braunen Ente‹ ganz kurz gesprochen hatte. Als Sartori auftauchte, hatte der andere Gast das Lokal bereits verlassen. Dass Wigauer, weil im übrigen Restaurant sehr beschäftigt, den »dritten Mann« gar nicht gesehen hatte, wusste Kischer nicht.

Nach diesem Szenario war Folgendes vorstellbar: Kischer ging davon aus, dass Wigauer auch den »dritten Mann« an seinem Tisch bemerkt hatte. Dieser war sehr in Eile gewesen und hatte nichts konsumiert. Fest stand gemäß polizeilichem Protokoll aufgrund der damaligen Aussage von Wigauer lediglich, dass Kischer bereits sein Bier erhalten hatte, als Sartori sich zu ihm gesellte und auch eines bestellte.

Diese Annahme führte Brodmann zu der Überlegung, dass Kischer mit dem vermeintlichen Mitwisser Wigauer umgehend ein persönliches Gespräch etwa folgenden Inhalts geführt haben könnte, beginnend mit der unvermittelten Frage: »Haben Sie der Polizei über mein Zusammentreffen mit Sartori am 28. Mai informiert?« Darauf dürfte Wigauer entgegnet haben: »Wo denken Sie hin? Erstens war ich an jenem Abend sehr beschäftigt. Und zweitens habe ich Sie bis zu Ihrer jetzigen Kontaktnahme gar nicht gekannt.« Kischer könnte dann gesagt haben: »Das hätte mich auch gewundert.« Und Wigauer erklärte hierauf möglicherweise: »Vielleicht hat Sie ein Gast gesehen, der Sie kannte.« Darauf könnte Kischer etwas ruhiger bemerkt haben: »Wird wohl so sein. Haben Sie wenigstens den ›dritten Mann‹ gesehen, der vor Sartori an meinem Tisch war?« Und Wigauer hätte nur antworten können: »Ein ›dritter Mann‹? Ich weiß nicht wovon Sie sprechen.« Anschließend dürfte Kischer dem Oberkellner über Schöntaler berichtet haben, der zur Ermordung der eigenen Gattin angestiftet hatte, und zwar über ihn, Kischer, der dann Sartori beauftragte. Hierauf hätte Kischer dem Oberkellner ein finanziell interessantes Angebot gemacht. Demnach hätte Wigauer den Bankier kontaktieren und sich als Mitwisser bezeichnen müssen. Um die Kuh möglichst erfolgreich melken zu können, hätte Wigauer dann die ihm von Kischer dargelegte Instruktion zu erteilen gehabt. Diese Instruktion hätte wichtige Tipps für das Vorgehen bei den Überweisungen beinhaltet, um eine bestmögliche Geheimhaltung sicherzustellen. Entsprechend hätte Wigauer den Bankier Schöntaler angewiesen, seine Einzahlungen jeweils von einem anderen Postamt aus und mit immer neu erfundenen Absendernamen vorzunehmen. Dann – so kombinierte der Kommissar – flossen die Zahlungen vom stets neu getarnten Schöntaler auf das Bankkonto von Wigauer. Kischer, der einmal mehr »unsichtbar« im Hintergrund blieb (er hatte schon bei der Beauftragung des Killers Sartori von Schöntaler eine größere Summe kassiert) erwartete von diesen Zahlungen jeweils die Hälfte. Zu diesem Zweck musste ihm Wigauer beispielsweise alle zwei Wochen das Sparbuch mit allen Zahlungseingängen zeigen und die Hälfte jeder neuen Zahlung in bar an einem jeweils anderen Ort diskret überreichen. Bei Versäumnis der Abmachung hätte Wigauer nichts Gutes erwartet.

Im Lauf der Zeit könnte Schöntaler der nicht enden wollenden Erpressung überdrüssig geworden sein. Oder Wigauer wollte – ob in Abstimmung mit Kischer oder nicht, wäre noch zu eruieren – mehr Geld aus dem Bankier heraussaugen. In Unkenntnis über die Rolle von Kischer bei der Erpressung, wollte Schöntaler das Problem mit dem geldgierigen Wigauer endgültig regeln und sah nur die Möglichkeit, ihn aus der Welt zu schaffen. Vermutlich beauftragte er wiederum einen Killer, allenfalls sogar erneut via Kischer, der sich für seinen Dienst entsprechend honorieren ließ.

Selbstverständlich wollte Brodmann mit seinen Überlegungen nicht ausschließen, dass Wigauer andere Geschäfte mit dunklem Hintergrund betrieben haben könnte. Aber der im Sparbuch von Wigauer feststellbare Beginn der relativ hohen Überweisungen am 21. Juni 2005, wenige Wochen nach dem Mord an Frau Schöntaler, und die offensichtlich beachtliche Zahlungsfähigkeit einer unbekannten Person waren schon erstaunliche Sachverhalte, die durchaus miteinander in einer Beziehung stehen konnten. An Wigauer war in fast genau zwei Jahren insgesamt ein Betrag von nahezu 100'000 Franken überwiesen worden.

Die Polizei stellte fest, dass die einzelnen Beträge anfänglich stets in einem anderen Postamt in der Stadt Zürich einbezahlt worden waren, in der Folge ebenfalls von laufend wechselnden Postämtern im übrigen Kanton Zürich. Jedes Mal lautete der Absender des Geldes auf einen anderen Namen. Wie die polizeilichen Recherchen zeigten, existierten die angegebenen Personen oder Firmen an den betreffenden Absenderadressen nicht. Sie waren allesamt fingiert.

Nun überprüfte die Polizei, ob diese Namen und Adressen trotz ihrer Verschiedenheit irgendeine Gemeinsamkeit aufweisen könnten. Man dachte beispielsweise an eine Häufung bestimmter Namen, von Wort-Kombinationen, der Wohnorte oder Hausnummern. Zudem war ein Kriminalbeamter unterwegs, der in den betreffenden Postämtern anhand der Fotografie von Schöntaler zu ermitteln versuchte, ob man sich an ihn erinnerte. Zumindest dort, wo die Einzahlung nur einige Wochen oder Monate zurücklag, schien dies nicht ausgeschlossen.

Kommissar Brodmann wollte den kurzfristig erwarteten Ermittlungsergebnissen seiner Mitarbeiter nicht vorgreifen und erst danach das Alibi von Bankier Schöntaler an den Tagen der Überweisungen genau überprüfen.

Ein unbekannter neuer Verdächtiger

Die Untersuchung der fiktiven Absenderadressen auf den Postüberweisungen, die an das Bankkonto des neulich getöteten Oberkellners Erich Wigauer gerichtet waren, ergab eine Häufung der Straßennamen Hauptstraße und Bahnhofstraße. Da fast überall vorkommend, lieferten diese Adressen für sich allein genommen noch keinen Anhaltspunkt in Bezug auf den Absender. Unter den Hausnummern fand sich die Zahl 4 allein oder in Kombination in sechs von fünfzehn eruierten Fällen, was schon eher eine Besonderheit darstellte. Überraschend war auch, dass acht Überweisungen von den fiktiven Personen A. Almer, B. Brandner und C. Cerny vorgenommen wurden, die bei erfundenen Unternehmen arbeiteten. Die Bezeichnungen der Firmen umfassten ausschließlich den Dienstleistungsbereich und lauteten auf Handelsgesellschaft, Versicherung oder Export & Import, jeweils mit einem aus dem Lateinischen stammenden Namen, und zwar ausnahmslos ›Fiducia‹, ›Leo‹ oder ›Mercatus‹ (etwa ›Fiducia Handelsgesellschaft‹, ›Leo Versicherung‹, ›Mercatus Export & Import‹, oder in anderen Kombinationen). Letzteres wurde von den Kriminalisten um Kommissar Brodmann speziell vermerkt.

Denn eine Spielerei mit den drei lateinischen Wörtern war sicher nicht jedermanns Sache und deutete auf eine entsprechende Ausbildung oder Vorliebe hin.

Die Nachforschungen anhand der Fotografie von Bankier Schöntaler verliefen ergebnislos. Dies musste allerdings noch nichts besagen. Auf den Postämtern gab es immer viele Leute zu bedienen, die den Angestellten nicht bekannt waren. Darunter waren auch seltene und nichtortsansässige Kunden. Hinzu kam der gelegentliche Personalwechsel, welcher die Wahrnehmung von Veränderungen im Kundenkreis erschwerte. Schließlich gab es immer mehr Postangestellte, die nicht an ihrem Arbeitsort wohnten und somit zu lokalen Gegebenheiten, ob Personen oder Firmen betreffend, keine besondere Beziehung hatten. Am größten war die Wahrscheinlichkeit, dass man sich an einen bestimmten Kunden erinnerte, wenn dieser im Postamt besonders aufgefallen war. So konnten beispielsweise extravagante Kleidung oder eine extreme Stimmlage eine Rolle spielen. Auch von einem Mitmenschen mit unliebsamem Auftreten oder einem komplizierten Anliegen wurde eher Notiz genommen. Solche allenfalls nützliche Wahrnehmungshilfen gab es jedoch nicht in Bezug auf Schöntaler.

Aber es gibt nicht nur den immer wieder in Erscheinung tretenden »Kommissar Zufall«, dessen unverhoffte Mitwirkung für die Lösung eines Falles entscheidend ist. Eine wichtige Rolle spielt gelegentlich auch der nicht zu unterschätzende »Kriminalassistent Merkwürdig«, der vorerst nicht aktiv wird, sondern sich lediglich über etwas wundert und es still registriert. Ein solcher »Kriminalassistent Merkwürdig« fand sich in einem der polizeilich kontaktierten Postämter, und zwar in der Person einer jüngeren Postangestellten namens Nicole Moser.

Sie arbeitete im Postamt Dübendorf bei Zürich und konnte der Polizei zwei wertvolle Hinweise geben. Frau Moser war ledig und stammte aus Winterthur, wohnte aber in Dübendorf. An freien Tagen kehrte sie häufig nach Winterthur zurück, weil ihre Eltern und Geschwister samt Familien dort lebten. Bei Postüberweisungen beschränkte sie sich – wie auch ihre Kolleginnen und Kollegen – routinemäßig darauf, die vermerkten Detailangaben über den Absender rasch zu überfliegen. Aber vor etwa zwei Monaten stutzte sie doch etwas, als ein mittelgroßer, schwarzhaariger oder schwarz gefärbter, ziemlich schlanker und recht elegant gekleideter Herr, mit Hut in der Hand, um die fünfzig, eine Einzahlung machte. Der Absender ›Fiducia-Versicherung, Winterthur‹ überraschte sie einen Moment lang, wobei sie laut Selbsteinschätzung bemüht war, sich nichts anmerken zu lassen. Eine Versicherung mit dem Namen ›Fiducia‹ war ihr nämlich nicht bekannt. Diese vermeintliche Unkenntnis beschäftigte sie aber nicht weiter, zumal sie in Winterthur nichts mit Versicherungen zu tun hatte. Sie schenkte deshalb dem Ereignis keine weitere Beachtung. Auch bei den häufigen Aufenthalten in Winterthur dachte sie nicht mehr daran und erkundigte sich nicht nach der ihr unbekannten Versicherung. Nun aber, da sich die Polizei für die Person des Überweisenden interessierte, kam ihr der Vorfall wieder in den Sinn. Und sie konnte dem Polizei-Spezialisten bei der Erstellung eines Phantombildes noch relativ brauchbare Angaben machen. Das Phantombild glich Bankier Schöntaler ganz und gar nicht, der weder schlank noch mittelgroß war, sondern eher etwas korpulent und mit seinen 1,85 m zu den Großgewachsenen gehörte. Obwohl noch nicht vierzig, hatte er bereits grau meliertes Haar.

Für Kommissar Brodmann stellte sich nun doch die Frage, ob Schöntaler überhaupt mit den Überweisungen etwas zu tun haben konnte. Zudem wäre es ziemlich ausgefallen gewesen, wenn er eine andere Person, und zwar einen Mann, mit der Durchführung der Einzahlungen beauftragt hätte, die jeweils von einem anderen Postamt aus und mit laufend sich ändernden falschen Absendern erfolgten. Bald ermittelt war, dass der Bankier eine Lehre in einem anderen Bankhaus gemacht und keinen Lateinunterricht besucht hatte. Eine Vorliebe für lateinische Ausdrücke ließ sich somit schwerlich erklären.

Im Zusammenhang mit den fiktiven Firmennamen auf den Überweisungen war zu berücksichtigen, dass das Wort ›Leo‹ (lateinisch für ›Löwe‹) für die meisten Leute als Vorname nicht ungewohnt war. Vermutlich würden aber viele auf die entsprechende Frage antworten, es handle sich bei ›Leo‹ einfach um eine deutsche Bezeichnung, deren eigentliche Bedeutung ihnen nicht geläufig sei. Beim Wort ›Fiducia‹ wurde es schwieriger, auch wenn im Zusammenhang mit Treuhandfirmen oder mit einer deutschen Versicherung selbst ein Nicht-Lateiner die Bezeichnung eventuell schon gehört haben könnte. Allerdings war kaum anzunehmen, dass eine relevante Zahl von Mitmenschen die Wortbedeutungen ›Vertrauen‹ (auch ›Selbstvertrauen‹) und ›Zuverlässigkeit‹ präsent hatte. Ausgefallen war schließlich das sehr selten gebrauchte ›Mercatus‹, der lateinische Ausdruck für ›Markt‹, der im italienischen Wort ›mercato‹ fast unverändert weiterexistierte (weitere Bedeutungen: ›Handel‹, ›Messe‹). Während ›Mercator‹ gelegentlich im Zusammenhang mit Handel und Handelsfirmen verwendet wurde, war ›Mercatus‹ vielen, sogar ehemaligen Lateinschülern, nicht immer bekannt. Folglich setzte eine laufende Verwendung sowohl von ›Fiducia‹ als auch von ›Mercatus‹ eine gewisse Beziehung zum Lateinischen voraus. Man durfte demnach davon ausgehen, dass derjenige, welcher solche Bezeichnungen wiederholt für fiktive Firmen einsetzte, zumindest ein Faible für Wörter aus dem Lateinischen hatte und deren Bedeutung ziemlich genau kannte.

Charly Brodmann wurde nun klar, dass er den Versuch unternehmen musste, sich einen anderen Anlass, ein anderes Motiv für die Tötung von Frau Schöntaler vorzustellen. Er konnte sich den Vorwurf nicht ersparen, allzu rasch nur Bankier Schöntaler als Auftraggeber für den Mord verdächtigt zu haben. Natürlich geschah dies nicht zuletzt auch unter dem Eindruck der Reaktion seines erfahrenen Kollegen Feser, der am Telefon sofort auf Erpressung im Zusammenhang mit dem Mord in Küsnacht vor zwei Jahren gesetzt hatte.

Würde er davon ausgehen, dass Sartori ein Einzeltäter war – was er unverändert für wenig wahrscheinlich hielt –, dann müsste er dessen Festnahme abwarten. Demgegenüber stellte sich im Fall von Anstiftung zum Mord das grundsätzliche Problem, dass die Beweisführung im Lauf der Zeit immer schwieriger zu werden drohte. Mit Bezug auf diese eher plausible Variante musste er folglich versuchen, rasch zu neuen Erkenntnissen zu gelangen. Nachdem der Bankier Schöntaler als Anstifter praktisch nicht mehr in Frage kam, suchte er nach anderen denkbaren Szenarien. Wo war die Quelle der relativ hohen Zahlungen an Wigauer zu finden, wo war der mysteriöse Unbekannte? Wo sollte Brodmann auf der Suche nach einem anderen Anstifter zum Mord an Frau Schöntaler beginnen?

Die seinerzeitigen Recherchen über den Bekanntenkreis von Frau Schöntaler hatten kaum Relevantes zutage gebracht. In ihrem Golfclub schien sie, wie andere auch, ein paar engere Freunde gehabt zu haben. Hinzu kam eine Reihe mehr oder weniger flüchtiger Bekannter, darunter auch einige Neider, vor allem Neiderinnen. Eigentliche Feinde, denen man zutrauen konnte, bis zum Äußersten zu gehen, wurden jedoch keine ausgemacht. Die Spurensuche im Privatleben hatte auch im Bereich des Intimlebens zu nichts geführt, da Frau Schöntaler sich, soweit bekannt, auf keine Abenteuer eingelassen hatte. Irgendeinen unglücklich Verliebten, den sie abgewiesen und zu einem schrecklichen Racheakt getrieben haben könnte, gab es offenbar auch nicht. Als ihre Hauptmerkmale hatte Brodmann notiert: ›Verwöhnte Tochter ihrer ziemlich von sich eingenommenen Eltern, eher unglückliche Gattin des angeheirateten früheren Bankbeamten und nun Bankiers Schöntaler, hoher Konsum von Nikotin und Tabletten, gelegentlich auch von Amphetaminen etc.‹

Dass Frau Schöntaler viel Zeit und Geld zum Einkaufen gehabt hatte, stand außer Frage. Ihre Teilnahme am Zürcher Gesellschaftsleben war aber eher durchschnittlich gewesen. Die nur gelegentliche Betätigung als nicht übermäßig ambitionierte Golfspielerin schien dies zu bestätigen. Frau Schöntaler hatte es im Übrigen vorgezogen, ihren gehobenen Wohlstand möglichst im kleinen Kreis, mit wenig Zürcher Öffentlichkeit, vor allem im Ausland zu genießen. Aus den Ermittlungen ging hervor, dass sie sich einzig ihrem Gatten gegenüber ungeschickt und beleidigend verhalten hatte. Sonst war sie keineswegs eine exaltierte Person gewesen, die durch verletzendes oder aggressives Gebaren anderen Seelen Grund zu Hass oder Rache gegeben hätte. Da der Täter Sartori mit schussbereiter Waffe an der Haustür der Schöntalers geläutet hatte, war das Vorgehen weitgehend geplant. Dies würde auch dann gelten, wenn die Schussabgabe möglicherweise aus einer Panik heraus erfolgt sein sollte; etwa, wie bereits angenommen, weil er vielleicht nur geläutet hatte, um ganz sicher zu sein, dass er von niemandem im Haus bei einem Einbruch gestört werden konnte. Klar gegen diese Annahme sprach jedoch, dass ein Läuten ohne entsicherte Schusswaffe näher gelegen hätte, weil dies für die An- beziehungsweise Abwesenheitskontrolle ausreichend gewesen wäre. Blieben zwei Lücken: die Erklärung für den kurzen Besuch des Täters in der ›Braunen Ente‹ nur etwa eine Stunde vor der Tötung von Frau Schöntaler und die bald nach der Tat einsetzenden mysteriösen hohen Postüberweisungen an Wigauer.

Kommissar Brodmann machte sich nun erstmals Gedanken über einen möglichen Auftraggeber aus der Bankbranche. Konkurrenzneid konnte bekanntlich viele negative Kräfte freisetzen. Aber weshalb gegen Frau Schöntaler? Von ihr hingen weder die Marktstellung noch die Geschäftspolitik der Bank ihrer Eltern ab. Wenn man das Bankhaus hätte schwer treffen wollen, wäre Rudolf Schöntaler die ideale Zielscheibe gewesen, nicht einmal der schon recht alte frühere Chef, der als Präsident des Verwaltungsrats nur noch eine geringe Rolle im Alltag der Bank spielte. Der Mord an Frau Schöntaler aus Konkurrenzgründen konnte also ausgeschlossen werden. Möglicherweise verhielte es sich etwas anders, wenn der Täter ein Bankkunde gewesen wäre. Unter den Kunden gab es, wie überall in der Branche, solche, denen der Kredithahn zugedreht wurde. Und dies stellte möglicherweise eine große Bedrohung ihrer Existenz dar. Wenn es in der Folge nicht gelang, sonstwo das zur Rettung einer Unternehmung erforderliche Geld zu beschaffen, konnte Verzweiflung um sich greifen. Mit dem Zusammenbruch von Firmen kam es oft auch zu privaten Katastrophen. Hätte sich ein Betroffener wegen seines Unglücks an der Bank rächen wollen, wäre er wohl primär gegen seinen Kundenbetreuer oder den Bankchef selbst vorgegangen, nicht gegen dessen Gattin. Ganz ausschließen konnte man Letzteres aber nicht. Und ein gedungener Killer könnte den Auftrag gehabt haben, den Gatten umzubringen, bei dessen Abwesenheit die Ehefrau. Ereignisse mit Kunden, die – rein hypothetisch – im äußersten Fall solche Rachefeldzüge hätten inszenieren können, gab es vermutlich auch in der Flora-Bank. Aber infolge leerer Brieftasche wären die betreffenden Bankkunden nach der Tat kaum in der Lage gewesen, einen Mörder zu bezahlen und dann noch einem Erpresser laufend Geld zu überweisen. Zu berücksichtigen war auch, dass jemand, der um einen Kredit nachsuchte, dem das Geld auszugehen drohte oder schon ausgegangen war, vermutlich eher selbst zur Tat geschritten wäre, um keinen Aufwand für den Auftragskiller zu haben. Folgerung: Eine Verbindung zwischen den Fällen Schöntaler und Wigauer war unter den Aspekten Banken-Konkurrenz und zugedrehter Kredithahn schwer herzustellen.

Der Stadtplan und die Landkarte mit den eingezeichneten Poststellen, in denen die Überweisungen an Wigauer erfolgt waren, gaben keinen Hinweis auf eine häufig gewählte Route oder eine möglicherweise bevorzugte Fahrrichtung der Person, welche die Beträge eingezahlt hatte. Eindeutig ging daraus nur hervor, dass jede der fünfzehn Einzahlungen in einem anderen Postamt stattgefunden hatte. Und daraus konnte man, neben einem Hang zur Vorsicht, bestenfalls eine gute Kenntnis der Poststellen im Raum Zürich ableiten.

Brodmann fragte sich immer wieder, was er übersehen hatte. Denn irgendwie spürte er, dass er einem relevanten Sachverhalt keine oder zu geringe Bedeutung beigemessen hatte. Dies konnte entweder zu einer Fehlüberlegung geführt haben oder zu einer nicht erkannten Wissenslücke. Wie schon in anderen verzwickten Situationen, verließ er sein Büro und begab sich auf einen Spaziergang, um in Ruhe nachdenken zu können.

Vom Schauberg zur Drogenszene

Mittwoch, 20. Juni 2007, drei Tage nach dem Auffinden der Leiche von Wigauer oberhalb Kilchberg. Kommissar Brodmann spazierte zuerst durch die Zürcher Altstadt. Dann entschloss er sich, sein Lieblingsrefugium aufzusuchen, den Schauberg. Dieser liegt westlich der Stadt und ist per Bahn bequem erreichbar. Unterwegs ging Brodmann an einem Zeitungskiosk vorbei, wo im Aushang insbesondere schweizerische und auch einzelne bekannte ausländische Zeitungen angepriesen wurden. Mit plakativen Ankündigungen wurde über aktuelle Inhalte informiert. Im Vorbeigehen las er etwas von einem Drogenring, der aufgeflogen sei.

Brodmann ging weiter und gelangte zur Schauberg-Bahn. Oben auf dem Aussichtsberg angekommen, schlenderte er zu den gepflegten Grünanlagen. Diese umgaben das gehobene ›Hotel Schauberg‹. Im Restaurant des Hotels kannte man ihn als gelegentlichen Gast, der meistens einen Kaffee oder ein Bier trank.

Sein erster Besuch im ›Hotel Schauberg‹ lag fast zehn Jahre zurück und war dienstlich. Seinerzeit ging es um die Festnahme eines seit Langem gesuchten Hochstaplers und Finanzjongleurs mit dem Falschnamen Falkner. Dieser hatte sich dort mit einem scheinbar nichtsahnenden reichen Deutschen verabredet, dem er das Geschäft seines Lebens vorgeschlagen hatte. Der Deutsche, er hieß Sanding, hatte sich bereit erklärt, eine hohe Anzahlung zu leisten, um in angeblich hoch rentable Terminkontrakte einsteigen zu können. Als er das Geld von seiner Bank in Frankfurt am Main an ein Geldhaus in Zürich überweisen lassen wollte – Falkner hatte ihm die Flora-Bank empfohlen, das bekannte Geldinstitut, welches nun Rudolf Schöntaler leitete –, hatte er Glück, viel Glück.

Denn der Bankangestellte in Frankfurt, der den Kunden Sanding seit Jahren gut kannte, durfte sich die Frage erlauben, ob er in Zürich einen Liegenschaftskauf oder sonst eine größere Anschaffung zu tätigen beabsichtige. Sanding, der die angenehm-persönliche Beziehung zu diesem Bankangestellten sehr schätzte, erzählte hierauf kurz, dass es sich um eine an sich streng vertrauliche Gelegenheit für die Beteiligung an einem lukrativen Warenterminkontrakt handle. Aus Vorsichtsgründen lasse er das Geld nach Zürich überweisen und nehme es nicht einfach in einer Aktenmappe mit. Dort werde er es in der betreffenden Bank abholen. Er müsse dann seine Beteiligung bar an den Vermittler bezahlen, sonst werde nichts aus dem Geschäft. Als ihm der Banker erläuterte, dass solche Terminkontrakte sehr riskant seien und Beteiligungen eigentlich nie mit Bargeld abgewickelt würden, schöpfte er Verdacht und verständigte mit Hilfe der Bank die Frankfurter Polizei. Die dortige Spezialabteilung für die Bekämpfung von Wirtschaftsdelikten zeigte ihm anlässlich eines Gesprächs einige Fotos von europaweit tätigen Delinquenten im Finanzbereich. Darunter war auch eine Aufnahme von Falkner, welcher unter einer ganzen Reihe anderer Namen aktenkundig war. Sanding wurde angehalten, bei einer allfälligen Anfrage von Falkner so zu tun, als hätte er niemandem etwas gesagt und würde, wie angewiesen, zum Treffen nach Zürich kommen. Bald darauf rief ihn Falkner an, und sie vereinbarten einen Termin im ›Hotel Schauberg‹.

Der angebliche Falkner wurde sofort nach Ankunft im Hotel beschattet. Dann, anlässlich der Begegnung mit Sanding in einem speziellen Besprechungsraum des Hotels, erfolgte die Festnahme durch die Zürcher Kriminalpolizei. Kommissar Brodmann leitete die Operation, die äußerst diskret abgewickelt werden musste, damit die Hotelgäste nichts merkten. Immerhin hatten sie das teure Hotel gewählt, um dort in gediegenem Rahmen in möglichst guter Gesellschaft zu verweilen. Dazu passte nicht einmal der Hauch eines nicht ganz sauberen Gebarens. Das Sündenregister des angeblichen Falkner ging weit über einen Hauch hinaus, was angesichts seiner kriminellen Karriere nicht überraschen konnte. Auch wenn ihn eine saftige Strafe erwartete, war damit zu rechnen, dass er nach deren Verbüßung etwa dort weitermachen würde, wo er im ›Hotel Schauberg‹ an seiner üblen Tätigkeit vorübergehend gehindert worden war.

Bei seinem erneuten Besuch auf dem Schauberg setzte sich Kommissar Brodmann zuerst auf eine Bank im Park. Er blickte nachdenklich auf die gepflegten Blumenbeete und versuchte, sich den frühen Abend des 28. Mai 2005 in der ›Braunen Ente‹ vorzustellen, als Kischer mit Sartori kurz zusammentraf und der Oberkellner Wigauer die beiden bediente. Und dann, drei Tage danach, meldete sich dieser Wigauer wegen des polizeilich veröffentlichten Fotos, das Sartori zeigte, und wies gleich noch auf Kischer hin. Auf diese Weise unterstützte er, was anzuerkennen war, die polizeilichen Ermittlungen. Laut Protokoll hatte sich Kischer seinerzeit äußerst ungehalten gezeigt, als man ihn mit dem Schöntaler-Mord in Verbindung brachte. Es wäre ihm also recht gewesen, wenn seine Begegnung mit Sartori nicht bemerkt und – wenn schon – jedenfalls nicht gemeldet worden wäre. Wusste Kischer tatsächlich gar nichts von der Mordabsicht von Sartori?

Immerhin: Weshalb hätte Kischer, als erfahrener Ganove, sich ausgerechnet kurz vor dem Mord mit dem späteren Täter in der Öffentlichkeit treffen sollen? Dadurch wäre doch die Vermutung seiner möglichen Beteiligung am Mord genährt worden. Was hätte ihm die Zusammenkunft für die Erpressung des Anstifters von Sartori, also – nach bisherigem, aber wohl unhaltbarem Szenario – des Bankiers Schöntaler, genutzt? Warum sollte Kischer ausgerechnet unter Mithilfe von Wigauer, den er nicht näher kannte, den Bankier erpresst haben? Weshalb hätte Wigauer, sofern er überhaupt Kischers Erpressungspartner gewesen sein sollte, ihn bei der Polizei in die Nähe des Mordes rücken sollen, indem er neben Sartori auch seinen damaligen Tischnachbarn Kischer erwähnte? Es wurde ja nur nach Sartori gefahndet. Hätte es ausgerechnet der mit allen Wassern gewaschene Kischer unterlassen, seinem Erpressungsgehilfen absolutes Schweigen aufzuerlegen, auch betreffend Sartori? Hätte Kischer nicht alles getan, um jeglichen Verdacht zu vermeiden? Eine gute Tarnung hätte ebenso im Interesse von Kischer wie Wigauer gelegen, sofern sie als Erpresser gemeinsam in Aktion getreten sein sollten. Folglich hätte sich Wigauer wegen der Fotografie nicht bei der Polizei blicken lassen oder telefonisch gemeldet.

Charly Brodmann wurde immer mehr bewusst, dass seine bisherigen Überlegungen überhaupt nicht stimmen konnten. Er erhob sich und spazierte zur Hotelterrasse. Dann bestellte er ein Bier. Nach einem tiefen Schluck blickte er zu den Kronen einiger der schönen großen Bäume hinauf. Plötzlich realisierte er seinen Irrtum. Natürlich, das war's. Wigauer, der sich am 31. Mai Juni 2005 spontan an die Polizei gewandt hatte, konnte in diesem Fall gar nicht der Kompagnon von Kischer bei einer allfälligen Erpressung gewesen sein, ob gegen Schöntaler oder eine andere Person gerichtet. Viel wahrscheinlicher war Folgendes: Wigauer wollte sich mit der Polizei gutstellen, bei ihr als korrekter Bürger erscheinen, dem die Aufklärung von Verbrechen am Herzen lag. Dass er unter dem Mantel der polizeilichen Verschwiegenheit den zwielichtigen Kischer als Gesprächspartner von Sartori erwähnte, brachte Wigauer zwar unmittelbar nichts ein, rückte ihn aber weit weg von solchen Figuren und deren Straftaten.

Denkbar wäre, dass Wigauer etwa von dem Zeitpunkt an, als der Schöntaler-Mord stattfand, für irgendein krummes Ding periodisch größere Geldüberweisungen erwartete. Diese sollten betreffend Herkunft zwar gut getarnt bei seiner Bank eingehen, dennoch musste er mit der Möglichkeit rechnen, dass die Bank Verdacht schöpfen könnte, weil er als Oberkellner bisher keine solchen Überweisungen erhalten hatte. Sollte wider Erwarten die Bank die Polizei verständigen, wäre ein guter Name von Vorteil. Auf überdurchschnittliche Zurückhaltung der Fahnder könnte er wohl eher zählen, wenn er als besonders polizeifreundlicher Zeitgenossen eingestuft würde. Die verdienstvolle Zeugenaussage über Sartori und Kischer wäre zumindest geeignet, eine gewisse Bremswirkung bei allfälligen Ermittlungen auszulösen. Vielleicht würde man ihn, den bei der Polizei als korrekt geltenden Mitbürger, von Rückfragen und so weiter ganz verschonen.

Brodmann musste sich sagen, dass es bei genauem Nachdenken eigentlich keine einleuchtende Erklärung für eine Erpressung von Schöntaler durch den in Deckung bleibenden Kischer und seinen vermeintlichen Gehilfen Wigauer gab. Da war er zu seinem eigenen Erstaunen auf einem Holzweg gelandet. Über einen möglicherweise von Kischer im Auftrag Schöntalers organisierten Mord konnte Wigauer nichts gewusst haben. Und Kischer hätte in diesem Fall wohl niemals mit ihm darüber gesprochen und ihn gleich noch am Ertrag aus der Erpressung beteiligt, nur weil er sich hinter Wigauer hätte verstecken können. Da gab es für Kischer sicher wesentlich bessere Alternativen in der Zürcher Halbwelt. Viel wahrscheinlicher war jedoch, dass Kischer vom geplanten Mord nichts wusste und am Abend kurz vor der Ermordung von Frau Schöntaler einfach das Pech hatte, mit dem späteren Täter Sartori in der

›Braunen Ente‹ zusammenzutreffen, möglicherweise wegen einer anderen Sache. Die Zeugenaussage von Wigauer besagte ja nur, dass sich die beiden in diesem Lokal begegnet waren.

Kommissar Brodmann ärgerte sich über sich selbst. Dass ihm dies nicht vorher aufgegangen war und ihn von seinem Holzweg abgehalten hatte, löste bei ihm ein inneres Kopfschütteln aus. Es war offenbar auch von außen sichtbar; denn der Kellner trat rasch auf ihn zu, weil er den Eindruck hatte, der Kommissar habe ihm ein Zeichen gegeben. Dieser bestellte deshalb schnell einen einfachen Espresso, um in Ruhe an seinem neuen Konstrukt weiterspinnen zu können.

Wofür erhielt Wigauer recht viel Geld von falschen Absendern mit lateinischen Zusatzbezeichnungen, stets in einem anderen Postamt überwiesen, wahrscheinlich aber immer von derselben Person? Da gab es beispielsweise die Möglichkeit von Schweigegeldzahlungen. War Wigauer spät nachts, auf dem Weg nach Hause, einziger Zeuge eines Unfalls gewesen, vielleicht sogar mit einem Verletzten, bei dem eine wohlhabende und ihm bekannte Person Fahrerflucht begangen hatte? War die betreffende Person schließlich der Erpressung derart überdrüssig, dass sie Wigauer tötete, irgendwo in einer Halle, wo sich stellenweise Motorenöl am Boden befand? Hatte diese Person dann veranlasst, dass man den toten Wigauer auf den Platz in der Wiese am Waldrand oberhalb Kilchberg brachte? Brodmann dachte: ›Schweigegeld bei Fahrerflucht: ja. So große und laufend einbezahlte Beträge: möglich. Mord in der Halle mit Motorenöl am Boden: vielleicht durch die Person, die Fahrerflucht begangen hatte, möglicherweise aber durch eine andere, entsprechend beauftragte Täterschaft. Transport bis zum Waldrand oberhalb Kilchberg und dort eingraben, wenn auch ungenügend: nur von mindestens zwei Personen zu bewerkstelligen.‹

Ob eine andere Erklärung für die Ermordung von Wigauer im Drogengeschäft zu suchen wäre? Dort war die laufende Bezahlung höherer Beträge normal, auch die »Entsorgung« durch ein Sonderkommando aus Händlerkreisen an einer etwas abgelegenen Stelle. Weitere Alternativen fielen ihm im Moment nicht ein.

Selbst unter Weglassung der schwerlich haltbaren Idee einer Erpressung von Rudolf Schöntaler durch Wigauer und Kischer gemeinsam blieb der Bankier immer noch verdächtig, der direkte oder indirekte Anstifter von Sartori zu sein. Aber wie sollte Brodmann dies beweisen? Vorläufig hatte er diesbezüglich nur seinen noch nicht ganz ausgeräumten Verdacht. Das war zu wenig.

Als Charly Brodmann wieder in seinem Büro eintraf, rief er umgehend die Verkehrsabteilung an. Es dauerte nicht lange, um festzustellen, dass im Mai/Juni 2005, aber vor dem 21. Juni 2005, dem Tag der ersten Überweisung an Wigauer, kein Fall von Fahrerflucht zu verzeichnen gewesen war, der sich im Bereich des Nachhausewegs von Wigauer ereignet hatte, und zwar nachts im vorsichtigerweise etwas ausgedehnten Zeitraum von 00.30 Uhr bis 02.30 Uhr. Somit musste der Kommissar auf die zweite Variante setzen, die ihm in den Sinn gekommen war: den Drogenhandel. Er rief deshalb einen seiner Kollegen von der Drogenfahndung an, den erfahrenen Kommissar Max Bergler. Dieser verstand die Dringlichkeit der Sache und lud ihn sofort in sein Büro ein. Bergler, Anfang sechzig und kurz vor der Pensionierung, untersetzt, mit Halbglatze und Brille und einer ihm eigenen Art zu artikulieren, informierte ihn einleitend, dass man tatsächlich vor einiger Zeit wieder einmal einem international operierenden Drogenhändlerring auf die Spur gekommen sei. Wichtige Verhaftungen hätten in Amsterdam und Frankfurt bereits stattgefunden. Im Raum Zürich, einer Unterregion im Drogengeschäft, seien die Abklärungen noch im Gang.

Da Bergler von der wahrscheinlich am 12. Juni 2007 geschehenen Ermordung Wigauers, des Oberkellners der ›Braunen Ente‹, gehört und einen internen Kurzbericht gelesen hatte, konnte sich Brodmann auf wenige Zusatzinformationen beschränken. Er erwähnte, dass es mehrere Hypothesen gebe, weshalb es zu diesem Mord gekommen sein könnte. Mit dem Fall hinge möglicherweise auch der Schöntaler-Mord aus dem Jahr 2005 zusammen. Von besonderem Interesse sei, den Anlass für die mysteriösen größeren Geldüberweisungen an Wigauer herauszufinden. Dieser habe seit zwei Jahren periodisch Geld erhalten; insgesamt seien im

Lauf von fünfzehn Überweisungen rund 100'000 Franken zusammengekommen. Dann kam er auf die Personenbeschreibung zu sprechen, die seine Leute von der Postangestellten in Dübendorf erhalten hatten, als sie nach dem Überweiser eines Betrags von etwa 5000 bis 6000 Franken fragten. Darauf blickte ihn Kommissar Bergler erstaunt an.

»Könnte zum ›Schneefritz‹ passen. Hast du noch mehr zu diesem Thema?«

Darauf zog Charly Brodmann das erst am Vortag ausgefertigte Phantombild hervor.

»Das ist er. Ganz eindeutig. Charly, du bist von der anderen Seite ins Drogengeschäft eingestiegen!«

»Ah so? Und wer ist denn dieser ›Schneefritz‹?«

»Alter Kunde. Verkrachter Akademiker. Hat irgendwann einmal ein Jus-Studium angefangen. Abbruch und dann kriminell. Vor allem Drogenhandel. Deshalb ›Schnee.‹ Heißt mit richtigem Namen Friedrich Berthold König, stammt aus einer angesehenen Familie in St. Gallen.«

»Kann der Lateinisch?«

»Lateinisch? Was soll das mit Drogenhandel zu tun haben?«

»Nun, der von uns Gesuchte gab auf jeder Postüberweisung einen erfundenen Personennamen und eine fingierte Firma an. Die Absenderfirma bestand immer aus einer groben Bezeichnung des Tätigkeitsgebiets, zum Beispiel Export & Import oder Versicherung, sowie einem Wort aus dem Lateinischen wie ›Fiducia‹.«

Nun begriff Max Bergler und erklärte: »Nach unseren Erkenntnissen gibt der ›Schneefritz‹ gern an mit seiner Bildung. Bringt bei jeder passenden und unpassenden Gelegenheit – selbst in Polizeiverhören – einen Dichterspruch, manchmal nicht ganz korrekt, hin und wieder auch auf Lateinisch, was die meisten nicht verstehen. Zweck ist einzig, Eindruck zu schinden. Renommiersucht.«

»Das ist der Schlüssel zu den drei speziellen Firmennamen ›Fiducia‹, ›Leo‹ und ›Mercatus‹, die er in wechselnder Kombination gebrauchte«, entgegnete Brodmann.

Max Bergler, dessen Gymnasialzeit gut vier Jahrzehnte zurücklag, war beruhigt, dass er ›Leo‹ mit ›Löwe‹ und ›Fiducia‹ mit ›Vertrauen‹ übersetzen konnte. Bei ›Mercatus‹ schätzte er, es könnte etwas mit dem Markt zu tun haben, und folglich schätzte er richtig.

Für Bergler war der Hinweis auf den ›Schneefritz‹ und Wigauer deshalb besonders wichtig, weil ihm und den anderen Fahndern die Organisation der Feinverteilung in Zürich noch nicht in allen Einzelheiten klar war. Die Verhaftungen von Amsterdam und Frankfurt waren für die Zürcher Polizei zu früh erfolgt, auch für die Kollegen in München und Wien. Offenbar ließen sich die Polizeiaktionen aber nicht überall länger hinauszögern, weil man in Bezug auf gewisse große Fische eine optimale Beweislage sicherstellen wollte.

Bergler schwieg einen Moment. Man sah ihm an, dass er nachdachte. Brodmann schaute von seinem Platz aus zum Fenster hinaus, um sein Gegenüber nicht zu irritieren.

Plötzlich begann Bergler: »Weißt du, ich vermute – und damit dürfte ich nicht allzu falsch liegen –, dass der Stoff an Wigauer geliefert wurde, wahrscheinlich durch einen oder mehrere Kuriere, die als Hotelgäste in der ›Braunen Ente‹ abstiegen. Am Oberkellner im Restaurant der ›Braunen Ente‹ dürfte es dann gewesen sein, das Kokain, Heroin, die Ecstasy-Pillen etc. für die Feinverteilung vorzubereiten und an Beauftragte eines lokalen Händlerrings abzugeben. Vielleicht waren es auch zwei solche Verteilergruppen. Nehmen wir einfachheitshalber an, es sei nur eine gewesen. Die Leitung des lokalen Händlerrings war wohl gehalten, im Voraus, vor dem Abholen des Stoffs, ihre Zahlungen an den ›Schneefritz‹ zu leisten, der sich – so nehme ich an – aus Vorsicht nie in der ›Braunen Ente‹ oder mit Wigauer sehen ließ.«

»Weshalb dann die merkwürdigen Überweisungen an Wigauer?«

»Nun, vorerst eine Bemerkung: Bei Wigauer wurde also entweder aller Stoff für die Feinverteilung abgeholt oder, spontan eher wahrscheinlich, lediglich derjenige Teil, der für ein bestimmtes Gebiet oder einen bestimmten Kundenkreis vorgesehen war. Du sagtest, dass der ›Schneefritz‹ rund 100'000 Franken an Wigauer überwiesenen habe?«

»Ja, insgesamt, im Zeitraum von etwa zwei Jahren.«

»Dürfte das Honorar von Wigauer sein. Spricht doch eher für ihn als einzige Zürcher Anlauf- und Weiterverteilstelle. Die Bezahlung der auswärtigen Lieferanten erfolgte vermutlich so, dass die Zürcher Händlerringe, welche die Feinverteilung besorgten, den ihnen bekanntgegebenen Betrag – wie schon gesagt im Voraus – an den ›Schneefritz‹ zu bezahlen hatten. Dieser fungierte dann als Drehscheibe, indem er – nach Abzug der ihm selbst zugestandenen Entschädigung und des von den Bossen genehmigten Honorars für Wigauer – die restlichen Einnahmen an die übergeordneten Lieferanten weiterleitete.«

»Ganz schön kompliziert verschachtelt.«

»Klar. Dient neben der Tarnung auch der Kontrolle und der Minimierung des Detailwissens der einzelnen Stellen innerhalb der Drogenringe. Deshalb ist es meist auch so schwierig, allen Vögeln auf die Schliche zu kommen.«

»Schliche und Vögel. Und was macht ihr jetzt?«

Bergler holte tief Luft. »Müssen den ›Schneefritz‹, den wir bisher nur als einen unter mehreren Hauptverdächtigen taxierten und mangels Personal nicht Tag und Nacht beschatten konnten, ab sofort unter Dauerbeobachtung stellen. Denn fällt eine Lieferroute aus, tritt in der Regel sofort eine andere in Aktion. Das Geschäft wird nicht einfach eingestellt. Fertig ist man auch auf unserem Gebiet nie. Dann erfahren wir hoffentlich auch, welches die neue oder andere Anlaufstelle ist, nach welcher die Feinverteilung beginnt. Und wissen möchten wir auch, wer hier an der Spitze der mit der Feinverteilung befassten Händler steht. Dem ›Schneefritz‹ dürfte diese Rolle nicht zugeteilt worden sein. Ist nicht der Typ von einem Chef, eher von der Art gehobener Aktenkofferträger im Großbetrieb, relativ weit oben, aber als rein ausführendes Organ, das gemäß Anweisung handelt. Du weißt, was ich meine?«

Brodmann nickte und schwieg.

Und sein Kollege Bergler fuhr fort: »Nun gibt es zusätzliche Verdachtsmomente; aber wir brauchen möglichst handfeste Beweise.«

»Was machte Wigauer wohl mit der jeweils in bar abgehobenen Hälfte seines Honorars?«, fragte nun Brodmann.

»Vielleicht ging diese für eine Freundin drauf oder so. Oder er hatte ein zweites Konto, ohne ein zu Hause gelagertes Sparbuch. Das würde bedeuten, dass ein anderes Sparbuch auf einer uns im Moment noch unbekannten Bank zur Aufbewahrung blieb. Das gibt es ja auch. Werden wir früher oder später auch noch herauskriegen.«

Charly Brodmann pflichtete ihm bei und fügte hinzu: »Der Tod von Wigauer dürfte demnach mit seinen Aktivitäten im Drogenmilieu zusammenhängen.«

»Ja, sehr wahrscheinlich. Die Bosse befürchteten eventuell, dass er eine undichte Stelle werden könnte, die eines Tages der Polizei über Anlieferungen aus Amsterdam oder aus einer anderen Quelle berichten würde. Jetzt, nach den Verhaftungen, sind die sowieso alarmiert. Und Wigauer könnte selbst Grund zu seiner Beseitigung gegeben haben, etwa mit dem Versuch, mehr Geld für seine Dienste herauszuschlagen. Sollte er in diesem Sinn Druck gemacht haben, wäre dies als Drohung aufgefasst worden. Da gäbe es nur eine Antwort: umlegen.«

»Wusste er denn möglicherweise so viel?«

»Schwer zu sagen. Mit uns nahm er keinen Kontakt auf, um zu singen. Aber er muss natürlich einzelne Drogenkuriere und Vertreter von Händlerringen gekannt haben. Und noch nicht geschnappte Große im Drogenhandel waren vielleicht der Meinung, dass man ihnen auch in Zürich auf der Spur sein könnte. Wäre nicht das erste Mal, dass sie einen der eigenen Leute umlegen ließen, wenn nur schon die Vermutung bestand, er könnte gelegentlich etwas verraten. Bei solchen Aktionen geht es immer auch darum, andere Mitglieder der Organisation einzuschüchtern, damit sie Polizeikontakte unterlassen und nach einer Verhaftung auf jeden Fall schweigen.«

Die beiden Kommissare machten sich keine Illusionen in Bezug auf die Schwierigkeiten bei der Ermittlung der Mörder von Wigauer.

Insgesamt war das Drogengeschäft sehr gut organisiert und verfügte über wirksame Druckmittel. Demgegenüber hatte die Polizei, mit ihren relativ knappen personellen und finanziellen Ressourcen und der Auflage, stets die Gesetze zu respektieren, immer wieder das Nachsehen oder musste damit zufrieden sein, dass sie wenigstens einen Teil der Kriminellen unschädlich machen konnte, während der Drogenhandel weiterging. Denn die Kundschaft verlangte ja nach Stoff.

Brodmann kehrte in sein Büro zurück und gab sofort Anweisung, den toten Wigauer sowie dessen Kleider auf Drogenspuren zu untersuchen. Für ihn war klar, dass die Suche nach den Mördern von Wigauer im Drogenmilieu zwar nicht vernachlässigt werden durfte, aber neben Abklärungen in anderen Fällen keine besondere Dringlichkeit haben konnte. Immerhin sprach gegen das Opfer Wigauer, dass es sehr wahrscheinlich in einem Drogenring mitwirkte. Und Wigauer hatte in diesem Fall der an ihm begangenen Tat vermutlich bis zu einem gewissen Grad Vorschub geleistet. Zudem musste er, Mitwirkung im Drogenhandel vorausgesetzt, aus reiner Gier die schlimmen Auswirkungen seines Tuns in der Bevölkerung, vor allem auch bei der Jugend, skrupellos hingenommen haben.

Für die nun einsetzenden Ermittlungen in der ›Braunen Ente‹ waren die Drogenfahnder zuständig. Die Tötung von Wigauer blieb aber ein Fall der Mordkommission, und zwar von Charly Brodmann. So lag es auf der Hand, dass die beiden kriminalpolizeilichen Bereiche eng zusammenarbeiten mussten, um möglichst erfolgreich zu sein.

Eine aufschlussreiche Regelverletzung

Das ›Hotel Helvetia‹, nahe der Altstadt an der Limmat gelegen, ist ein sogenanntes Traditionshaus der Luxusklasse. Es besteht seit Menschengedenken.

In Sachen Service und Küche hatte das Hotel seit Jahren einen Spitzenplatz inne. Nur ein unverbesserlicher Griesgram hätte sich von der erstklassigen Betreuung und Stimmung nicht in Wohlbefinden ergehen können. Diskretion war oberstes Gebot. So war das Personal nach Kräften bemüht, die unwirkliche Vorstellung zu wecken, dass es hier eine Zone der Quasi-Vollkommenheit auf dieser Welt gebe.

Daran beteiligt waren im ›Hotel Helvetia‹ als erste Kontaktstellen der Empfangschef und der Concierge, die sich unablässig dafür einsetzten, im Rahmen ihrer Zuständigkeit die Wünsche der Gäste zu erahnen und wenn immer möglich optimal zu erfüllen.

Aber auch das ›Hotel Helvetia‹, dieser Hort der hohen Schule der Gastronomie und Gästeunterbringung, ließ sich von der allgemeinen Erkenntnis nicht ausnehmen, die besagt: ›Überall, in sämtlichen Lebensbereichen, könnten viele nicht für die Öffentlichkeit bestimmte Dinge nie den Weg ans grelle Tageslicht oder sogar ins Polizeiwissen finden, wenn alle, die zum Gelingen einen Beitrag geleistet hatten, sich einigermaßen gerecht honoriert oder behandelt fühlen würden‹. Die Betonung liegt auf ›einigermaßen gerecht honoriert oder behandelt‹. Bei Verletzung dieser entscheidenden Vorgabe kann es bekanntlich zu eigentlichen Rachefeldzügen kommen, ohne Rücksicht auf Verluste. Wer hat noch nie von den angehäuften Peinlichkeiten gehört oder gelesen, die abgehalfterte Freundinnen ihren ehemaligen prominenten Freunden in aller Öffentlichkeit bescherten? Da wird gelegentlich selbst die eigene Verurteilung zu einer Gefängnisstrafe in Kauf genommen, wenn man nur seine Rache hat und den uninteressiert gewordenen früheren Liebhaber bloßstellen oder gar politisch und gesellschaftlich vernichten kann. Aber auch in anderen Fällen kann alles im Zeichen des hemmungslosen Heimzahlens stehen. Im Grund geht es also ums persönliche Gefühl der Zurücksetzung, das ein Ventil sucht.

Als Konsequenz der Vernachlässigung der vorerwähnten Erkenntnis in Bezug auf ›einigermaßen gerechte Honorierung‹ klingelte das Telefon von Kommissar Brodmann am 22. Juni 2007, also gut zwei Jahre nach der Tötung von Frau Schöntaler sowie zehn Tage nach der Ermordung von Erich Wigauer (d. h. fünf Tage nach Auffinden seiner Leiche). Eine männliche, etwas unsichere Stimme meldete sich: »Mein Name ist Peter Stedler. Sind Sie Kriminalkommissar Brodmann, ich meine persönlich?«

»Am Apparat.«

»Ich möchte Ihnen eine wichtige Mitteilung machen.«

»Worum geht es denn, Herr Stedler?«

»Im Grund um Mord.« Es folgte eine kurze Pause. Brodmann wartete ab. Dann sagte der Anrufer: »Herr Kommissar, kann ich Sie unter vier Augen sprechen, außerhalb des Amts?«

»Selbstverständlich. Wann und wo schlagen sie vor?«

»Ginge es Ihnen auf dem Parkplatz des Zoos?«

»Ja. Wann?«

»Heute um achtzehn Uhr. Der Zoo schließt um siebzehn Uhr.«

»Okay. Woran erkenne ich Sie?«

»Ich bin 175 cm groß, habe braunes Haar, trage eine graue Hose und eine hellbraune Wildlederjacke und stehe neben meinem dunkelroten Ford Fiesta, mit dem Zürcher Kennzeichen …«

Brodmann unterbrach: »Das reicht. Ich werde Sie ansprechen, aber ohne eigene Namensnennung, und zuerst fragen, ob Sie mich heute per Telefon hierher bestellt haben. Dann antworten Sie mit Ihrem Vornamen und Namen und geben mir sofort, unaufgefordert, Ihren Führerausweis zur Kontrolle. Hierauf zeige ich Ihnen meinen Dienstausweis.«

Charly Brodmann war bereits um 17 Uhr 40 auf dem Parkplatz beim Zoo. Er fuhr in einen Bereich, wo im Abstand von mindestens zehn Metern keine anderen Autos geparkt waren. Da man bei Begegnungen mit Unbekannten nie wissen konnte, trug er eine schusssichere Weste. Zudem waren zwei Kriminalbeamte getarnt in der Nähe in Deckung postiert, beide mit schussbereiter Waffe im Anschlag, um sofort eingreifen zu können. Deren Auto war in der Nähe beim Zoo-Restaurant geparkt.

Dann bog auch schon der dunkelrote Fiesta auf den Parkplatz ein. Nach der vereinbarten Begrüßung kam Stedler rasch zur Sache.

Ziemlich nervös begann er: »Ich bin Concierge im ›Hotel Helvetia‹.«

Brodmann konnte sein Erstaunen nicht verbergen und entgegnete: »So, im ›Hotel Helvetia‹ arbeiten Sie.«

Stedler, zunehmend aufgeregt, fuhr fort: »Sie verstehen, unser Haus hat die Verpflichtung zu strengster Diskretion. Wenn bekannt würde, dass ich Sie in delikater Angelegenheit informiert habe, wäre ich mit hundertprozentiger Sicherheit meinen Job los.«

»Seien Sie unbesorgt. Von mir erfährt niemand etwas.«

Stedler sammelte sich etwas. »Ich brauche den Job und wende mich an Sie, weil es mir keine Ruhe lässt, dass der Polizei eine möglicherweise wichtige Information vorenthalten wird.«

Darauf nickte Kommissar Brodmann beruhigend. »Das ist anerkennenswert.« Dann sagte er: »Also, was möchten Sie mir berichten?«

»Nun, der Mord an Frau Schöntaler vor zwei Jahren, Ende Mai, könnte vielleicht mit unserem Hotel zu tun haben.«

Damit hatte Brodmann überhaupt nicht gerechnet. Deshalb entfuhr es ihm etwas gar überrascht und um einiges lauter als angebracht: »Ach ja?«

Stedler wich leicht kurz zurück, fasste sich dann aber, wobei Brodmann ihn eindringlich anblickte, und sagte dann besonders leise und geheimnisvoll: »Ja, sie traf sich doch mindestens einmal pro Woche mit einem Liebhaber bei uns.«

Darauf fragte der immer noch etwas konsternierte Kommissar Brodmann zurück: »Im ›Hotel Helvetia‹?«

»Ja. Bis etwa drei, vier Wochen vor dem Mord, bis so Anfang Mai 2005. Wir begleiteten sie immer direkt in die reservierte Suite. Und nach etwa zwei Stunden verließ sie das Hotel wiederum unauffällig. Auch darum kümmerten wir uns.«

»Wir?«

»Der Empfangschef oder ich. Sonst niemand.«

»Wie hieß damals der Empfangschef?«, wollte Brodmann wissen.

»Purster, Paul Purster. Er ist immer noch im Amt.«

»Aha. Und was haben die Besuche von Frau Schöntaler im ›Hotel Helvetia‹ Ihrer Ansicht nach mit ihrer Ermordung zu tun?«

Stedler, jetzt ganz im Tonfall eines etwas eifrig geführten Klatsches: »Nun, der Liebhaber war einer, der sich von ihr mit Sicherheit aushalten ließ. Sie bezahlte die Hotel-Rechnungen, wofür sie jeweils an einem anderen Tag speziell vorbeikam und immer Kaffee mit Gebäck konsumierte. Einer von uns, fast immer der Empfangschef oder sonst eben ich, ging dann zu ihr an den Tisch, nannte die Rechnungssumme – sie variierte manchmal etwas wegen der Konsumation im Zimmer – und holte später bei ihr einen Briefumschlag ab. Der Mehrbetrag entsprach unserem Trinkgeld und sollte zwischen uns geteilt werden. Wir – der Empfangschef, er darf wirklich nichts von unserem Gespräch erfahren – und ich, wir konnten den Liebhaber richtig einschätzen. Einer, der sich an etwas vereinsamte reiche Frauen heranmachte und sich für seine Dienste möglichst fürstlich bezahlen ließ.«

Brodmann gab seinen getarnten Kollegen das vereinbarte Zeichen für den Fall, dass der Spezialeinsatz beendet war, worauf sich diese, von Stedler unbemerkt, zurückzogen.

»Name?«

»Ein gewisser Anturin, Serbe oder Kroate, der im Kanton Zürich wohnen dürfte.«

»Inwiefern meinen Sie, dass er am Mord beteiligt war?«

»Das ist nur eine Annahme. Es muss nicht stimmen. Aber die Frau Schöntaler machte offensichtlich mit ihm Schluss. In den ersten Maitagen 2005. Eines Nachmittags kam sie wieder einmal zur Bezahlung der Rechnung vorbei. Dabei ließ sie den Empfangschef wissen, dass sie nun zum letzten Mal einen speziellen Besuch in einer Suite des Hotels gemacht habe. Sie danke für unsere Diskretion. Dabei überreichte sie ihm den Briefumschlag, der den letzten Rechnungsbetrag und das Trinkgeld enthielt, das wir teilen sollten.«

»Damit ist aber der Nachweis einer Mordbeteiligung von diesem Anturin noch nicht in Sichtweite«, bemerkte der Kommissar etwas skeptisch.

Darauf erklärte Stedler in der Überzeugung, noch ein wichtiges Argument vorzutragen, mit etwas mehr Nachdruck: »Dieser Anturin lebte meines Wissens zu einem erheblichen Teil von Zuwendungen der Frau Schöntaler. Ich habe das seinerzeit eines Abends in der ›Fantasio-Bar‹ von einem seiner Bekannten gehört, kann aber nichts belegen. Aber wenn die Zahlungen von Frau Schöntaler für ihn wichtig waren und plötzlich wegfielen, war er sicher in finanzieller Bedrängnis. Zudem gehörte der Sartori, der doch der Mörder gewesen sein soll, zum Kreis, in dem Anturin verkehrte.«

»Zum Kreis? Was wollen Sie damit sagen?«

»Nun, in der Fantasio-Bar gibt es noch ein Hinterzimmer, in welchem schon damals gespielt wurde, vor allem Poker. Laut meinem Bekannten war Anturin dort zur Zeit des Mordes häufig anzutreffen. Und, wenn auch seltener, dieser Sartori, der Mörder von Frau Schöntaler, gehörte ebenfalls zur Runde.«

»Interessant. Wissen Sie sonst noch etwas, das hilfreich wäre?«

»Im Moment fällt mir nichts ein. Aber wenn mir noch etwas in den Sinn kommen sollte, werde ich mich melden.«

»Gut. Noch eine Frage: Weshalb haben Sie so lange gezögert mit dieser Information?«

»Ich hatte immer wieder Bedenken wegen meiner Stelle. Es war ein langer Kampf. Ich hoffe, Sie verstehen mich.«

Brodmann, der seine Pappenheimer kannte und aus vielen Fällen wusste, dass es vielschichtige Beweggründe für Mitteilungen an die Polizei gab, schien sich mit der Erklärung zufrieden zu geben. Er verabschiedete sich von Stedler mit den Worten: »Ich danke Ihnen. Die Sache ist kompliziert und braucht wohl etwas Zeit. Wir müssen da sehr vorsichtig vorgehen. Sie können sicher sein, dass dieses Gespräch absolut vertraulich bleibt.«

Stedler gab sich beruhigt und wirkte irgendwie erleichtert. Dann fuhr er davon und hoffte fest, seine Begegnung mit der Kriminalpolizei würde im Hotel nicht ruchbar. Zur Kontaktaufnahme fühlte er sich unverändert legitimiert, weil er den bestimmten Verdacht hatte, dass ihn Purster beim letzten Trinkgeld von Frau Schöntaler, das zwar schon zwei Jahre zurücklag, ordentlich übers Ohr gehauen hatte. Denn dieser wollte ihm weismachen, dass Frau Schöntaler ausgerechnet beim letzten Besuch für all die Diskretionsdienste nur die Hälfte der bisherigen, stets etwa gleichen und recht hohen Trinkgeldbeträge von etwa 400 Franken pro Besuch überreicht habe, was leider vergleichsweise niedrige Anteile für sie beide ergebe. Das Fass zum Überlaufen brachte dann aber ein neuer sehr trinkgeldträchtiger Fall, bei dem der Empfangschef sich die alleinige Entgegennahme der Bezahlung ausbedungen hatte. Dabei verneinte er bereits zum zweiten Mal, dass mehr als eine Art großzügige Rundungsdifferenz für sie beide herausgesprungen sei. Stedler konnte dies nicht glauben und gelangte zu der Auffassung, sein Kollege würde ihm seinen korrekten Anteil vorenthalten. Nun hatte er genug und telefonierte mit der Polizei. Dass er dadurch Purster nicht unmittelbar schaden konnte, war ihm klar. Aber vielleicht würde eine gewisse polizeiliche Aufmerksamkeit, direkt oder via Hotel-Direktion, dazu führen, dass spezielle trinkgeldträchtige Dienstleistungen wie bei Frau Schöntaler und im aktuellen Fall nicht mehr möglich wären. Wenn schon nichts oder kaum etwas für ihn herausschaute, dann sollte dies auch für Purster gelten.

Für Brodmann war klar, dass die Mitteilung von Stedler unter Umständen eine besondere Bedeutung erhalten konnte. Sie führte aber keineswegs zu dem einzig möglichen Schluss, dass Anturin der Anstifter zum Mord an Frau Schöntaler sein musste. Vielleicht war Anturin auch nur deprimiert gewesen, zumal ihm eine wichtige Einnahmequelle abhanden gekommen war. Durch die Tötung von Frau Schöntaler ließ sich daran nichts ändern. Sollte ihn Lust auf Rache zur Anstiftung von Sartori getrieben haben, bliebe die Frage, womit der nunmehr zumindest vorübergehend über weniger Mittel verfügende Anturin den Täter honorieren wollte. Gratis war Sartori wohl kaum zu einem Mord bereit.

Vielleicht lag hinter der Ermordung von Frau Schöntaler etwas ganz anderes. Da Sartori immer noch flüchtig war, konnte man ihn nicht im Rahmen eines Verhörs unter Druck setzen. Im Moment zeichnete sich ab, dass der Fall Schöntaler eine Pendenz bleiben würde bis zur erneuten Festnahme von Sartori, wenn nicht schon vorher handfeste neue Gesichtspunkte ins Spiel gebracht werden konnten.

Brodmann überlegte. Dieser Stedler hatte ihn kaum einzig zum Zweck der Verbrechensaufklärung kontaktiert. Irgendetwas Sonderbares musste an der Sache sein, wenn einer in einem derart wichtigen Mordfall, seinerzeit ein Stadtgespräch, zwei Jahre lang geschwiegen hatte. Jedenfalls konnte ihm Stedler etwas Spezielles mitteilen, das, sofern zutreffend, nicht uninteressant war, zumal aus den polizeilichen Ermittlungen kein Hinweis auf die Eskapaden von Frau Schöntaler hervorgegangen war. Offenbar hatte ihre Tarnung ganz gut geklappt. Es wäre sicher nicht ausgeschlossen, dass der Empfangschef im ›Hotel Helvetia‹ noch zusätzliche Informationen liefern könnte. Da Brodmann den neuen Informanten Stedler nicht gefährden wollte und der Empfangschef sein Wissen der Polizei nicht gemeldet hatte – auch sein Schweigen war doch recht erstaunlich –, erschien es dem Kriminalkommissar ratsam, sehr vorsichtig zu agieren.

Meist war es in ähnlich heiklen Fällen zweckmäßig, zuerst über den zu Befragenden mehr zu wissen.

Der Spieler

Kommissar Brodmann informierte am folgenden Montag, den 25. Juni 2007, seinen Mitarbeiter Kriminalinspektor Fritz Svoboda über die Einzelheiten seines Gesprächs mit dem Concierge Stedler vom ›Hotel Helvetia‹, das auf dem Parkplatz beim Zoo stattgefunden hatte. Svoboda war einer der beiden Kriminalbeamten gewesen, die Brodmann auf dem Parkplatz prophylaktisch Feuerschutz gegeben hatten. Bereits am 14. Juni hatte er das Sparbuch von Wigauer in dessen Wohnung entdeckt.

Svoboda war drei Jahre alt, als seine Eltern sich entschlossen, von Wien, seiner Geburtsstadt, nach Zürich zu ziehen. Das tschechische ›Svoboda‹ bedeutet ›Freiheit‹. Es erfüllte ihn mit großem Stolz, dass viele Rezepte für Wiener Mehlspeisen (Feingebäck, Pâtisserie) aus Böhmen stammten, der Heimat seiner Großeltern väterlicher- und mütterlicherseits. Zu Kaisers Zeiten waren in reichen Wiener Haushalten viele der Köchinnen aus dem Gebiet des heutigen Tschechien, vor allem aus Prag, Pilsen oder Budweis. Diese insbesondere kulinarisch wichtigen Informationen waren Svoboda quasi mit der Muttermilch verabreicht worden. Zur Pflege seiner eigentlichen Herkunft entwickelte er dann auch eine große Vorliebe für Mehlspeisen oder Pâtisserie, was ihn mit seinem aus dem Thurgau stammenden Vorgesetzten Brodmann aufs Engste verband. Und Bindungen im kulinarisch-süßen Bereich blieben in aller

Regel besonders harmonisch.

Der Kriminalinspektor meinte, das lange Zuwarten von Stedler mit einer Information an die Polizei könne vielleicht im persönlichen Bereich zwischen dem Concierge und Purster liegen. Brodmann stimmte ihm zu und gab ihm den Auftrag, Purster zu beschatten, dabei aber ausgesprochen vorsichtig vorzuzugehen. Purster dürfe nichts merken. Eine Kontaktaufnahme mit dem Empfangschef des ›Hotel Helvetia‹ sei vorerst unter allen Umständen zu unterlassen. Kommissar Brodmann fügte noch hinzu: »Hätte Purster uns etwas über Frau Schöntaler mitteilen wollen, wäre er schon lange von sich aus an uns gelangt. Das ist jedoch unterblieben. Deshalb ist zu vermuten, dass Purster es vorzieht zu schweigen. Er dürfte einen besonderen Grund dafür haben.«

Brodmann und Svoboda wussten, dass von Leuten, die schweigen wollten, in der Regel nicht viel zu erfahren war, außer wenn es gelang, sie mit einem geschickten Manöver zum Sprechen zu bringen. Die Voraussetzung hierfür war aber, dass die Polizei den im konkreten Fall verschlossenen Zeitgenossen aus der Reserve locken konnte, entweder mit einer möglichst elektrisierenden Neuigkeit oder indem sie dem zu Befragenden anhand besonderer Detailkenntnisse vor Augen führte, dass ihm sein Schweigen nicht viel bringen würde, hingegen eine kooperative Haltung für ihn von Vorteil wäre.

In Bezug auf die letzten Jahre war polizeilich nichts über Purster bekannt. Dessen weiter zurückliegende Vergangenheit interessierte im Moment bei dieser Ermittlung kaum. Während der Suche nach Informationen durch Beschattung war es immer wichtig, dass die betreffende Person nicht gewarnt wurde. Denn bei der eventuellen anschließenden Konfrontation sollte sich ein möglichst großer Überraschungseffekt erzielen lassen. Nur so bestand eine gute Chance für die Polizei, spontane Reaktionen auszulösen und dabei mehr zu erfahren, als sie schon wusste. Deshalb entschied sich Svobodas Vorgesetzter für eine ziemlich gründliche, aber möglichst zurückhaltende Beschattung über etwa eine Woche. Diese Aufgabe teilten sich Svoboda und dessen Assistent Otto Nunninger, der zweite Bewacher von Kommissar Brodmann auf dem

Zoo-Parkplatz vom 22. Juni.

Rasch fiel auf, dass Purster, zweiundvierzig Jahre alt, fast 1,80 groß, dunkelbraunes Haar, braune Augen, etwas übergewichtig, stets gut angezogen und sich durchaus elegant bewegend, in seiner Freizeit Lokale aufsuchte, die ziemlich genau das Gegenteil vom ›Hotel Helvetia‹ waren. Dieser Hang zum anderen Extrem, zum Verweilen in der obskuren Halbwelt, konnte man noch als persönlichen Tick durchgehen lassen; so etwas war hin und wieder auch bei anderen zu beobachten. Aber merkwürdigerweise traf er dort häufig mit Leuten zusammen, die aufgrund ihrer kriminellen Vergangenheit einen schlechten Ruf hatten. Ob er sich mit ihnen nur unterhielt oder ob weitergehende Kontakte bestanden, wurde nicht klar. Vielleicht hätten polizeiliche Informanten etwas zur Aufklärung beitragen können. Aber diesbezüglich war Vorsicht geboten; denn Informanten mit guten Kenntnissen mussten, um keinen Verdacht aufkommen zu lassen, auch gelegentlich der Gegenseite etwas Besonderes mitteilen. In gewissen Fällen war aber schon das Wissen um eine Beschattungsaktion etwas dieser Art. Bei heiklen Operationen – die Observierung von Purster konnte man so einstufen – hieß es folglich aufgepasst, weil jedenfalls nicht sicher war, wie ein solcher Informant eine polizeiliche Frage interpretieren würde. Unter Umständen konnte aus einer soclhen Deutung unbeabsichtigt eine Warnung an jemanden im Milieu werden.

Überraschend war auch, dass Purster sich in der ersten Beobachtungswoche zweimal ins Spielcasino nach Basel begab und am Roulette-Tisch spielte. Offensichtlich kannte man ihn dort. Als Brodmann davon hörte, ersuchte er seine Basler Kollegen, den Chef-Croupier und den Chef-Kassier über mehrere Spieler so zu befragen, dass ihnen das besondere polizeiliche Interesse an Purster verborgen blieb. Dabei stellte sich heraus, dass Purster ein regelmäßiger Gast des Casinos war und durchaus als Spieler bezeichnet werden konnte, der nicht nur kleine Summen setzte.

Gelegentlich verloren die beiden Überwacher, Svoboda und sein Assistent Nunninger, die Spur von Purster, wenn er motorisiert oder zu Fuß in Zürich unterwegs war. Sie schrieben diese Pannen eigenem Versehen zu, meldeten diese aber ordnungsgemäß an Brodmann.

Für die Kriminalisten war es ein Leichtes, die Gehaltshöhe des Empfangschefs in Erfahrung zu bringen. Daraus ergab sich eindeutig, dass Purster andere Einkommensquellen haben musste, um die – soweit feststellbar – im Durchschnitt liegenden Kosten für seinen Lebensunterhalt zu bestreiten und zusätzlich am Spieltisch über längere Zeit mit Summen einsteigen zu können, die jenseits seiner monatlichen Entlohnung im ›Hotel Helvetia‹ lagen. Woher mochte das Geld stammen? Lotteriegewinn, Erbschaft, Einbrüche, Drogenhandel, Erpressung? Svoboda schlug seinem Vorgesetzten vor, temporär aus Bern einen erfahrenen polizeilichen Ermittler beizuziehen, der in Zürich mit großer Wahrscheinlichkeit nicht bekannt war, um etwas mehr über die Kontakte von Purster herauszufinden. So erfuhr man bald, dass er mit Leuten aus dem Milieu zusammenkam, denen eigentlich alles zuzutrauen war, vom Drogenhandel bis zur Abwicklung eines Auftragsmords. Auch Kischer gehörte zu diesen Kreisen, galt aber als weit weniger brutal, da seine Masche in erster Linie auf Vermögensschädigung ausgerichtet war. Ob er den Empfangschef vom ›Hotel Helvetia‹ näher kannte, ließ sich nicht ermitteln und erschien auch eher zweifelhaft. Aber das wollte noch nichts besagen.

Brodmann ordnete an, die Beschattung von Purster eine weitere Woche fortzusetzen. Daraus resultierten aber keine neuen Erkenntnisse, sondern nur die Bestätigung, dass er sowohl in Bezug auf die Zürcher Milieu-Lokale als auch in Sachen Casinobesuche in Basel einen ziemlich gleichbleibenden Zeitplan einzuhalten pflegte. Auch in dieser zusätzlichen Woche konnte Purster nicht durchgehend beschattet werden. Er war zweimal plötzlich verschwunden und tauchte jeweils später wieder auf.

Die weiteren Recherchen ergaben, dass die finanziellen Verhältnisse von Purster, der unverheiratet war, als normal eingestuft werden mussten. Er wohnte in einer der vielen mittelklassigen Mietwohnungen in einem Hochhaus beim Albisriederplatz. Zudem fuhr er einen älteren Kleinwagen. Alles unauffällig, wenn das Spielen nicht gewesen wäre …

Für Kommissar Brodmann waren die bisherigen Erkenntnisse

teilweise völlig banal, mit Ausnahme der aufwendigen Casinobesuche, die überhaupt nicht ins Bild passen wollten. War alles wirklich nur banal, mit der Besonderheit, dass Purster erhebliche finanzielle Mittel unbekannter Herkunft im Casino einsetzte sowie ein Faible für die Stimmung und die Leute im Milieu hatte, das er immer wieder aufsuchte? Oder waren die Tätigkeit im ›Hotel Helvetia‹ und die eher bescheidene Wohnung samt Kleinwagen quasi eine perfekte Tarnung? Im Fall der Banalität gäbe es nicht mehr viel zu ermitteln. Da wäre jeder weitere Aufwand überflüssig und hätte nur zu dem Ergebnis führen können: »Außer Spesen nichts gewesen«. Ganz anders wäre der Sachverhalt, wenn einiges im Leben von Purster nur Tarnung sein sollte, auch sein Job im ›Hotel Helvetia‹. Auf diese Variante musste sich die Kriminalpolizei konzentrieren, wenn sie eine möglicherweise interessante Spur verfolgen wollte. In diesem Fall wollte sie.

Vom 9. Juli 2007 an wurde als erste Maßnahme die Beschattung von Purster intensiviert, mit einer lückenlosen Beobachtung rund um die Uhr durch eine ganze Gruppe von Kriminalisten, die sich dauernd ablösen und stets andere Fahrzeuge benutzen mussten, um keinen Verdacht zu wecken. Zur Zeit der Rückkehr von Purster ins Hochhaus hatten sich sofort zwei Kriminalisten in der Tiefgarage in unterschiedliche Autos zu setzen. Schon in der ersten Nacht wurde festgestellt, dass Purster zwar das Hochhaus aufsuchte, es aber bald wieder verließ. In einem bisher den Kriminalisten nicht bekannten Auto der oberen Mittelklasse fuhr er, nun mit falschem Bart und Hut, aus der Tiefgarage und begab sich, von drei sich abwechselnden neutralen Polizeifahrzeugen verfolgt, in ein Villenviertel, wo er in einem schönen Anwesen die Nacht verbrachte. Die Villa gehörte einem Holländer, der nur selten in Zürich anwesend war.

Zugriff

Am nächsten Tag, dem 10. Juli 2007, einem Dienstag, gelang es zwei Polizei-Spezialisten, sich Zugang zur besagten Villa zu verschaffen. Mit speziellen Ausweisen versehen, gaben sie sich als Mitarbeiter des Elektrizitätswerks der Stadt Zürich aus und brachten gut getarnte Abhörgeräte an. Von da an blieb die Villa unter Dauerbeobachtung. Purster kehrte fast täglich dorthin zurück, stets mit falschem Bart und Hut. Gelegentlich fuhr er, erneut verkleidet, mit dem zweiten Auto nach Wiesbaden, wo er sich in einem bekannten Hotel oder einem Privathaus mit Leuten traf, die der deutschen Kriminalpolizei bekannt waren und zum Teil dem Drogenhandel zugerechnet wurden. Aus den Abhörergebnissen in Zürich und den weiteren Beobachtungen, insbesondere in Wiesbaden, konnten die schweizerische Polizei und ihre deutschen Kollegen schließen, dass Purster ein wichtiges Glied im Drogengeschäft sein musste. War er nicht sogar *der* Chef im Raum Zürich? Am Montag, den 16. Juli, war Purster erneut in Wiesbaden, abermals im observierten Privathaus.

Am übernächsten Tag, dem 18. Juli 2007, einem Mittwoch, erschien der Zeitpunkt für einen Zugriff günstig. Purster und drei seiner Kumpane wurden um 20.30 Uhr in der Zürcher Villa festgenommen. Praktisch gleichzeitig kamen weitere Personen, die seit Längerem unter polizeilicher Beobachtung standen, wie etwa der sogenannte ›Schneefritz‹, in Polizeigewahrsam. Die Operation wurde von den Kommissaren Bergler und Brodmann geleitet. Der ursprüngliche Anlass für die Polizeiaktionen war der Hinweis von Concierge Stedler vom ›Hotel Helvetica‹, der im Zusammenhang mit der Mordsache Schöntaler an Kommissar Brodmann gelangt war. Deshalb leitete dieser den Zugriff, allerdings in engster Abstimmung mit seinem Kollegen Bergler von der Drogenfahndung.

In der Villa, in der Purster seine Nächte in Zürich verbracht hatte, wurde umfangreiches Belastungsmaterial zutage gefördert. Auch die deutschen Kriminalisten waren erfolgreich, als sie das alleinstehende Haus in Wiesbaden durchsuchten, wo Purster mit Leuten aus der Drogenwelt zusammengekommen war.

Kriminalkommissar Brodmann vermutete, dass es mit der Aktion gegen den Drogenhandel eventuell nicht sein Bewenden haben würde. Er dachte an den Anlass, der zur Beschattung von Purster geführt hatte. Gab es etwa einen Zusammenhang mit den Nachmittagen von Frau

Schöntaler im ›Hotel Helvetia‹ oder gar mit dem Mordfall Schöntaler?

Aus den Akten wusste Kommissar Brodmann, dass in der Villa Schöntaler seit vielen Jahren eine Hausdame, eine gewisse Frau Kleindienst, angestellt war. Er besuchte sie am Vormittag des 19. Juli 2007, begleitet von Kriminalinspektor Svoboda. Zuerst betonte sie, wie wichtig es für sie sei, dass die verstorbene Frau Schöntaler allen in möglichst guter Erinnerung bleibe. Deshalb wolle sie der Polizei über die verstorbene Frau Schöntaler nichts Negatives preisgeben. Schließlich konnte sie aber der gewinnende Kommissar Brodmann überzeugen, dass es um mehr gehen könnte, etwas, das für die Zürcher Bevölkerung wichtig sei und sicher auch von Frau Schöntaler gebilligt würde, wenn sie noch am Leben wäre. Immerhin habe man den Ableger eines internationalen Drogenhändlerrings weitgehend ausgehoben. Man müsse vor allem auch an die Gefährdung der Jugend denken. Während Brodmann sprach, nickte Svoboda immer wieder bedeutsam und sah Frau Kleindienst ernst, aber nicht unfreundlich, an.

Die schon etwas ältere Hausdame überwand sich schließlich und berichtete, dass Frau Schöntaler gelegentlich irgendein Rauschgift genommen habe, aus Kummer. Es seien eher kleinere Mengen gewesen. Streng vertraulich – sie sei von Frau Schöntaler zur absoluten Verschwiegenheit verpflichtet worden – habe ihr Frau Schöntaler, als sie wieder einmal an einem Tiefpunkt gewesen sei, anvertraut, dass sie Drogen nehme. Sie habe ihr gesagt, dass der Lieferant ein gewisser Purster sei, der im ›Hotel Helvetia‹ am Empfang arbeite. Auch vom Liebhaber Anturin habe Frau Schöntaler ihr erzählt. Ihr Gatte sei ihr so fremd geworden und begegne ihr mit unerträglicher Kälte. Wie wenn ihm alles gleich wäre. Frau Schöntaler sei so verzweifelt gewesen. Ein zutiefst trauriger Mensch in luxuriösen Verhältnissen.

Frau Kleindienst betonte immer wieder, dass sie eigentlich alles für sich behalten wollte, wegen des Andenkens an die arme Frau Schöntaler. Sie habe es ihr doch versprochen. Bald nach einer Kur in Frankreich, es sei Anfang Mai vor zwei Jahren gewesen, habe ihr Frau Schöntaler mitgeteilt, dass sie die Affäre mit Anturin beendet habe und auch endgültig

Schluss sei mit Drogen. Nur wenige Tage später habe sie bei der Besprechung anderer Dinge so etwas wie eine Nebenbemerkung gemacht. Sie sei zwar nicht deutlich geworden, habe aber irgendwie durchblicken lassen, dass ihr Ausstieg als Drogenkundin vielleicht nicht so leicht hingenommen werde, wie sie gedacht habe. Frau Kleindienst unterstrich insbesondere, wie erleichtert sie gewesen sei, als Frau Schöntaler ihr mitgeteilt habe, dass sie wieder ein normales Leben führen wolle. Sie als langjährige Hausdame habe fest gehofft, dass das Ehepaar sich wieder näherkommen werde, damit alles wieder so sein könne wie früher. Und dann sei das schreckliche Ereignis geschehen, an jenem verhängnisvollen Abend des 28. Mai 2005. Am Tag des grässlichen Mordes habe sie sich zu einem Kurzurlaub bei ihrer Schwester in Chur aufgehalten. Nach ihrer sofortigen Rückkehr seien ihr die Worte von Frau Schöntaler in den Sinn gekommen, wonach ihr Verzicht auf Drogenkäufe dem Lieferanten vielleicht nicht passen könnte. In der allgemeinen Aufregung habe sie dann aber das Thema ausgeblendet.

Für Brodmann und Svoboda vervollständigte sich das Mosaik. Aus ihrer Sicht lag die Vermutung nahe, dass Frau Schöntaler im Auftrag von Purster ermordet worden war, damit sie ja nichts ausplaudern konnte. Im ›Hotel Helvetia‹ wollte sie zudem seine diskreten Dienste nicht mehr in Anspruch nehmen. Es handelte sich demnach um die Hinrichtung einer potenziell gefährlichen Person, deren Zeit als bequem sprudelnde Geldquelle abgelaufen war. Purster wollte sehr wahrscheinlich kein Risiko einer Enttarnung eingehen und ließ sie umbringen. Er nahm wohl an, man würde ihm dies nie beweisen können.

Weiter in drei Richtungen

Im Zug der zähen Verhöre und der weiteren Ermittlungen begannen einzelne Mitglieder des Drogenrings zu singen, wohl um vor Gericht besser wegzukommen. So erfuhren die Kommissare Brodmann und Bergler, dass Purster den Oberkellner Wigauer als Drogenumschlagstelle gewinnen konnte. Anschließend ging er offenbar nie mehr in die ›Braune Ente‹.

Einer der Drogenhändler berichtete dann im Verhör: »Ich habe von Wigauer persönlich gehört, dass er mehr Geld für seine Dienste gefordert habe. Ob er irgendwie gedroht hatte, für den Fall der Ablehnung zur Polizei zu gehen, ist mir nicht bekannt, glaube ich aber nicht. Man muss aber wissen, dass grundsätzlich jede Forderung nach mehr Geld – nicht zu verwechseln mit einem Hinweis auf einen finanziellen Engpass – als Bedrohung der Organisation aufgefasst wird. Und das kann in jedem Fall nur eine Konsequenz haben. So ist Wigauer dann auf Weisung der Zürcher Zentrale kurz darauf umgelegt worden. Solche Entscheide trifft eigentlich immer der Chef.«

Während der Nacht wurden die Verhöre mit Nachdruck fortgesetzt. Die Kriminalisten schonten auch sich selbst nicht. Am Freitag, kurz nach fünf Uhr in der Früh, stand aufgrund von Beweisstücken und unterzeichneten Vernehmungsprotokollen eindeutig fest: Der bisherige Chef der Zürcher Drogenhändler-Organisation war der verhaftete, bisher als Empfangschef im ›Hotel Helvetia‹ tätige Paul Purster. In Kürze würde gegen ihn und seine enttarnten Komplizen in Bezug auf das Delikt Drogenhandel Anklage erhoben. Für Kommissar Bergler war dies ein erfreuliches Ergebnis, das sich noch kurz vor dem Abschluss seiner Berufslaufbahn einstellte. Er war sich im Klaren, dass er den kriminalistisch angenehmen Schlusspunkt seiner Karriere zu einem schönen Teil seinem hartnäckigen Kollegen Brodmann verdankte, der auf der Suche nach dem Mörder von Wigauer und im Zusammenhang mit der Ermordung der Bankiersgattin Schöntaler auf wichtige Spuren im Drogenmilieu gestoßen war.

Kommissar Brodmann seinerseits musste sich vorläufig mit Indizien zufrieden geben. Es ließ sich nur annehmen, dass Purster höchstwahrscheinlich die Ermordung von Erich Wigauer veranlasst hatte. Zwar sprach aus Sicht des Kommissars viel für diese Vermutung, aber zu einem Geständnis des mutmaßlichen Anstifters war es im Lauf der Verhöre nicht gekommen. Da zudem keine eindeutigen Zeugenaussagen vorlagen, stand fest, dass Purster zwar eingekreist war, man ihm die Tat aber noch nicht nachweisen konnte. Folglich war im Fall Wigauer eine Anklageerhebung nicht in Sicht. Auch in Bezug auf die Ermordung von Frau Schöntaler war noch offen, ob Purster selbst oder eine andere, von ihm entsprechend instruierte Person den flüchtigen Umberto Sartori mit der Tötung der Gattin des Bankiers beauftragt hatte. Somit verfügte Brodmann zwar über deutliche Hinweise zur Klärung der wichtigen offenen Fragen. Aber er hatte keine hieb- und stichfesten Beweise. Dass Purster bei der Flucht von Sartori aus der Untersuchungshaft die Fäden gezogen hatte, erschien dem Kommissar naheliegend. Vielleicht könnte Sartori, so man seiner habhaft würde, Näheres zur Vorgeschichte der Ermordung von Frau Schöntaler berichten. Ungeklärt blieb aber bis auf Weiteres, ob Sartori seine Flucht aus dem Gefängnis lange überlebt hatte. Vielleicht wurde er vor zwei Jahren von seinen Befreiern sofort und möglichst spurlos beseitigt.

Wenige Wochen später trat Kommissar Bergler in den Ruhestand. In seiner Abschiedsrede erklärte er, zur Überraschung seiner langjährigen Kollegen in vollständigen Sätzen, die alle erforderlichen Verben und Artikel enthielten und ordentlich unter die Haut gingen: »Wenn wir als Individuen etwas halbwegs Vernünftiges mit unserem sowohl absolut als auch relativ kurzen Dasein anfangen wollen, um dabei Schönes und Befriedigendes zu erleben, bleibt hierfür übers Ganze gesehen wenig Zeit. Auch Leute mit unvernünftigen und bösen Absichten sind zeitlich stark limitiert, was sie leider meistens nicht oder erst spät erkennen. Ähnlich schlecht ist die Zeit-Wahrnehmung bei den Sesselklebern und all den anderen vermeintlich Unersetzlichen, die deshalb ziemlich unreif wirken. Mit meinem heutigen Abschied versuche ich, mir diese Qualifikation zu ersparen und mich zur rechten Zeit meiner letzten Etappe zuzuwenden.«

Ausweglos

I.

April 1960. Tränen rannen der Briefempfängerin über die Wangen, als sie am Küchentisch den Brief mit der betrüblichen Mitteilung las. Dann erhob sie sich langsam und machte einige Schritte, um in ihrem Zimmer allein sein zu können. Das Schriftstück ließ sie auf dem Tisch liegen. Sie hatte soeben eine nicht ganz unerwartete Nachricht gelesen. Sie kam aus White Plains, im US-Staat New York nördlich der gleichnamigen Stadt gelegen. Von der älteren Schwester ihrer Jugendfreundin erfuhr sie in wenigen Zeilen, dass Sephi – wie man seit der fernen Schulzeit Josephine Burger geborene Kaiser nannte – mit neunundvierzig Jahren an Lungenkrebs gestorben war.

Würde man ihr Schicksal verfilmen, kämen viele dramatische Szenenwechsel zur Darstellung, vom gesellschaftlichen Glanz zur Nazi-Zeit bis zur erschütternden Misere reichend, häufig in bizarrer Atmosphäre, mit freundlichen, normalen Mitmenschen und mit zwielichtigen, skrupellosen Gestalten.

Sephi Kaiser wuchs mit ihrer drei Jahre älteren Schwester Margarethe in Konstanz am Bodensee auf. Margarethe war eine eher stille, durchschnittlich aussehende Person mit einer ernsten Lebensauffassung, grundverschieden von ihrer Schwester Sephi. Diese fiel überall durch ihre große Lebhaftigkeit auf. Sephi soll ein ausnehmend reizendes Kind gewesen sein, und ihre Schönheit nahm noch zu, als sie zu einer jungen Frau heranwuchs. Der Gatte von Frau Amalia Kaiser und Vater von Margarethe und Sephi war im Ersten Weltkrieg gefallen. Danach kam eine schwierige Zeit auf die Hinterbliebenen zu. Aber Frau Kaiser wollte mit den zwei Mädchen nicht einfach in bescheidenen Verhältnissen dahinvegetieren.

Gelegentlich dachte Frau Kaiser an eine erneute Heirat, was sie zu verschiedenen Überlegungen in Bezug auf die Partnerwahl veranlasste und für das Weitere bedeutsam wurde. Denn Frau Kaiser erwies sich zu Beginn der 1920er Jahre als kreative Frau mit viel Tatendrang. Aus ihrer persönlichen Situation heraus wurde ihr erst richtig bewusst, dass die Frage der bestmöglichen Partnerwahl auch andere Frauen beschäftigte, nicht nur Kriegerwitwen, und natürlich ebenfalls Männer, die nach einer Partnerin suchten. Eigentlich ein »ewiges« Thema, das sich auf unterschiedliche Weise lösen ließ. Eine Heirat konnte insbesondere geeignet erscheinen, um bei Frauen, aber auch bei Männern ein persönliches Versorgungsproblem zu beheben. Frau Kaiser wurde beim Gedanken an die eigene Situation auch klar, dass die mit einem möglichen Eheschluss verbundene Vorphase sich wirtschaftlich nutzen ließ. Denn die mit Ehe-Anbahnungen befassten Personen ergriffen ja schon seit Langem eine finanziell offenbar interessante Entfaltungsmöglichkeit.

So wagte sie es – damals ein ganz seltenes Ereignis –, als alleinstehende Frau in die Heiratsvermittlung einzusteigen. Die von ihr gegründete Agentur war spezialisiert auf gutsituierte Kundschaft. Im erst viel später verbreitet angewandten Marketing-Jargon wäre dies möglicherweise zu der Aussage aufgebauscht worden, dass Frau Kaiser ihr Angebot nach gründlicher Marktanalyse auf ein ganz bestimmtes Segment fokussierte und sich mit Blick auf ihre klar definierte Zielgruppe profilierte. Etwas banaler ausgedrückt: Sie war sich im Klaren, dass man nicht alle mit allen in Verbindung bringen konnte, sondern wohl am besten fuhr, wenn man sich auf diejenigen Leute beschränkte, die sowohl eine wohlgefüllte Brieftasche als auch einen unerfüllten Heiratswunsch mit sich herumtrugen.

Frau Kaiser war eine kluge Frau. Deshalb startete sie ihr anfänglich abenteuerliches Vorhaben nicht ohne gründliche Abklärung und kontaktierte zu diesem Zweck einen Freund ihres verstorbenen Gatten, einen bekannten Konstanzer Rechtsanwalt. Sie wollte sicherstellen, dass sie ihre Vermittlungsbemühungen rechtlich korrekt abwickeln und dabei nicht leer ausgehen würde. Deshalb informierte sie sich über alle notwendigen vertraglichen und kaufmännischen Maßnahmen, insbesondere auch über die diesbezügliche Argumentation gegenüber ihren Klienten. Die Folge ihrer Abklärungen war, dass ihre Kunden vorweg eine nicht unbescheidene Kontaktgebühr zu leisten hatten, die auf das Gesamthonorar angerechnet wurde. Frau Kaiser erinnerte sich dabei an die alte Weisheit »Was etwas kostet, ist auch etwas wert« und ging nicht zu Unrecht davon aus, dass ihre zahlungskräftigen Kunden diese Auffassung teilten. Sie stellte sich auch die nicht unwichtige Frage, in was für eine Branche sie eigentlich einzusteigen beabsichtigte. Und dabei erkannte sie, dass Heiratsvermittlung nur eine übliche, aber unzutreffende Kurzbezeichnung war für eine besondere Aktivität, die im Grund dem Schaffen von speziellem privatem Vertrauen diente. Zwischen ihr und den zwei beteiligten Personen war ja eine solche Vertrauensbasis unerlässlich, damit sie die Abklärung einer Partnerschaft möglichst erfolgversprechend empfehlen und begleiten konnte. Und sie spürte: Wer überzeugend, aber eher zurückhaltend auftritt, das Richtige sagt, sauber formulierte Schriftstücke vorlegt und zudem einen gehobenen und zuverlässigen Eindruck macht, gewinnt schnell an Vertrauen und Sympathie. Gerade in der Heiratsvermittlung war also der erste Eindruck entscheidend. Und diesbezüglich spielte sie ihre Rolle vorzüglich. Zustatten kam ihr auch der Familienname. Unter Kaiser konnte man ja nur etwas Gehobenes verstehen.

Der Erfolg ließ nicht lange auf sich warten, und die Heiratsvermittlungs-Agentur Kaiser gelangte rasch zu Ansehen. Betuchte Heiratswillige aus nah und fern suchten sie auf und vertrauten sich Frau Kaiser an. Das soignierte, diskret wirkende Auftreten der offenbar überdurchschnittlich begabten Psychologin und Diplomatin fand bei der Kundschaft Anklang.

Frau Kaiser war in Sachen delikate Kommunikation mit Heiratswilligen ein Naturtalent, das seine kommerziellen Interessen zu wahren wusste. Bald verlegte sie die Agentur in elegante Räume in einem sehr repräsentativen Haus. Dort wohnte sie auch mit ihren Töchtern und verfügte über etwas Personal – eine Sekretärin und zugleich Empfangsdame, eine Köchin sowie eine Reinemachefrau, die auf peinliche Ordnung zu achten hatte. In Konstanz begegnete man der stets auf Eleganz bedachten Frau Kaiser mit Achtung und einer gewissen Bewunderung. Sie verstand es, sich geschäftlich bestens zu behaupten, und war finanziell offensichtlich sehr erfolgreich. Auf ein eigenes Auto verzichtete sie jedoch und ließ sich dafür sehr häufig mit einem Taxi in der Stadt umherchauffieren, wobei sie großen Wert darauf legte, dass es sich um ein repräsentatives Automodell handelte. Für Reisen, die sie weiter weg führten, benutzte sie den Zug, selbstverständlich erster Klasse. Für sich selber sah sie bald keinen Grund mehr, eine Wiederverheiratung anzustreben.

Die talentierte Frau Kaiser hatte aber auch mindestens zwei, allerdings gewichtige Schwächen: Sie war – was nur ganz wenige wussten – eine Spielerin, und sie konnte – was viele immer wieder mit Erstaunen zur Kenntnis nahmen – ihre lebhafte Tochter Sephi nicht im Zaum halten. Letzteres war so lange kein großes Problem, als Sephi noch ein Schulmädchen war. Danach brachen aber hin und wieder recht ungestüme Zeiten an.

Ihrer Spielleidenschaft frönte Frau Kaiser in privaten Kreisen, wo alle Teilnehmer an höchster Diskretion interessiert waren. Dennoch gab es Gerüchte. Sie entstanden entweder durch unvorsichtige Äußerungen von Spielern oder aufgrund undichter Stellen im Umfeld des offenbar nicht rundum verschwiegenen Personals, das in den privaten Spiellokalen beschäftigt war.

II.

Man schrieb das Jahr 1930, als Sephi, die eine Bürolehre absolviert hatte, gerade neunzehn, mit einem Musiker durchbrannte, von dem es hinter vorgehaltener Hand in der damaligen Diktion hieß, er habe Zigeunerblut, vielleicht nicht ausschließlich, aber jedenfalls teilweise. Nun, nach etwa einem Jahr stand Sephi, ebenso überraschend wie sie verschwunden war, wieder vor der Haustür ihrer Mutter in Konstanz und versprach, sich zu bessern. Ihre engste ehemalige Schulfreundin erfuhr von Sephi mit Staunen über die turbulente Reise durch Deutschland, bei der sie den Duft von München, Berlin und Hamburg geschnuppert hatte. Laut ihren lebhaften Schilderungen, in deren Verlauf sie über viele Einzelheiten berichtete, präsentierte sich dort alles viel größer und aufregender als im eher verträumten Konstanz. Aber Enttäuschungen und Rückschläge gehörten auch zur stürmischen Rundreise von Sephi, die zumindest für kurze Zeit wieder bei ihrer Mutter in Konstanz Zuflucht suchte.

Sephi war nun also zurück in der heimatlichen Bodensee-Stadt und blieb im Kern die Sephi Kaiser, die sie schon immer war. Obwohl auch damals nicht alle alles über andere wussten, war die Eskapade der jungen schönen Sephi vielen in Konstanz nicht entgangen und bildete während einiger Zeit ein willkommenes, Aufregung bietendes Gesprächsthema. Wie in solchen Fällen üblich, wurde bei dieser Gelegenheit nicht nur gesichertes Wissen ausgetauscht, sondern auch einiges hinzugedichtet. Dabei schwangen wohl auch persönliche Wunschvorstellungen von einzelnen Vertreterinnen des schöneren Geschlechts mit, die insgeheim gern auch einmal aus ihrem oft nicht sehr aufregenden Konstanzer Alltag ausgebrochen wären. So wucherte hinter dem unvermeidlichen Tratsch, der manchmal von unaufrichtiger Ablehnung und nicht immer echter Entrüstung begleitet war, einiges an Missgunst.

Das Geschäft der Mutter von Sephi lief weiterhin sehr gut, was diese nicht daran hinderte, wegen ihrer Spielleidenschaft gelegentlich in finanzielle Engpässe zu geraten. Aber sie waren dank reichlich sprudelnder Einnahmen selbst im Lauf der damaligen generell schwierigen wirtschaftlichen Verhältnisse rasch wieder behoben. Auch in der Krise gab es viele wohlhabende Leute mit pendenten Heiratswünschen, die gern bereit waren, die optimale Vermittlung eines Partners oder einer Partnerin großzügig zu honorieren.

Margarethe, die ältere Tochter von Frau Kaiser, war an der Ehe nicht interessiert und ging ihren eigenen Weg. Sie hatte sich der Pflege psychisch kranker Menschen verschrieben. Auf der Insel Reichenau, im Untersee bei Konstanz gelegen, arbeitete sie in einer spezialisierten staatlichen Anstalt, wie es damals hieß. Ganz anders Sephi, die wieder als Bürokraft tätig war und sich weiterhin durch ihre Lebhaftigkeit bemerkbar machte, welche nach der Affäre mit dem Musiker nur vorübergehend etwas nachgelassen hatte. Um sie auf eine solide Bahn zu bringen, schien es Frau Kaiser am besten, ihr Können und Wissen aus der Heiratsvermittlung auch privat einzusetzen und Sephi in eine möglichst dauerhafte Ehe zu manövrieren.

Aufgrund ihrer ausgewählten Klientel hatte Frau Kaiser besonders gute Kenntnisse über solvente Herren, die in den Ehestand wechseln oder erneut eine Ehe eingehen wollten.

Eines Tages hatte Frau Kaiser das bestimmte Gefühl, dass einer ihrer Klienten, ein Herr Burger, der Richtige für ihre zweiundzwanzigjährige Sephi sein könnte. Ihr wichtiges Ziel vor Augen, verstand sie es, in ihrem Haus eine erste kurze und entsprechend gediegene Begegnung dieses Klienten mit Sephi zu arrangieren. Herr Burger aus dem Raum Nürnberg war eine gepflegte Erscheinung, wohlhabend, Ende dreißig. Sein Interesse galt eher einer jüngeren Partnerin, allenfalls auch einer ziemlich jungen, wie Sephi es war. Frau Kaiser, die gute Psychologin, hatte die Anziehungskraft ihrer Tochter auf Burger richtig eingeschätzt. Denn dieser hatte von der ersten Begegnung an nur noch Augen für Sephi. Aus dem ersten Zusammentreffen wurde ein zweites, dann ein drittes und so weiter. Bald war das Ziel der mütterlichen Einfädelungskünste erreicht. Sephi fand rasch Gefallen an dem vergleichsweise schon etwas älteren, reifen, verwitweten und kinderlosen Herrn, der durchaus ansprechend aussah und dessen sicheres Auftreten und offensichtliche Solvenz das Defizit an Jugendlichkeit bei Weitem kompensierten. Sephi gefiel besonders, dass Herr Burger viel Sinn für Eleganz, geschliffenes Benehmen und das feine Leben der höheren Gesellschaft hatte. Sehr beeindruckt, zeigte sie große Achtung vor ihm, was sich ungeahnt positiv auf ihr Verhalten auswirkte. Wenn sie ihm begegnete, war sie ehrlich erfreut, strahlte Wärme und Herzlichkeit aus, gab sich aber zugleich angemessen zurückhaltend, was auch in diesem Fall kein Nachteil war. Neben ihrer angeborenen Schönheit machte dies Sephi in seinen Augen noch attraktiver. Nach wenigen Monaten kam es zur Heirat mit einem glanzvollen Fest in Konstanz. Dadurch wurde der Klient Burger zum lieben Schwiegersohn Karlheinz von Frau Amalia Kaiser. Als Folge verließ Sephi Konstanz abermals, allerdings weniger überstürzt als seinerzeit, und wohnte fortan mit ihrem Gatten in einer schönen Villa in Nürnberg. Dort gebar sie 1935 einen Sohn.

Der Gemahl von Sephi Burger hatte einen mittleren gutgehenden Industriebetrieb mit einigen hundert Mitarbeitern, den er selbst aufgebaut hatte. Er profitierte finanziell vom Krieg. So war es auch nicht überraschend, dass er großindustriellen Vorbildern wie Flick und anderen nacheiferte und aus persönlichem Interesse die Nationalsozialisten nach Kräften unterstützte. Selbst als sich die Kriegslage für das Deutsche Reich immer mehr verschlechterte und eine Niederlage wahrscheinlich wurde, hielt Burger unverbrüchlich zum Regime und kannte keinen Pardon, wenn Zweifel oder gar Kritik an Hitler und seinen Gefolgsleuten geäußert wurden. Nazi-Bonzen beehrten den Industriellen Burger oft mit ihrem Besuch und ließen es sich auf seine Kosten gut gehen. Geschützt durch diese Nutznießer, holte Burger die damit verbundenen Spesen wieder herein, indem er die Beträge für solche Festivitäten in die Produktepreise einbaute, die er den staatlichen Auftraggebern in Rechnungen stellte.

Davon wusste die unpolitische Sephi nichts. Sie spielte ihre Rolle als Gattin und Frau des industriellen Gastgebers gut. Aus Briefen an ihre Mutter, die sie gelegentlich in Nürnberg besuchte, ging hervor, dass Sephi eine glückliche Ehe führte, also auf den richtigen Weg gefunden hatte. Da Burger seine kriegswichtige Zulieferfirma für die Herstellung von Rüstungsgütern persönlich leitete, musste er keinen Militärdienst leisten und galt nach damaligem Jargon als unabkömmlicher »Kämpfer an der Heimfront«. So kämpfte es sich in der Regel am leichtesten. Und die meisten dieser Kämpfer überlebten den Krieg unversehrt, um danach rasch wieder Macht und Einfluss in der Wirtschaft, Beamtenschaft oder Politik zu erlangen und selbstverständlich ein gutes Einkommen zu erzielen. Die Siegermächte behandelten die aus ihrer Sicht für das Funktionieren des Staats wichtigen Kräfte ausgesprochen schonend und zeigten wenig Neigung, deren Vergangenheit akribisch zu durchleuchten. Die rasche Rückkehr in vorteilhafte Positionen mit Einfluss erleichterten sich die ehemaligen Regime-Sympathisanten durch besondere gegenseitige Unterstützung, die auch im freundlichen Übersehen von mehr oder weniger schlimmen früheren Untaten bestand.

Durch Zufall erlebte Burger das Kriegsende nicht. Am 2. Januar 1945 war Sephi allein zu Hause, während ihr Gatte im Zentrum von Nürnberg am frühen Abend eine geschäftliche Besprechung hatte. Den verheerenden Bombenangriff der Alliierten, der an diesem Tag um 19:20 Uhr begann, gut zwei Stunden dauerte und die historische Stadtmitte Nürnbergs vernichtete, führte zu seinem Tod.

III.

Bis Anfang 1947 blieb Sephi in Nürnberg, wo sie weniger infolge des Untergangs des Hitler-Regimes als insbesondere wegen zahlreicher leichtfertiger Dispositionen einen beachtlichen Teil des von ihrem Gatten hinterlassenen großen Vermögens verlor. Mangels Fachkenntnissen hatte sie sich einige krasse finanzielle Fehler geleistet, über die sie vorerst nach außen kein Wort verlieren wollte. Dies war trotz allem erstaunlich, zumal sie eine überdurchschnittlich mitteilungsfreudige Person war; ihren engsten Vertrauten hatte sie in früheren Zeiten recht heikle persönliche Erlebnisse ganz von sich aus geschildert, meist ohne Zeitverlust. Mit Bezug auf die Phase unmittelbar nach dem Tod ihres Gatten unterblieb dies aber zum großen Teil und während längerer Zeit. So hatten die letzten Nürnberger Jahre der verwitweten Sephi für ihre alten Freundinnen und Freunde am Bodensee vorerst etwas Geheimnisvolles an sich.

Nicht völlig abgebrannt, aber mit ziemlich reduzierten Mitteln kehrte sie dann mit ihrem Sohn nach Konstanz zurück, das vom Krieg unbehelligt geblieben war. Sie wohnte bei ihrer Mutter. In der Folge hatte sie mehrere Bekanntschaften und lebte gern auf großem Fuß. Und so brachte sie mit ihren jeweiligen Kurzzeit-Verehrern jedes Mal größere Beträge von den verbliebenen Geldmitteln durch. Ohne verheiratet zu sein, gebar sie im Jahr 1948 eine Tochter. Anfang der fünfziger Jahre blieb ihr von der großen Hinterlassenschaft ihres Gatten nur noch wenig übrig. Sephi hatte fast alles recht leichtfertig ausgegeben, vermutlich zum Teil auch verspielt.

Mit zunehmendem Alter hatte Sephis Mutter die Heiratsvermittlung im Jahr 1943 aufgegeben. Seither versuchte sie, mit dem zur Deckung ihrer Bedürfnisse immer noch reichlichen Vermögen so gut wie möglich durchzukommen. Sie bewohnte nun eine mittelgroße Mietwohnung in einem anderen Stadtteil und beschäftigte nur noch eine Reinemachefrau, die mehrmals in der Woche bei ihr vorbeikam. Einen Teil der herrschaftlichen Möbel besaß sie noch, den Rest hatte sie verkauft. Ihre Verhältnisse waren mit der großen Zeit ihrer Heiratsvermittlungs-Agentur nicht vergleichbar, aber es ging ihr eindeutig besser als den meisten ihrer Landsleute. Schon seit Längerem spielte sie nicht mehr.

Das Leben nach dem Krieg hatte auch in Konstanz viel verändert. Auf den Plätzen und Bürgersteigen in der Stadtmitte saßen viele Kriegsversehrte, vor allem Arm- und Beinamputierte, und baten um eine Gabe. Recht zahlreich waren auch die Menschen, die aus Ostpreußen, Schlesien oder Mitteldeutschland geflüchtet waren. Wenn Einheimische über sie sprachen, verwendeten sie häufig den Begriff ›Flüchtling‹, obwohl die Flucht immer weiter zurücklag. So wurde – meist eher mit einem negativen Unterton – im Gespräch bald einmal beigefügt: »Ah, der X. (oder die Y.), ein Flüchtling.« Das bedeutete, dass die betreffenden Personen – im Gegensatz zu den Leuten aus Konstanz und Umgebung, die im Krieg materiell kaum etwas verloren hatten – überdurchschnittliche staatliche Beihilfen erhielten, weil sie einst fliehen mussten und an ihrem neuen Wohnort gezwungen waren, wieder von vorne anzufangen. Diese staatliche Vorzugsbehandlung rief gelegentlich die ziemlich starke Missgunst der Nicht-Flüchtlinge hervor. Denn auch unter ihnen waren Menschen, denen es nicht gut ging, weil zum Beispiel die geringe Rente einer Kriegerwitwe, die ihre Kinder zu versorgen hatte, nicht weit reichte oder andere Gründe das Fortkommen erschwerten. Viele, auch Kinder, trugen noch bis Anfang der fünfziger Jahre sehr einfache und gelegentlich schäbige Kleider, wobei in der kühlen Jahreszeit die dunkelblauen Einheits-Turnanzüge besonders auffielen. Selbst im unbeschädigten Konstanz mussten eben zahlreiche Menschen in den ersten Nachkriegsjahren hart unten durch. Viele Leute, auch solche in guten beruflichen Positionen, zogen immer wieder aufs Land, um zu hamstern. Darunter verstand man damals die Beschaffung von Nahrungsmitteln bei Bauern und Gemüsebaubetrieben, wobei es wenig umsonst gab und meist ein Tauschgeschäft stattfand. So blieben beispielsweise schönes Besteck, Schmuck, Teppiche und so weiter auf dem Land, und dringend benötigte Nahrung gelangte in den darauf angewiesenen städtischen Privathaushalt. Arm waren diejenigen dran, die nur um Nahrung bitten oder betteln konnten. Man sah es ihnen an. Bleich, abgemagert, hohläugig und -wangig, ähnlich den Menschen in gelegentlichen Fernsehberichten über die Befreiung eines Konzentrationslagers im Frühjahr 1945. Ob an den Überfluss gewöhnte Spätergeborene dies überhaupt wissen oder sich vorstellen können?

Die französischen Truppen, darunter auch Marokkaner, hatten nach dem Krieg in Konstanz eine ziemlich große Garnison, und ihre Uniformen waren in der ganzen Stadt zu sehen, vor allem abends in den einschlägigen Restaurants und Tanzlokalen. Konstanz gehörte zu »Französisch Baden«, was an den Nummernschildern der Autos und Motorräder am Kürzel ›FB‹ erkennbar war. Unvermeidlich, dass die Anwesenheit der Besatzungssoldaten, so nannte man sie, auch Folgen für manche junge Konstanzerin hatte. So gab es allenthalben neue Prioritäten und Wechselfälle des Schicksals.

Im Lauf der Zeit erinnerten sich immer weniger Leute an die große Zeit der Heiratsvermittlung von Frau Kaiser, als sie eine bekannte Persönlichkeit im Konstanzer Gesellschaftsleben gewesen war. Aber selbst in diesen schwierigen Nachkriegsjahren legte die jedenfalls nach damaligen Verhältnissen schon ziemlich alte Dame – ihr Geburtsjahr dürfte um 1885 gewesen sein – stets großen Wert auf ein besonders gepflegtes Erscheinen in der Öffentlichkeit. Ihre Kleidung mit Fuchspelz und Muff im Winter und Sonnenhut samt weißen Sommerhandschuhen in der warmen Jahreszeit war schon etwas Besonderes, wenn auch das meiste ihrer Garderobe und Accessoires aus den frühen vierziger Jahren stammte oder noch älter war. Das war insofern nicht so schlimm, als auch andere in der ersten Zeit nach dem Krieg auf Dinge zurückgreifen mussten, die schon etwas in die Jahre gekommen waren. Man machte sich so gut es eben ging zurecht, bewahrte Haltung und konnte so auch etwas Aufmerksamkeit erhaschen. Im Grund blieben die Beweggründe immer dieselben: andere mit Äußerlichkeiten beeindrucken, sich nach oben abheben, allenfalls auch Konkurrenz hinter sich lassen. Und dies, obwohl für Auftritte auf dem Jahrmarkt der Eitelkeit vorerst nur beschränkte Mittel zur Verfügung standen. Einzelne Hauptdarstellerinnen und Hauptdarsteller waren neu, ersetzten frühere, die in der Versenkung verschwunden waren. Da erinnerte vieles an das lateinische Sprichwort ›sic transit gloria mundi‹ (So vergeht der Ruhm der Welt).

Viel stärker sichtbar war der Wandel als einzige Konstante des Lebens jedoch in anderen Teilen Deutschlands, wo die Kriegszerstörungen enorm und die generell schwierigen Lebensumstände mit der Situation im Raum Konstanz nicht zu vergleichen waren. Dort waren Aufräumen und Wiederaufbau angesagt, wobei architektonisch zum Teil gar hastig vorgegangen wurde, was während Jahren zu einer entsprechend unansehnlichen neuen Bausubstanz führte, etwa in Frankfurt am Main oder Hannover.

Für Frau Kaiser und Sephi blieb die persönliche Genugtuung, sich in wechselvoller Zeit wenigstens in den Augen der Umwelt nicht allzu weit von ihrer früheren privilegierten Position entfernt zu haben. Die tatsächlichen Lebensumstände von Sephi entsprachen aber keineswegs dem recht vorteilhaften Schein. Denn sie hatte große existentielle Probleme.

Zum Glück war Frau Kaiser finanziell in der Lage und bereit, die beiden Enkelkinder weiterhin bei sich aufzunehmen und für deren Lebensunterhalt zu sorgen. Dem heranwachsenden Enkel fehlte jedoch sichtlich die väterliche Hand. Sephi aber musste eine unerfreuliche und bedrückende Bilanz ihrer Zeit nach dem Tod des Gatten ziehen: Ihr war vom vielen Geld, das ihr verstorbener Gemahl zurückgelassen hatte, bis auf einen kleinen Rest nichts mehr geblieben.

Durch mehrere leichtsinnige finanzielle Fehldispositionen, für ihre ausgefallen modische Garderobe sowie im Zug teurer privater Abenteuer hatte sie ein Vermögen unter die Leute gebracht. Die nur dem Geldausgeben gewidmete Zeit der lebenslustigen, erst vierzigjährigen Witwe des reichen Herrn Burger war abgelaufen. Ihr wurde klar, dass sie nun wieder arbeiten musste. Bei aller Leichtfertigkeit im Umgang mit finanziellen Mitteln hätte sie aber niemals zu einer dubiosen Geldbeschaffung Zuflucht genommen, auch nicht angesichts ihrer offensichtlichen Misere. Die einfachste Alternative, eine erneute Bindung an einen gutsituierten Mann, kam nicht zustande. Wahrscheinlich traute sie wegen all der Enttäuschungen nach dem Tod ihres Gatten keinem ihrer noch immer vorhandenen Verehrer über den Weg. Vielleicht vermutete sie, dass es wiederum einzig darum gehen würde, ihr möglichst viel Geld abzuknöpfen, obwohl sie sich nun zwecks Mittelbeschaffung sogar hätte verschulden müssen und möglicherweise gar keinen nennenswerten Kredit erhalten hätte. Wahrscheinlich hatte sie sich mit Schrecken ausgemalt, wie sie nach einem letzten, vollkommen ruinösen finanziellen Aderlass dastehen würde – und das erst noch in Konstanz, wo es kein Untertauchen gab. So etwas durfte nicht geschehen.

IV.

Angesichts der bewegten Zeiten, die Sephi hinter sich hatte, überraschte es die einigermaßen Informierten nicht, dass sie es in ihrer wirtschaftlich ziemlich bedrängenden Situation vorzog, im Jahr 1952 von Konstanz wegzugehen. Ihre ältere Schwester Margarethe war bereits Mitte der dreißiger Jahre in die USA ausgewandert. Sie hatte in White Plains, nördlich von New York City, eine überdurchschnittlich gut bezahlte

Beschäftigung in einer Heil- und Pflegeanstalt, also einem Spital für psychisch Kranke, gefunden. Dorthin zog es auch Sephi, in der Meinung, praktisch aus dem Stand relativ gut verdienen zu können.

In Amerika wurde Sephi rasch klar, dass sie in der Irrenanstalt, wie man die Institution im Volk damals bezeichnete, harte Zeiten vor sich hatte. Sie wurde dort nur als Hilfskraft aufgenommen – im Gegensatz zu ihrer gut ausgebildeten Schwester, die einst sofort als Pflegerin einsteigen konnte und bald Vorgesetzte einer Pflegeabteilung wurde. So verdiente Sephi für die strenge Arbeit auf ihrer einfachen Stufe zwar ordentlich, aber nicht übertrieben viel. Dass sie auf ehrliche Weise durch Fleiß zu Geld kommen wollte, sprach für die Alemannin in ihr. Hingegen war ihre Absicht, sich gelegentlich in Konstanz als scheinbar immer noch wohlhabende Frau Burger aus Amerika zu präsentieren, ein eindeutig weniger alemannischer Zug.

So begann sie, eine Art Doppelleben zu führen. Auf eine lange Phase der persönlichen Einschränkung bei strenger Arbeit in White Plains folgte im Abstand von etwa zwei Jahren ein kurzer, vierzehntägiger stimmungsmäßiger Höhenflug in Konstanz, bei dem sie die Sephi aus besseren Tagen spielte. Ihre Schwester hatte für das läppische Angeben in Konstanz kein Verständnis, was sie Sephi auch wissen ließ. Aber Sephi hörte nicht auf sie. Hilflos stand Margarethe dem aus ihrer Sicht unsinnigen Bedürfnis von Sephi gegenüber, in Konstanz großspurig aufzutreten. Dies war in den Augen der ernsthaften Schwester eine schwere Verirrung, die sie dann auch veranlasste, sich von Sephi weitgehend zu distanzieren und sich auf berufliche Kontakte mit ihr zu beschränken.

In Amerika konnte die einst so verschwenderische Sephi nun plötzlich während längerer Zeit extrem bescheiden sein. Sie führte ein zurückgezogenes Leben und konzentrierte sich darauf, die nötigen Mittel für die jeweils vorgesehene Reise nach Konstanz zu ersparen. Außerhalb der Arbeitsstätte hatte sie keinen Bekanntenkreis. In White Plains kannte sie nur einige Leute vom Sehen, so etwa beim Einkaufen in einem Supermarkt oder weil sie stets im selben Coffee Shop gelegentlich Rast machte. Möglichen Freundschaften ging sie konsequent aus dem Weg.

Im Fokus standen Konstanz und ihre dortigen Auftritte, eine jeweils kurze Show in der Rolle einer wohlhabenden Deutsch-Amerikanerin.

Offenbar machte sie sich in den USA nichts mehr aus Männern, nachdem sie mit ihnen – außer mit ihrem verstorbenen Mann – nur schlechte Erfahrungen gesammelt hatte. Zudem musste Sephi davon ausgehen, dass die Offenlegung ihrer Lebenseinteilung von einem vernünftigen Partner nicht verstanden worden wäre. Eine selbst verursachte Bloßstellung wäre wohl unvermeidlich gewesen. Und so etwas wollte sie unbedingt vermeiden. Für Sephi gab es folglich keine andere Lösung als die zwanghafte Fixierung auf die periodische Reise nach Konstanz und das ganze Drum und Dran; unter gar keinen Umständen hätte sie darauf verzichten wollen. Denn im Grund ging es nicht um die Reise, sondern um die enorme, durch nichts ersetzbare und alles überragende kurze Befriedigung, die sie sich mit dem Manöver verschaffte.

Sephi konnte sich nicht mit einer Durchschnittsexistenz in Amerika zufriedengeben. Sie wich davon nach unten und oben ab, mit einem langen, für sie schockierenden Tief und einem kurzzeitigen Hoch, in welchem sie in ihre Lieblingsrolle schlüpfte und andere mit ihrem mondänen Spiel zu blenden versuchte. Das Aufschneiden mit einem selbst bezahlten Täuschungsmanöver und die dadurch ausgelöste Irreführung anderer waren ihr zum Lebenselixier geworden.

Das sonderbare Doppelleben machte Sephi auch wiederholt zu einer anstrengenden Fremden ihrer selbst. Im Alltag war sie als Hilfskraft in der Heil- und Pflegeanstalt tätig. Dann, auf dem Heimweg von der Arbeit, wechselte sie in Gedanken zu ihrer zweiten Rolle und dachte an ihren nächsten Besuch in Konstanz, wo sie als die angeblich gutsituierte Emigrantin Sephi Burger auftreten wollte. Es fiel ihr nicht immer leicht, sich im Zwiespalt ihrer enorm unterschiedlichen Auftritte in Amerika und in Konstanz den Sinn und Zweck ihrer Existenz zu erklären. In ihrer Doppelrolle inkarnierte sie eine besondere Form von Schizophrenie. Anfänglich wusste nur ihre Schwester davon. Sukzessive gab es aber weitere Eingeweihte.

Sephis Besuche in der alten Heimat galten stets ihrer Mutter sowie

Personen, über die sie nicht sprach, und ihrer besten ehemaligen Schulfreundin. Diese lebte schon länger nicht mehr in Konstanz, sondern war im benachbarten schweizerischen Kreuzlingen verheiratet. Bei solchen Begegnungen, nach einigen Gläsern Wein, erzählte Sephi jeweils über die wenig erbaulichen Details ihrer neuen Existenz in Amerika, allerdings nur zögerlich und bruchstückhaft sowie unter dem Mantel der strikten Verschwiegenheit. Mit der Zeit fügten sich die Berichte zu einem Bild zusammen, das in Verbindung mit ihrer Erscheinung anlässlich der Kurzaufenthalte in Konstanz einen extremen Kontrast bildete. Ihr Alltag drüben in Amerika passte ganz und gar nicht zur flotten Sephi von einst, die sie bei ihren Besuchen immer noch zu sein vorgab und für Uninformierte mit viel theatralischem Geschick spielte. So lebte Sephi in Extremwelten, bestehend aus einem langen beklemmenden Tief in den USA und einem sehr kurzen, aus ihrer Sicht befreienden Hoch in Konstanz. Die Besuche am Bodensee waren offenbar ihr einziger Lebensmotor.

Wenn ihre Schwester an Sephi dachte, stellte sie Parallelen zu einzelnen Patienten in der Anstalt fest. Im Volksmund hätte man ihr Verhalten als übergeschnappt oder verrückt bezeichnet. Solche Eigenschaften wurden ihr schon in ihrer Konstanzer Jugendzeit ziemlich häufig zugedacht, von wenig nachsichtigen oder missgünstigen Außenstehenden, nicht ganz zu Unrecht. Die Beziehung zwischen den Schwestern entsprach dem gar nicht so seltenen Fall, dass sich Geschwister zwar nicht böse sind, aber einen derart unterschiedlichen Charakter und Lebensweg aufweisen, dass sie einzig wegen ihrer verwandtschaftlichen Bande überhaupt in losem Kontakt stehen. Bei großer Verschiedenheit fällt es bekanntlich allen Menschen außerordentlich schwer, Gedanken auszutauschen. Sephis Schwester war auch ziemlich anders als ihre Mutter. Deshalb hatte sie sich von ihr und ihrer Konstanzer Verwandtschaft weitgehend losgesagt.

Sie kehrte nie mehr in ihre alte Heimat zurück und schrieb nur noch ganz selten.

V.

Wenn Sephi Burger im Zweijahresrhythmus in Konstanz und hierauf auch in Kreuzlingen auftauchte, fuhr ihre einstige Schulfreundin mit ihr jeweils nach Zürich zu einem Nachmittagsbummel in der Bahnhofstraße. Sephi war dann immer wie verändert, lebte auf und richtete das Gespräch auf die schöne Zeit ihrer Ehe in Nürnberg, die ihr Stabilität gab. Dort hatte sie mit ihrem Gatten ihre besten Jahre verbracht, obwohl während längerer Zeit Krieg war. Über die Phase nach dem Tod ihres Gatten sprach sie bei dieser Gelegenheit eher scheibchenweise. Dabei wurde klar, dass der plötzliche Verlust sich wie das Bremsversagen eines Zugs in steiler Abwärtsfahrt auswirkte. Alles, was ihr Halt gegeben hatte, war unvermittelt weg. Und sie wurde in hohem Tempo erneut aus dem Gleis geworfen. Dieser Tod hatte zur Folge, dass alles, was sie war und hatte, zur Zerstörung freigegeben wurde, alles, das ihr ein unbeschwertes und glückliches Leben in geordneten Bahnen gesichert hätte.

So kam es, dass ihr Leben im Zeichen des unvorsichtigen Umgangs mit der Hinterlassenschaft ihres Gatten stand. Dieser hatte keine Verwandten mehr, und Sephi war auf sich allein angewiesen, hatte aber nicht die Klugheit ihrer Mutter, guten Rat von einem seriösen Fachmann einzuholen, wenn sie etwas nicht verstand. Erst später, auf den Ausflügen nach Zürich, stellte sie dies von sich aus fest und fügte als nachträgliche Selbsterkenntnis bei, dass sie – als von sich allzu eingenommener Mensch – damals in Nürnberg nicht einmal gegenüber einem Vertrauensanwalt bereit gewesen sei, ihre Unwissenheit einzugestehen. Der Gedanke, dass Gauner ihre Wissenslücken und Naivität sofort bemerken haben könnten, sei ihr seinerzeit gar nicht gekommen. Sonst hätte sie sich ja, zum Schutz vor eigenen Fehlern und vor Betrügern, beraten lassen müssen. In ihrer Unerfahrenheit habe sie nicht gewusst, dass ernsthafte Personen mit guten Kenntnissen des Geschäftslebens vor wichtigen Entscheiden stets noch eine spezielle Beratung suchten und deswegen keineswegs eine Einbuße an Prestige erlitten, sondern als besonders umsichtig galten.

Sephi ging damals in Nürnberg ahnungslos hohe Verpflichtungen ein.

Dabei vertrat sie ihre Interessen nicht nur ganz allein, sondern war auch viel zu leichtgläubig und handelte, ihrer Art gemäß, ohne die Dinge in Ruhe zu überdenken. Zudem entwickelte sie – wie schon vor der von ihrer Mutter gesteuerten Begegnung mit ihrem Gatten – ein erstaunliches Talent, immer an die falschen Männer zu geraten. Ihre Bekanntschaften erwiesen sich ausnahmslos als kostspielig und kurzlebig. So hatte sie zwar jeweils ein vorübergehendes seelisches Hochgefühl, aber zwangsläufig kam es schon bald zur Ernüchterung, der rasch ein Ende in großer Enttäuschung folgte. Und jedes Mal blieben recht erhebliche finanzielle Einbußen nicht aus. All dies war ausgesprochen aufreibend.

Trotzdem lernte Sephi kaum etwas daraus. Infolge einer unüberlegten Bürgschaft musste sie eines Tages einen schweren finanziellen Aderlass hinnehmen. Einem dubiosen Bekannten, der ihr ein bedeutendes, aber riskantes Projekt in den schönsten Farben geschildert hatte, war ein beachtlicher Kredit erteilt worden. Sephi, sich durch ihre neue Verliebtheit im siebten Himmel fühlend, hatte ohne zu zögern dafür gebürgt. Aber plötzlich machte sich der betreffende Herr aus dem Staub. Da er mit Zinszahlungen im Rückstand war, wandte sich das kreditgebende Geldhaus an Frau Burger, um etwas über den Verbleib ihres Bekannten zu erfahren. Erst in diesem Moment realisierte die durch das spurlose Verschwinden ihres Freundes erschütterte Sephi, was sie seinerzeit wie eine läppische Quittung für irgendeine Kleinigkeit unterschrieben hatte. Um doch noch über eine gewisse Barschaft zu verfügen, musste sie auf die Fabrik und die schöne Villa zu Gunsten der Bank verzichten.

Nach dieser bitteren Erfahrung hatten es ihre Eigenliebe und ihr Stolz nicht zugelassen, in Nürnberg zu bleiben. Denn jede noch so flüchtige Begegnung mit Bekannten aus besseren Tagen ließ in ihr die Erinnerung an das verlorene Vermögen zu einem unerträglichen Schmerz werden, der sie tagelang heimsuchte. Wenn sie an Lokalen oder Plätzen und Parkanlagen vorbeikam, wo sie sich seinerzeit mit ihrem Gatten aufgehalten und Schönes erlebt hatte, fühlte sie ihr Versagen besonders. Sephi war eben auch sehr sentimental und wurde entsprechend unbarmherzig von ihren Gefühlen hergenommen. Deshalb war sie anschließend nicht in irgendeine deutsche Stadt gezogen, in der man sie nicht kannte, sondern kam wieder nach Konstanz. Dort erhoffte sie sich etwas heimische Wärme, dort kannte sie sich aus und hatte noch einige persönliche Anlaufstellen.

Bei den ersten zwei Besuchen aus den USA war Sephi zwar amerikanisch-elegant, aber zugleich – wie schon früher, es war halt ihre Art – recht auffällig angezogen. Sie wirkte wie immer quirlig und adrett und sagte laufend am Schluss eines Satzes »you know«. Dabei verhielt sie sich in der Öffentlichkeit keineswegs leise. Es lag ihr daran, den Eindruck zu verströmen, sie gehöre zu jenem ziemlich exklusiven Kreis von Auswanderern, bei denen der amerikanische Traum unmittelbar nach Ankunft in den Vereinigten Staaten Wirklichkeit geworden war, quasi mit dem ersten Aufsetzen einer Fußspitze auf US-Territorium. Die ganz wenigen mehr oder weniger Informierten, welche wussten, dass der Schein in diesem Fall besonders stark trog, behielten ihre Kenntnisse für sich. Bewusstes und reflexartiges Verhalten stand dahinter. Sie wollten die trotz all ihrer Irrungen und Überdrehungen im Grund sympathische, warmherzige und stets unterhaltsame Sephi nicht verletzen. Auch blieb das Schicksal von Sephi für sie interessant, gerade im gar beschaulichen Gebiet von Konstanz. Zudem wäre es dem eigenen Ansehen nicht unbedingt förderlich gewesen, wenn bisher Uneingeweihte über die Mithilfe bei der Verheimlichung des Bluffs von Sephi Kenntnis erhalten hätten. Denn Sephis Bekannte zeigten sich mit ihr wiederholt in aller Öffentlichkeit. Und im kleinstädtisch aufmerksamen Konstanz fiel dies unweigerlich auf.

Auch ohne USA-Teil hatte Sephi einen Lebenslauf aufzuweisen, der in Konstanz nach Erwähnung ihres Namens bei einer gewissen Anzahl nicht mehr ganz junger Einheimischer vielsagende Blicke auslöste, die zwischen »Ach die« und »Oha, bekannt« signalisierten. Auch wenig schmeichelhafte Bemerkungen blieben gelegentlich nicht aus. Da man sie aber für erneut reich hielt, half dies, das Manko an lobenswertem früherem Lebenslauf ein Stück weit, manchmal sogar weitgehend zu übertünchen. Ganz anders hätte es sich verhalten, wenn allgemein bekannt geworden wäre, dass sie in ziemlich erbärmlichen Verhältnissen nördlich der Stadt New York lebte, nicht nur im Vergleich zu ihren einstigen Verhältnissen im eigentlichen Sinn gestrandet war. Hätten davon in Konstanz Leute außerhalb ihres allerengsten Freundeskreises Kenntnis erhalten, wäre dies so etwas wie ein gesellschaftliches Todesurteil gewesen. Eine Katastrophe hätte sich wohl kaum vermeiden lassen. Nun, die sich umtriebig gebende Sephi verstand es, den außenstehenden Betrachtern ihrer Kurzauftritte in der Konstanzer Öffentlichkeit die Überzeugung zu vermitteln, sie sei abermals sehr wohlhabend geworden und beehre die alte Heimat ausnahmsweise mit ihrem Besuch. Und dies trotz ihrer vielen gesellschaftlichen Verpflichtungen in den USA, die ihr eigentlich kaum Zeit für eine Reise nach Europa ließen, die deshalb auch nicht sehr lange dauern konnte.

Während ihres Einsatzes in der psychiatrischen Klinik in White Plains sparte Sephi zum ersten Mal in ihrem Leben und versuchte nach Kräften, ihr Spezialbudget einzuhalten. Sie schränkte sich so stark wie möglich ein, wohnte einfach und leistete sich keinen Luxus. Absolute Priorität in der finanziellen Planung hatte ihre nächste Reise in die alte Heimat, wo man ihr unter keinen Umständen etwas anmerken durfte und sie als die elegante, von keinen Geldsorgen geplagte, nur dem unbeschwerten Leben sich hingebende Amerika-Deutsche wahrgenommen werden wollte. Kurz vor der Abreise kaufte sie sich aus den Ersparnissen bei Bloomingdale's oder in einem anderen feinen Geschäft in Manhattan eine entsprechende neue Garderobe, die sie nach der Rückkehr dann in einem Second-Hand-Shop zu Geld machte. Es war wie die konzentrierte Vorbereitung auf einen großen, aber kurzen glamourösen Theaterauftritt, der mit einem Verschwinden durch den düsteren, einsamen Hinterausgang endete. Der Auftritt beinhaltete jeweils eine rasante Abwendung vom deprimierend bescheidenen, ungeschminkten Alltagsleben. Der Vorhang ging auf und eine attraktive, bezaubernde Sephi mit tadellosem Make-up stand im Rampenlicht. Und alle, die sie sahen, staunten über ihre glanzvolle Erscheinung, obwohl sie doch nicht mehr ganz die Jüngste war. Viele beneideten sie. Dann reiste sie zurück, wie nach einer

Vorstellung, und entledigte sich ihrer Kostümierung, warf die falschen Wimpern weg. Mit dem sporadischen Täuschungsmanöver verschaffte sie sich eine kurze große Genugtuung, hauchte sich neue Energie ein. Aber nach dem kurzen Auftritt als feine Dame folgte die ebenso plötzliche Rückkehr in die Erbärmlichkeit.

Damit mutete sie sich mehr zu, als sie dachte. Ihre Seele konnte die kurze, dem Wesen von Sephi entsprechende Phase in der alten Heimat sehr gut durchhalten, weil sie dort ihr Wunschbild von sich selbst abgab. Aber die Kehrseite der Medaille, die Zeit nach der Rückkehr, war eine einzige Last, bedrückend, beklemmend. Der Ausblick auf die nächste Reise an den Bodensee ließ sie zwar durchhalten, zerriss sie aber innerlich, weil sie ihren Alltag in White Plains total ablehnte, immer öfter in ihrer Behausung zu Tabletten, Alkohol und Zigaretten griff, um über die Runden zu kommen. Sie kam ins Grübeln und fragte – typisch für Sephi – erst spät, aber immer häufiger nach dem Sinn ihres Lebens.

Als ihre Schwester einmal zu ihr sagte »Findest du das richtig, was du tust?«, antwortete ihr Sephi – so berichtete sie ihrer Freundin in Kreuzlingen –, ohne zu lange überlegen: »Ich muss es tun. Ich kann nicht anders.«

VI.

Zwei Jahre später, man schrieb das Jahr 1958, kam Sephi wieder an den Bodensee. Dieses Mal wirkte sie ziemlich angegriffen; es mochte von der strengen Arbeit in der Anstalt herrühren, und auch die bescheidenen Lebensverhältnisse in Amerika dürften dazu beigetragen haben. Sephi war aber immer noch ziemlich wirbelig und tat alles, um ihre Umgebung in ihren Bann zu ziehen. Sie gab sich noch stürmischer als bei ihren früheren Besuchen und verursachte eher noch mehr Aufregung um sich herum. Dabei rauchte sie Unmengen von Zigaretten – wenige Jahre zuvor hatte sie auch schon viel geraucht, aber nicht gerade unablässig –, und sie griff nun viel häufiger zum Glas, das sie allerdings auch in früheren Zeiten nicht verschmäht hatte. Man konnte erkennen, dass sie ein gesundheitliches Problem hatte, das sie stark beschäftigte und mit Umtriebigkeit zu kompensieren versuchte. Sie sprach aber nicht über ihre Gesundheit oder andere Belastungen und gab sich so, als hätte das, was sie unter dem Glanz vergangener Tage verstand, nie zu strahlen aufgehört. Aufgeregt, nervös wirkend, reiste sie wieder ab und kündigte an, spätestens nach zwei Jahren wiederzukommen.

Als sie gut zwei Jahre darauf, es war 1960, erneut in Konstanz und Kreuzlingen auftauchte, war sie nur noch ein Schatten ihrer selbst. Aus der schönen Frau von einst war eine abgemagerte, zittrig fuchtelnde, immer wieder vom heftigen Raucherhusten geschüttelte körperliche Ruine geworden. Je ein tiefer Längsgraben zog sich durch ihre Wangen. Das reichlich aufgetragene Make-up konnte ihren schlechten Zustand nicht verbergen. Die einst lebhaften Augen, nun umgeben von intensiv gepuderten Falten, schienen ganz weit hinten zu sitzen und hatten alle selbstbewusste Strahlkraft verloren, wirkten ermattet; sie blitzten nur noch sporadisch auf, wie gehetzt und zugleich verängstigt.

Nicht alle erhielten Gelegenheit, dies zu erkennen. Denn wenn immer möglich trug sie eine dunkle Sonnenbrille mit stark überdimensionierten Gläsern und einem schwarzen Gestell, auch in Räumlichkeiten. Die Brille ließ sie nicht nur geheimnisvoll erscheinen, sondern machte ihre Augen auch nur in Umrissen schwach erkennbar. Die Fenster ihrer Seele blieben so meistens fast vollständig abgedeckt. Ihr einst volles, glänzendes schwarzes Haar war nun gut erkennbar gefärbt und stellenweise schütter geworden, was aber nur dann sichtbar wurde, wenn sie ausnahmsweise ihren Hut abnahm. Sie frisierte es immer noch glatt nach hinten, wo sie es zu einem Knoten band und mit einer eleganten Haarklammer fixierte. Ihre Stimme war rau geworden und klang gebrochen. Ihr einst entschlossener, fast aufreizend wiegender Gang auf den hohen Stöckelschuhen war nun meist ein aufgeregtes Getänzel und manchmal beängstigend unsicher. Im Gespräch war ihre Gestik häufig extrem fahrig. Aber ihr elegantes weißes Kleid mit schwarzen Tupfen, nicht zu kleine, nicht zu große, nicht zu viele, ihre langen schwarzen Handschuhe, eine teuer wirkende schwarze Handtasche aus echtem oder gut imitiertem Krokodilleder und ihr großer schwarzer Strohhut mit breiter Krempe, ein Produkt der Spitzenklasse – all dies verlieh Sephi das Aussehen einer besonders wohlhabenden Dame. Dazu umgab sie sich mit dem Duft eines betörenden Parfums, der wie Sephi selbst alles in Beschlag nahm. Sie wirkte wie eine Besucherin der Pferderennen in Royal Ascot. Ihr Kleid war aber um einiges kürzer als das von Audrey Hepburn beim legendären Opening Race im Musical ›My Fair Lady‹ aus dem Jahr 1964, der großartigen Verfilmung des Broadway-Musicals, das 1956 Premiere hatte. Die Fair Lady, die schöne Dame, dargestellt von Sephi in Konstanz, hätte dem begnadeten Kostümbildner Cecil Beaton bestimmt nicht schlecht gefallen, allerdings nur in Bezug auf ihre Kleidung und ihre Figur. Die übrige Sephi hatte nichts mehr vom Glanz vergangener Tage. Man sah ihr die Wirkung zerstörerischer Kräfte an, die sie fest im Griff hatten.

Hinter der Fassade brachte alles an ihr eine beängstigende Beschleunigung zum Ausdruck. Sie wirkte wie eine Person, die auf einem abschüssigen Eisfeld ausgeglitten und ins Rutschen gekommen war, die Kontrolle über sich verlor und schneller und schneller auf eine tiefe Gletscherspalte zusteuerte, eine Gletscherspalte, die sie zu erwarten schien, sie verschlingen würde – unbarmherzig, endgültig.

Deprimiert erzählte Sephi ihrer ehemaligen Schulfreundin, dass sie ziemlich schwer erkrankt sei und sich bei der Arbeit immer häufiger kaum mehr auf den Beinen halten könne. Ihre Wohnung in White Plains sei im Lauf der Zeit noch schäbiger geworden, weil sie keine Kraft mehr zum richtigen Aufräumen habe. Sie sei froh, dass niemand aus Konstanz ihre Unterkunft gesehen habe. Manchmal, auf dem Heimweg von der Heil- und Pflegeanstalt, mache sie halt in einem einfachen Lokal, wo man sie zwar nur vom Sehen kenne, aber immerhin vertraut »Hello« sage. Sie setze sich dann allein an einen Tisch, nehme einen Drink oder zwei und schaue vor sich hin. Da laufe dann vor ihrem geistigen Auge jedes Mal ein Film mit einem Abschnitt aus ihrem bewegten Leben, das nun ja unwiederbringlich verpfuscht sei. Wenn der Film eine schöne

Zeit betreffe, dann sei sie für kurze Zeit glücklich und mache sich recht zufrieden auf den Heimweg. Aber meist habe sie nasse Augen, wenn sie an ihre dummen Fehltritte denke. Dann sei sie noch deprimierter als zuvor und hätte Lust, sich umzubringen oder einfach schnell zu sterben.

Der Wunsch, alles rasch hinter sich zu lassen, komme auch, wenn ihr Sohn sie besuche. Dann tische er ihr unglaubliche Geschichten auf, offensichtliche Lügen über seine Lebensführung, um an ihr schwer verdientes Geld zu kommen. Ein hinterhältiger Nichtsnutz sei er geworden, ziel- und skrupellos. Mit ihrer Tochter, die in Konstanz zur Schule gehe, telefoniere sie hin und wieder, aber es sei ziemlich teuer. Immerhin habe ihre Mutter ihr längst alles verziehen und versuche, ihr ein bisschen Mut zu machen. Aber wofür eigentlich? Die guten Zeiten seien längst vorbei, und von den schlechten habe sie endgültig genug. Der Sinn ihres Lebens beschränke sich ja schon seit einiger Zeit auf die Finanzierung der sporadischen Besuche zu Hause am Bodensee. Angesichts ihrer schlechten Gesundheit könne selbst dies keine motivierende Perspektive mehr sein.

Nach einer herzlichen Verabschiedung, die mit einer besonders überschwänglichen Umarmung ihrer einstigen Schulgefährtin endete, flog sie wieder nach New York. Von dort sandte Sephi noch eine Karte mit dem kurzen Text, sie sei gut angekommen. Das war das letzte Lebenszeichen, das die langjährige Freundin von ihr erhielt.

Bald darauf starb Sephi. Wie dem Brief ihrer Schwester zu entnehmen war, wurde ihre Asche nach der Kremation in einer Grabnische in White Plains beigesetzt. Ein turbulentes Leben war unter äußerst prekären Umständen früh zu Ende gegangen, unbemerkt von vielen, die Sephis Weg gekreuzt hatten. Der letzte kurze seelische Höhenflug in Konstanz hatte ihr nochmals etwas Kraft gegeben, ihren Körper gerade noch mit ausreichend Energie erfüllt, um die Rückreise abschließen zu können. Nach der Ankunft in White Plains verflog offenbar schlagartig jeglicher Antrieb und – zurückgeworfen in ihr amerikanisches Tief – sackte sie in sich zusammen. Das Ende.

Epilog

Das deprimierende Scheitern von Sephi war die Folge ihrer Veranlagung und ihres Umgangs mit dem Dasein. Dabei war sie in extrem unterschiedliche Lebensverhältnisse geraten. Die Geschichte von Sephi Burger geborene Kaiser ergab sich aus einer merkwürdigen Wechselwirkung besonderer Triebkräfte, die sich in ihr versammelt hatten und sich in ihrem speziellen Lebensumfeld manifestierten. Ihre seelische »Ausgangs-Software«, wie bei jedem Individuum im Laufe des Lebens begrenzt anpassungsfähig, kombiniert mit ihrer über längere Zeit physisch attraktiven Erscheinung, ließen sie im Rahmen sich ändernder Lebensverhältnisse auf eine ganz bestimmte Art agieren und reagieren. Die Konzentration auf die periodische Show in Konstanz, in der sie die wohlhabende Sephi spielte, musste sie mit einem belastenden und für sie erbärmlichen Dasein in Amerika bezahlen. Sie zehrte von diesem sicher nicht alltäglichen Versuch, sich und anderen zu zeigen, dass sie immer noch »wer war«, dass die beneidenswerte Sephi das große Los gezogen hatte. Sie sollten denken, dass Sephi ein Schoßkind des Glücks geblieben sei. Sephi, die es halt besser hatte, weil es das Schicksal so wollte. Nicht ahnend, dass Sephi aus dem kurzen falschen Schein ihre letzten Schübe an Lebensenergie schöpfte und schließlich völlig ausgelaugt zur Aufgabe gezwungen wurde.

Der Einsame

Unglücke

Als sie im Helikopter auf dem Flug ins Spital kurz aus ihrer Ohnmacht erwachte, erschienen ihr Bilder von einem Ereignis, das mehr als dreißig Jahre zurücklag. Sie hörte sich zu ihrem einzigen Kind, dem damals zehnjährigen Sohn, sagen: »Ich habe dich nie gewollt. Ich mag dich nicht.« Es war im Wohnzimmer in der südlichen Hauptstadt, wo ihr Gatte, wie sie aus dem nördlichen Nachbarland stammend, als Brückenbauer tätig war. Das Zimmer wirkte ordentlich, aber nicht elegant, eher nüchtern. Wertvolle Einrichtungsgegenstände waren nicht vorhanden, außer vielleicht die rote Pendule auf der Kommode, das Hochzeitsgeschenk des Onkels der Frau, der in der Uhrenindustrie tätig war. Jede Viertelstunde erklang das helle Glöckchen der schönen Uhr, als wollte es sanft, aber doch mit Bestimmtheit laufend auf das unablässige Fortschreiten der Zeit und ihre definitive Unwiederbringlichkeit aufmerksam machen. Aber das Läuten fiel nur gelegentlichen Besuchern der Wohnung des Brückenbauers auf, dem es wirtschaftlich recht gut ging. Man sagt, dass Leute, die an einer vielbefahrenen Bahnstrecke zuhause sind, mit der Zeit die Züge nicht mehr speziell wahrnehmen. Ähnlich mag es den Eltern des Knaben ergangen sein. Denn sie registrierten das Läuten der Pendule schon längere Zeit nicht mehr bewusst. Der Knabe betrachtete die Uhr hin und wieder nachdenklich. Wenn das Glöckchen plötzlich erklang, erschrak er manchmal ein wenig.

Die Worte der Mutter trafen den Buben zuinnerst. Wie gelähmt stand er neben dem Wohnzimmertisch, der mit seinen sechs Stühlen für die kleine Familie, die selten und nur Einzelpersonen zu Besuch hatte, viel zu groß war. Seine Mutter saß am oberen Ende des Tisches, mit dem Rücken zum Fenster. Der Knabe sah sie – wie im ersten Moment eines plötzlichen großen Schmerzes – mit geweiteten Augen stumm an. Unter der Wirkung des seiner Seele mit Worten versetzten massiven Schlags senkte er dann langsam den Blick, drehte sich um und verließ mit ungewöhnlich schwerem Gang wortlos den Raum. Die Worte seiner Mutter gingen unendlich viel weiter als eine gewisse Vorahnung, die er schon länger mit sich herumgetragen hatte. Wenn er die Mütter seiner Schulkameraden mit seiner Mutter verglich, spürte er dort Wärme und Zuneigung, während er von zuhause nur die kalte, abweisende Autoritätsperson kannte. Er war stets froh, wenn er seine Mutter nicht sah und ihm die Begegnung mit ihren Augen erspart blieb oder wenn zumindest auch der Vater anwesend war und ihn mit einem raschen Blick um Nachsicht zu bitten schien, wenn ihre Härte allzu deutlich wurde.

Der Vater war acht Jahre älter als die Mutter. Er hatte relativ spät geheiratet. Als er altersmäßig ein junger Großvater hätte sein können, wurde sein einziger Nachkomme geboren. Äußerst schmerzlich für ihn war, dass seine Gattin, an einem möglichst intensiven Gesellschaftsleben interessiert, dem Kind offensichtlich mit Ablehnung begegnete und darauf im ehelichen Gespräch immer wieder hinwies. Machtlos fühlte sich der Gatte den deprimierenden Stimmungen seiner Frau ausgeliefert, die von ihm – er gehörte dem mittleren Kader seines Arbeitgebers an – weitere, aber kaum realisierbare Karriereschritte erwartete. Um sie zu besänftigen, hielt er sich mit negativen Kommentaren zu ihrer Einstellung gegenüber dem Sohn so weit wie möglich zurück und versuchte immer wieder, sie auf andere Gedanken zu bringen. Seinem Sohn konnte er unter diesen Umständen die väterliche Zuneigung in Anwesenheit der Gattin nicht offen zeigen. Sonst wäre er Gefahr gelaufen, dass sie ihn der Gleichgültigkeit gegenüber ihren Gefühlen beschuldigt hätte. Es hätte ihn nicht überrascht, wenn seine Frau ihn und den Sohn einer gegen sie gerichteten Verschwörung bezichtigt und dies zum Anlass genommen hätte, die Familie zu verlassen.

Der Vater sprach mit niemandem über seine Not. Seine Schwäche war sein Unvermögen, der Ehefrau klarzumachen, dass er ihre Haltung missbilligte. Er war auch nicht in der Lage, sie inständig zu bitten, ihr selbst und der Familie zuliebe in der Beziehung zum Sohn einen neuen, positiven Anfang zu machen. Vielleicht hätte er mit einem Hinweis auf die eigene Vergänglichkeit und auf die Verantwortung der Eltern für die ihnen anvertrauten Kinderseelen etwas erreichen können. Aber solche Schritte entsprachen nicht seinem eher technokratischen Naturell, das ihn auch daran gehindert hätte, die richtigen Worte zu finden.

Durch übermäßige Duldsamkeit bei kleineren und größeren Verfehlungen seines Sohnes meinte der Brückenbauer, seine kaum offenbarte Liebe indirekt ausdrücken zu können. Der Sohn merkte dies rasch und spürte früh, dass sein Vater unter dem Kommando der Mutter stand und insofern ein Gefangener war. Deshalb war auch der Knabe nachsichtig, wenn er feststellte, dass der Vater wieder einmal kampflos den Willen der Mutter gelten ließ, obwohl er mit ihr offensichtlich nicht einverstanden war. Im Übrigen flüchtete der Brückenbauer in seine Arbeit, für die er durchaus Anerkennung erhielt. Die Erziehung seines Sohnes überließ er der Schule und den allgemeinen Lebensumständen.

Der Helikopter landete auf dem Dach des Spitals. In der Hautklinik war das Ärzteteam telefonisch auf den Notfall vorbereitet worden. Alle Anstrengungen, das Leben der Frau zu retten, waren umsonst. Nach zwei Tagen verstarb sie an den schweren Verbrennungen, welche sie sich anscheinend unabsichtlich selbst zugefügt hatte. Ihr Gatte, mit dem sie nach dessen Pensionierung in die nördliche Heimat zurückgekehrt war, informierte die Angehörigen über das ungewöhnliche Unglück.

Aus seinem Bericht ging Folgendes hervor: Die Frau des Brückenbauers befand sich, wie oft bei angenehmem Wetter, auf dem Balkon des gemieteten Appartements im Liegestuhl, las die Zeitung und rauchte. Er saß zuerst auf einem Stuhl neben ihr und schaute nachdenklich in die Ferne. Dann ging er ins Arbeitszimmer, um ein Buch zu holen. Dabei trat er bei leicht geöffnetem Schiebefenster in den kleinen Salon, an welchen der Balkon grenzte. Von dort ging er ins Arbeitszimmer. Die Tür zum Arbeitszimmer ließ er offen. Im Arbeitszimmer war ein Fenster in Schrägstellung, damit Außenluft einströmen konnte. Während er nach dem Buch suchte, was einige Zeit dauerte, hörte er plötzlich gellende Angstschreie seiner Gattin, die ihm durch Mark und Bein gingen. Der Schrecken ließ ihn einen Augenblick lang erstarren. Dann drehte er sich rasch um und machte einige schnelle Schritte in den Salon hinein. Von dort sah er durch das Schiebefenster zu seinem Entsetzen die Gattin in Flammen und, wild gestikulierend, neben dem Liegestuhl auf dem Balkon kauern. Sofort ergriff er die in einem Sessel liegende Sofadecke, eilte auf den Balkon, warf sie über seine brennende Frau und konnte so die Flammen ersticken. Der Nachbar, der sich auf dem angrenzenden Balkon aufhielt, wurde durch die Schreie Zeuge der Schlussphase des furchtbaren Ereignisses und rief hinüber, dass er den ärztlichen Notfalldienst alarmiere. Nach etwa zehn Minuten, die dem früheren Brückenbauer wie eine grauenhafte Unendlichkeit schienen, traf das Notarztteam am Unglücksort ein und bestellte unverzüglich den Helikopter für den Transport der Frau in die Hautklinik.

Die amtliche Rekonstruktion des Unfallhergangs hielt Folgendes fest: Die Frau hatte ein weitfallendes Sommerkleid aus leicht brennbarem Material getragen. Während sie, eine Zigarette rauchend, in ihre Zeitung vertieft im Liegestuhl auf dem Balkon saß, hielt sich ihr Gatte im Arbeitszimmer auf. Plötzlich musste, von ihr unbemerkt, ein Stück Tabakglut von ihrer Zigarette auf das Kleid gefallen sein und dieses entfacht haben. Das leicht brennbare Gewebe des Kleids begünstigte die rasche Ausbreitung des Brandherds. Dazu trug wahrscheinlich auch der gelegentlich böige Wind bei, der zur Zeit des Unglücks auf der Balkonseite des Hauses herrschte. Nicht eindeutig zu beantworten war, ob und gegebenenfalls in welchem Ausmaß der Durchzug vom offenen Balkonschiebefenster zum schräg geöffneten Fenster im Arbeitszimmer die Ausbreitung der Flammen zusätzlich gefördert hatte. Es wurde angenommen, dass die Frau den Brand ihres Kleids zu spät realisiert hatte. Konsequenz: Als sie ihn wahrnahm, hatte er sich bereits so weit entwickelt, dass sie ihn nicht mehr löschen konnte und zunehmend schwere Verbrennungen erlitt. Ihre Schreie riefen den Gatten herbei. Dessen Löschversuch mit der Sofadecke führte dann zwar zur Tilgung des Brandes, aber die Folgen waren für die Frau derart gravierend, dass sie trotz aller Bemühungen der Ärzte nicht überlebte. Es gab keine Anhaltspunkte, an ihrem Selbstverschulden zu zweifeln. Ein teilweises Mitverschulden des Gatten wegen Nichtschließens der Tür zum Arbeitszimmer oder des dortigen Fensters fiel außer Betracht. Er hätte mit solchen Maßnahmen zwar vermeiden können, dass ein Durchzug entstand; dessen Einfluss auf die Brandausbreitung war jedoch nicht zu ermitteln und vermutlich gering. Zudem war es glaubhaft, dass der Gatte, wie seine Frau, nicht daran dachte, dass ihr Kleid wegen einer Zigarettenglut überhaupt Feuer fangen könnte. Andernfalls hätte die Gattin an diesem Tag wohl auf die Zigarette im Liegestuhl verzichtet oder eine andere Bekleidung gewählt oder wäre vom Gatten zum Einstellen des Rauchens auf dem Balkon gedrängt worden.

Der Sohn, nennen wir ihn im Folgenden Pietro, der nur wenige Kilometer von den Eltern entfernt wohnte, schloss eine Teilnahme an der Trauerfeier für seine Mutter aus. Der Gatte der Verstorbenen erklärte allen, die sich anlässlich der Abdankung nach dem Verbleib von Pietro erkundigten, dass dieser leider nicht erreicht werden konnte, was in einem gewissen Sinn die Situation zutreffend umschrieb.

Pietro nahm die Mitteilung des Vaters über den Hinschied der Mutter mit einer Mischung aus Gleichgültigkeit und Erleichterung auf. Mittlerweile war er vierzig geworden. Die Worte der Mutter vor dreißig Jahren hatten ihn stets verfolgt, vermutlich auch unbewusst. Während sein Vater damals Brücken baute, zerstörte die Mutter die Brücke zu ihrem Sohn. Endgültig. Damit begann sein Unglück.

Versagen

Die erste Schule, die Pietro besuchte, befand sich in der südlichen Hauptstadt. Seine Leistungen waren überdurchschnittlich. Er war vielseitig interessiert und verfügte immer über ein reichlich bemessenes Taschengeld. Letzteres war wohl in erster Linie ein deutlicher Versuch des Vaters, das seelische Manko zu kompensieren, das sich aus dem Verhalten der Mutter gegenüber dem Sohn ergab.

Als der Sohn des Brückenbauers etwa vierzehn Jahre alt war und offensichtlich pubertierte, begann sich in der Schule plötzlich Ungewöhnliches zu ereignen. Aus dem Umkleideraum vor der Turnhalle und aus Kleidungsstücken, die vor den Schulzimmern aufgehängt waren, verschwanden wiederholt kleinere Geldbeträge. Diebstähle waren in dem südlichen Land mit damals vielen Arbeitslosen und Armen, die auf legalem Weg einzig dank Unterstützung durch Familienangehörige überleben konnten, keine Besonderheit und ein Stück weit verständlich. Zur Situation in der ziemlich feinen Schule, die speziell für die Kinder von Zugewanderten aus dem nördlichen Ausland geschaffen worden war, passten solche Diebstähle aber nicht, denn das gesamte Areal wurde gut überwacht. Am einzigen Eingang, einem großen Tor, stand immer ein Kontrolleur. Jede nicht zum Schulbetrieb gehörende Person wäre dort sofort aufgefallen und am Zutritt gehindert worden. Das restliche Areal war von hohen Mauern umgeben, auf denen, wie bei geschützten Anlagen im ganzen Land üblich, Stacheldraht verlegt war. Somit bestand praktisch nur die äußerst unerfreuliche Möglichkeit, dass der Dieb oder die Diebin im Kreis der Bediensteten oder unter den Schülern zu finden sein musste. Dem Täter, der mit längeren Unterbrechungen aktiv wurde, kam man durch einen Zufall auf die Spur.

Ein älterer Schüler hatte seine große Mappe mit Zeichnungen auf die obere Abdeckung der Kästchen im Umkleideraum vor der Turnhalle gelegt und dort vergessen. Er dachte erst nach der folgenden Schulstunde daran, eilte zum Umkleideraum, riss hastig die Tür auf und überraschte den Dieb beim Entwenden eines kleineren Betrags aus dem Geldbeutel eines Mitschülers, der beim Turnen war.

Pietro gestand alle Diebstähle. Aber niemand konnte sich erklären, weshalb ausgerechnet er, mit seinem recht großen Taschengeld, sich schuldig gemacht hatte. War es eine kriminelle Veranlagung? – oder die Gier nach noch mehr? – oder das Bedürfnis, den Bestohlenen zu schaden? – Hatte er einzelnen Schulkameraden nur deshalb Geld entwendet, damit ihnen ebenfalls etwas fehlte, auch wenn es nur ein kleiner Betrag war, während ihm die mütterliche Zuneigung abging? Da er das gestohlene Geld gar nicht benötigte, hätte man sich auch fragen können: Waren die Diebstähle Ausdruck des bewussten oder unbewussten Wunsches, irgendwann erwischt zu werden, mit der Folge, dass man sich speziell um ihn kümmerte? Oder sollten seine Untaten dazu dienen, die Brücken zu anderen Schülern und zur Schule abzureißen? War es also ein Trieb, Beziehungen und letztlich sich selbst zu zerstören?

Diese und andere Fragen zur Ergründung und Behandlung der Ursache der unerklärlichen Verstösse wurden nicht gestellt. Man beschränkte sich auf die nüchterne Feststellung, dass der Sohn des Brückenbauers gestohlen hatte. Einzelne erinnerten sich dabei an den populären, aber von der Psychiatrie abgelehnten Begriff der sogenannten Kleptomanie, ein nicht behandelbarer krankhafter Hang zum Stehlen; man hoffte, dass die betroffene Person eines Tages diesen leidigen Trieb einfach loswerde wie einen Schnupfen. Der Ausdruck Kleptomanie beinhaltete also von Anfang an eine abschließende Beurteilung, wobei eine allenfalls spontane Heilung nicht ausgeschlossen wurde. Aber auch im Fall von Pietro war es mit der simplen und irreführenden Bezeichnung seines Verhaltens nicht getan. Spezialisten hätten beauftragt werden müssen, seine eigentlichen Beweggründe fürs Stehlen zu erkennen, um den Jüngling dann entsprechend zu therapieren. Letzteres unterblieb aber. Mit schwerwiegenden Folgen.

Der Vater des jungen Diebs musste den Schaden, der sich in Grenzen hielt, begleichen. An einen weiteren Besuch der Schule, wo nach kurzer Zeit alle vom Vorfall wussten, war nicht zu denken. Bald fand sich in der nördlichen Heimat des Brückenbauers eine Privatschule, die den Sohn aufnahm, nachdem der Schulleitung korrekterweise über die Diebstahlsgeschichte berichtet worden war.

Nahezu vierzig Jahre später erinnerte sich sein einstiger dortiger Zimmerkamerad an ihn, und zwar im Gespräch mit einem Kunden. Sie waren auf die Gymnasialzeit zu sprechen gekommen. Der etwa gleichaltrige Kunde hatte seinerzeit ein öffentliches Gymnasium besucht. Zur beiderseitigen Überraschung mussten sie feststellen, dass sie in der Person von Pietro einen gemeinsamen früheren Schulkameraden hatten. Unmittelbar nacheinander hatten sie mit ihm die Schulbank gedrückt. Denn an der Privatschule hielt sich der Schüler, dessen Eltern im Süden blieben, nur rund zwei Jahre auf. Sein damaliger Zimmerkamerad, der ihn nachher aus den Augen verlor, bedauerte die aus heiterem Himmel verbreitete Mitteilung der Schulleitung, dass der Sohn des Brückenbauers wegen Unregelmäßigkeiten nicht mehr an der Schule sei. Weitere Erklärungen wurden nicht gegeben. Nur wenige Personen, darunter auch der Zimmerkamerad, erfuhren aber, dass er sich eines Diebstahls schuldig gemacht hatte. Außer der Schulleitung wusste jedoch nur ein etwas älterer Schüler, der vorher ebenfalls die Schule in der südlichen Hauptstadt besucht hatte und dann auf Veranlassung seiner Eltern an die gleiche Privatschule im Norden übergetreten war, dass hier ein Wiederholungstäter am Werk war. Wieder unterblieb jeglicher Versuch, die Beweggründe für dessen Verhalten zu ermitteln.

Im Gespräch zwischen dem einstigen Zimmerkameraden an der Privatschule und seinem Kunden erinnerte sich Letzterer, dass sein damaliger Mitschüler am öffentlichen Gymnasium ihm in einem schwachen Moment vom schwierigen Verhältnis zur Mutter berichtet hatte. Dabei erwähnte er auch im Klartext die bösen Worte, die sie ihm, als er zehn Jahre alt war, an den Kopf geworfen hatte.

Pietro blieb also im Norden. In einer Kleinstadt besuchte er nun das öffentliche Gymnasium. Dort gab es auch ein Schülerheim, eine spezielle Unterkunfts- und Verpflegungseinrichtung für auswärtige Schüler, die wegen schlechter Verkehrsverbindungen nur abends oder sogar lediglich wöchentlich nach Hause zurückkehren konnten. Einzelne, deren Eltern im Ausland lebten, waren ohne Unterbrechung monatelang in diesem Schülerheim; sie hatten nur zur Ferienzeit die Möglichkeit heimzureisen. So war es auch bei Pietro. Seinen neuen Klassenkameraden teilte man nur mit, er komme aus dem Süden. Die Privatschule, die er unmittelbar vorher besucht hatte, blieb offiziell unerwähnt. Pietro berichtete aber einigen Mitschülern darüber, allerdings ohne Einzelheiten zu erzählen.

In kurzer Zeit hatte er guten Kontakt zu den meisten der neuen Schulkameraden, die es interessant fanden, dass er zuerst im Ausland zur Schule gegangen war. Einem der Gefährten erzählte er anlässlich der Wahl eines Bekannten seines Vaters in ein hohes Staatsamt, dass der Gewählte vor Jahren in der südlichen Hauptstadt gelebt und ein daher gelaufenes Kätzchen misshandelt habe. Sein Vater habe seinerzeit davon erfahren und mit Erstaunen zuhause über den Vorfall berichtet. Diese Geschichte wirkte auf den Gefährten vor allem deshalb so merkwürdig, weil der Sohn des Brückenbauers sonst nie über Tiere sprach und sich nichts aus ihnen machte.

Nach etwa einem Jahr musste Pietro das Schülerheim verlassen. Er war abermals bei einem Gelddiebstahl ertappt worden, obgleich er über ein viel größeres Taschengeld als seine Mitschüler verfügte. Nun war er gezwungen, ein Zimmer bei einer Familie zu mieten. Eine etwas jüngere auswärtige Schülerin von wohlhabender Herkunft, die bei einer anderen Familie ein Zimmer hatte, wurde in der Freizeit seine ständige Begleiterin. Sie war umgänglich und ziemlich lebhaft, konnte ihm aber keinen Schwung verleihen, der sich in besseren schulischen Leistungen niedergeschlagen hätte. Im Gegenteil, der Sohn des Brückenbauers baute in der Schule sukzessive immer mehr ab. Schließlich musste er kurz vor der Matura wegen ungenügender Noten das Gymnasium verlassen. Wieder war eine Brücke zerstört.

Von seinem Versuch, an einer weiteren Privatschule in einer großen Universitätsstadt die Reifeprüfung vorzubereiten, wussten nur wenige seiner früheren Schulkameraden. Auch sein erneutes Scheitern wurde kaum bekannt. Danach zog er in eine andere Hochschulstadt, wo er die Aufnahmeprüfung für die Zulassung zu einer bestimmten Fakultät ablegen wollte. Wie schon zuvor fühlte er sich trotz seiner Begabung außerstande, die zur Vorbereitung der Prüfung erforderliche Energie aufzubringen. So konnte es nicht erstaunen, dass er nicht bestand.

Danach war sein Vater bestrebt, unter Einschaltung eines ihm bekannten Personalverantwortlichen des diplomatischen Dienstes, dem Sohn eine Bundesstelle zu verschaffen. Die Idee war abwegig. Denn der Personalverantwortliche machte dem Vater ohne Umschweife klar, dass der Sohn mindestens über einen kaufmännischen Lehrabschluss oder eine Matura verfügen müsse, um eine Chance zu haben, dass man die Bewerbung überhaupt prüfe. Da Pietro die genannten Voraussetzungen nicht erfüllte und keine Bereitschaft zum intensiven Lernen zeigte, um die Matura doch noch zu bestehen, versandete das Ansinnen des Vaters.

Die Beziehung zur reichen früheren Schülerin, die er von der Gymnasialzeit her kannte, löste Pietro aus unerfindlichen Gründen überraschend auf. Wollte er einfach keine dauerhafte Bindung? War sie ihm, dem Versager, zu dominant geworden? Erinnerte sie ihn etwa an seine Mutter, wenn sie etwas Härte zeigte, in der guten Absicht, ihn zu einem neuen Ausbildungsanlauf und zu einem ordentlichen Abschluss anzuspornen? Ihre Rettungsversuche blieben jedenfalls erfolglos; vermutlich wollte er gar keine Rettung.

Eines Tages teilte er einem ehemaligen Schulkameraden, der nun studierte, mit, dass er eine neue Freundin habe und beabsichtige, sie zu heiraten, da sie ein Kind von ihm erwarte. Als er vierundzwanzig Jahre alt war, wurde sein einziger Sohn geboren. Die Ehe geriet rasch in Schwierigkeiten. Nach zwei Jahren wurde sie geschieden. Das Kind kam in die alleinige Obhut der Mutter. Der Sohn des Brückenbauers hatte wieder eine Brücke weniger.

Rückzug

Plötzlich blieb Pietro auch für die wenigen seiner einstigen Schulkameraden, mit denen er noch Kontakt gehabt hatte, unauffindbar, wie verschollen. Später war zu vernehmen, dass er keinen weiteren Versuch unternommen hatte, eine Ausbildung zu absolvieren. Da er nach der Scheidung nicht bereit war, irgendeine Tätigkeit zur Einkommenserzielung auszuüben, musste sein Vater schweren Herzens für seinen Lebensunterhalt aufkommen.

Der Vater hatte den Wunsch, gelegentlich mit ihm zu reden. Deshalb zog sein Sohn an einen Ort, der nur wenige Kilometer von der Gemeinde entfernt war, in der sich seine Eltern nach der Pensionierung des Vaters niedergelassen hatten. Pietro bewohnte eine bescheidene möblierte Mansarde. Seine Tage und Nächte verbrachte er meistens in der Bar ›Da Franco‹ (bei Franco), manchmal auch in zwei oder drei anderen Lokalen.

Vor Jahren, er wusste nicht mehr wann, hatte er beschlossen, dass seine Mutter für ihn aufgehört hatte zu existieren. Ihm war aber klar, dass dieser Beschluss zu Lebzeiten der Mutter nur dann wirksam sein konnte, wenn er nicht mehr an sie als lebende Person dachte. Dies gelang ihm indes nicht immer. Wenn er bei Franco in der Bar saß, fast täglich ab elf, schweiften seine Gedanken oft in die Vergangenheit ab. Im Vergleich zu jenem schrecklichen Ereignis, als ihm seine Mutter ihren Widerwillen gegen seine bloße Existenz mit unmissverständlicher Härte offenlegte, verblassten die meisten Erlebnisse aus früheren Zeiten. So blieb die ihn ablehnende Mutter in seinen Gedanken – wenn auch höchst ungewollt – stets gegenwärtig. Wie er sie einst vor und während der Geburt bedrückt hatte, so bedrückte sie ihn in Gedanken noch nach vielen Jahren der Trennung. Am heftigsten zu schaffen machte ihm dabei, dass er sich bewusst war, auch ein Teil von ihr zu sein.

Seine Mutter hatte vor langer Zeit die Brücke zu ihm abgebrochen. Wie viele Brücken zu Menschen, die ihm ursprünglich wohlgesinnt waren, hatte er seither zerstört? Machte ihm dies tatsächlich etwas aus? War es ihm egal oder tat es ihm sogar gut? Er wusste es nicht, wollte es gar nicht wissen.

Als er die Nachricht vom Hinschied der Mutter erhielt, existierte sie für ihn und alle anderen nicht mehr. Somit war sein früherer Beschluss überflüssig geworden. Und doch wurde er das Bild von einst, wie sie am

Tisch in der Wohnung in der südlichen Hauptstadt saß und ihn, den Zehnjährigen, mit hässlichen Worten wie einen lästigen Gegenstand endgültig von sich stieß, nicht los.

In der Bar ›Da Franco‹ herrschte stets eine entspannte, freundliche Atmosphäre. Man konnte sich an die Theke setzen oder an einem der kleinen runden Tischchen Platz nehmen. Pietro saß am liebsten an einem Tischchen in einer hinteren Ecke des Lokals. Dort konnte man die Gespräche der Gäste an der Bar meist nur als undeutlichen Stimmenschwall vernehmen; er war in Gesellschaft und doch allein. In der Regel bestellte er einen Espresso, oft auch – bereits am Vormittag – einen Cognac oder Calvados dazu, und vergrub sich in seine mitgebrachte Lektüre oder in eine Zeitung. Wenn er in seinem schleppenden Gang zur Tür hereinkam, fiel sofort auf, dass er stark übergewichtig war. Wegen seiner unterdurchschnittlichen Körpergröße wurde dies besonders gut sichtbar. Zudem hatte er als Folge des großen Alkoholkonsums ein stark gerötetes, aufgedunsenes Gesicht. Wer seinen dunklen Augen begegnete, schaute in eine große Traurigkeit. Zuerst brachten sie zum Ausdruck: »Störe mich nicht. Ich werde dir nicht verraten, was mich quält.« Kam es dann doch zu einer kurzen Diskussion mit Franco oder einem der Stammgäste, versuchten seine Augen zu warnen: »Halte Distanz, sonst werde ich zurückschlagen.«

Franco, gegen sechzig mit Halbglatze und ziemlich schlank, hatte Erfahrung mit solchen Zeitgenossen. Er verstand es, mit wenigen unverbindlichen und freundlichen Worten einen oberflächlichen Kontakt herzustellen, der seinem sensiblen, traurigen Gast ein bisschen Wärme und zugleich das Gefühl gab, dass er ihm nicht zu nahe kommen wollte.

Manchmal blieb Pietro eine Stunde in der Bar, manchmal länger, hin und wieder bis zum Abend. Dabei rauchte er unablässig seine starken französischen Zigaretten. Wovon er seinen Lebensunterhalt bestritt, blieb ein Rätsel. Eine geringe Invalidenrente hätte für den großen Alkohol- und Tabakkonsum bestimmt nicht ausgereicht und ohnehin schlecht dazu gepasst. Die Einheimischen, die bei Franco verkehrten, wussten von ihm nur, dass er in der Nähe eine Mansarde bewohnte. Mit der Zeit gewöhnte man sich an ihn und an die in einer kleinen Stadt seltene Unkenntnis über seine Herkunft und wirtschaftlichen Lebensumstände. Wenn er das Lokal verließ, murmelte er einen kaum hörbaren Gruß, und Franco wusste: Morgen kommt er wieder, sofern er seine Mansarde verlässt. Denn es kam vor, dass er tagelang nicht zu sehen war. Im ›Da Franco‹ mutmaßte man dann, dass er sich in der Mansarde dem Alkohol und Nikotin hingebe. Vielleicht sei es eine Sparmaßnahme, dass er nicht ausgehe.

In seiner Behausung standen Whisky- und Cognacflaschen mit unterschiedlichen Füllgraden umher. Angebrochene Zigarettenpackungen lagen auf dem einzigen Tisch. Mehrere Aschenbecher mit Zigarettenresten und Asche fanden sich in der kleinen Mansarde auf dem Tisch, im winzigen Dusch- und Toilettenraum, in der Kochnische und auf der kleinen Kommode beim Bett. Seine persönliche Habe bestand aus einigen älteren Langspielplatten und einem Plattenspieler aus den sechziger Jahren sowie zirka dreißig meist anspruchsvollen Büchern aller Art; im ziemlich ramponierten Schrank hatte er seine recht elegante, aber spärliche Garderobe. Wenn er das Haus verließ, wirkte er trotz seiner Unförmigkeit ziemlich würdevoll, was wohl an seinem langsamen Gang, seiner aufrechten Haltung sowie an seinem stets sorgfältig gekämmten Haar und seiner immer sauberen Rasur lag. Niemand wusste, ob er schneller hätte gehen können. Sein aufreizend schleppendes Schrittmaß brachte zum Ausdruck, dass er es nicht eilig hatte, wenn er zielstrebig auf die Bar von Franco zusteuerte oder ausnahmsweise ebenso dezidiert von seiner Standardroute abwich.

Unter seinen Schallplatten befand sich eine, die 1958 entstanden war; er hatte sie kurz nach ihrem Erscheinen gekauft. Damals besuchte er das öffentliche Gymnasium. Die Platte begleitete ihn seither von Domizil zu Domizil. Auf der Umschlaghülle war Frank Sinatra abgebildet, geschminkt als Clown, als trauriger, schöner Clown. Die Platte trug den Titel ›Only the lonely‹. Der von Sinatra ergreifend interpretierte Song ›Only the lonely‹ war für die Pflege seines Selbstmitleids wie Balsam.

Da er alle Beziehungen zu den früheren Weggefährten abgebrochen hatte, erfuhr er nicht, dass ein besonders begabter einstiger Mitschüler, der seinerzeit ebenfalls das öffentliche Gymnasium besucht hatte, freiwillig aus dem Leben geschieden war. Dieser Schulkamerad von einst hatte anfänglich die besten Noten gehabt. Dann bekam er plötzlich den Rappel, nichts mehr zu lernen und den Unterricht häufig zu schwänzen, unter allen möglichen Vorwänden. Solche die Norm verletzende Unbotmäßigkeit veranlasste die Lehrerschaft keineswegs zu dem Versuch, den offensichtlich allzu heftig pubertierenden Jüngling zur Vernunft zu bringen. Der schwierige Schüler erhielt vernichtende Zensuren und die Schule war einen vorübergehend verwirrten, aber besonders klugen Kopf los. Darauf absolvierte er mit wenig Begeisterung eine kaufmännische Lehre. Nicht ganz überraschend fand er sich in der praxisorientierten beruflichen Umgebung, immer weniger zurecht. Er haderte mit dem Schicksal, hatte aber nicht den Mut zu einem späten Neuanfang der gymnasialen Ausbildung. Offenbar fühlte er sich alleingelassen, ohne Perspektive und wie von unüberwindlichen Mauern umgeben. Schließlich musste er zu dem Schluss gekommen sein, dass er das faktische Ende nur noch zu vollziehen brauchte.

Demgegenüber reagierte Pietro auf sein ihm wohlbewusstes Versagen mit Apathie und mit enormem Alkohol- sowie Nikotinkonsum. Er wandte gewissermaßen die Methode der sukzessiven Selbstzerstörung an.

Endzeit

Wenn der frühere Brückenbauer seinen Sohn gelegentlich in der nahen größeren Stadt, wo sie niemand kannte, traf und mit seinen alten Augen ansah, war ihm klar, dass das Ende ihrer individuellen Wegstrecken nicht weit auseinanderliegen würde. In solchen Momenten fand es der Sohn besonders merkwürdig, dass die Zeit, nach der das Leben aller organisiert ist, immer vorwärtsläuft, während das einzelne Leben von einem in seiner Höhe unbekannten Zeitkredit aus bis zu dessen Aufbrauchen, also eigentlich bis null, zurückläuft. Und derweil liefen die Uhrzeiger, auch diejenigen auf der Pendule, die er von der südlichen Hauptstadt her kannte, immer im Kreis herum, immer wieder dorthin, wo sie schon gewesen waren.

Im Nachhinein war der Vater froh, dass sein Sohn nicht zur Beisetzung der Mutter erschienen war. Die Angehörigen hätten einen furchtbar deprimierenden Anblick auf sich nehmen müssen. Für das Scheitern des Sohnes wäre hinter vorgehaltener Hand oder eventuell weniger rücksichtsvoll ebenfalls der Vater verantwortlich gemacht worden. Nicht einmal zu Unrecht, wenn er an die seinerzeitige Behandlung des Knaben durch die Mutter und sein eigenes duckmäuserisches Verhalten dachte. Möglicherweise waren schon längst Einzelheiten bekannt geworden. Was für eine schreckliche Vorstellung.

Angesichts der Lebensführung des Sohnes stand der Vater unvermindert vor einem Rätsel. Er suchte immer wieder nach Erklärungen und meinte, dass der Sohn sein Verhalten, das er etwa ab dem vierzehnten Altersjahr zeigte, nicht geerbt haben konnte. Denn über eine Veranlagung zum Nichtstun und Sich-treiben-Lassen sowie zum Alkoholismus war von den Vorfahren väterlicher- und mütterlicherseits nichts bekannt. Aber aus der Luft konnte das Verhalten dennoch nicht gekommen sein. Irgendwo musste sich doch der Ursprung finden lassen. Aber wo? So blieb für den Vater unerklärlich, woher sein Sohn – trotz überdurchschnittlicher geistiger Anlagen – seine Unfähigkeit zu irgendwelcher Leistungserbringung haben könnte.

Frühere Appelle an den Ehrgeiz und den Stolz von Pietro waren wirkungslos verhallt. Der Vater hegte deshalb die Vermutung, dass sein Sohn als Einziger der Familie eine jeglichen Antrieb abwürgende Bremswirkung in sich haben müsse, außer beim Wunsch nach Espresso, Alkohol und Nikotin. Zudem ortete er eine Mitschuld am Scheitern des Sohnes bei der Gattin und Mutter. Ihre Alleinschuld vermochte er jedoch nicht zu bejahen. Die Dauerwirkung ihrer einstigen seelischen Untaten schien ihm nur möglich, weil der Sohn die Veranlagung, derart schlimm darauf zu reagieren, schon immer in sich trug. Es musste sich also um eine entsprechende Disposition handeln, eine seelische Mixtur, über die nur er verfügte. Im Prinzip galt dies ja für alle Menschen, allerdings im Einzelfall mit erheblichen Unterschieden und kaum mit derart schlimmen Auswirkungen. Das Verhalten der Mutter gegenüber dem heranwachsenden Kind war wohl so etwas wie der Auslöser einer sich sukzessive verschärfenden Entwicklung gewesen, die sich auch nach der Pubertät nicht legte und aus der es schließlich kein Entrinnen gab. Und dies führte zwangsläufig zur endgültigen Katastrophe. Was blieb, war der schwere Vorwurf, dass die Mutter sich nie darum gekümmert hatte, welche seelischen Schädigungen von ihrem abweisenden Verhalten ausgegangen waren.

Diese Gedanken behielt der ehemalige Brückenbauer aber für sich, zumal er wegen seiner jahrelangen falschen Nachsicht nie etwas unternommen hatte, um seine Gattin in die Schranken zu weisen.

Nach dem Tode seiner Frau war es in seiner Wohnung ziemlich still geworden. Plötzlich begann er wieder, das viertelstündliche helle Klingen des Glöckchens der Pendule zu hören.

Der Sohn schritt mit seinem schleppenden Gang weiterhin die Sinnlosigkeit des ihm offenbar vorgezeichneten Weges ab, scheinbar mit Bedacht und unaufhaltsam, bis zum längst erahnten bitteren Ende. Von Ausweglosigkeit zu sprechen, wäre insofern unzutreffend gewesen, als er gar keinen Ausweg zu suchen schien, offensichtlich seinen selbst gewählten Kurs für richtig hielt und nicht ändern wollte. Er war auf seinem Weg.

Seine weitgehende Abkapselung und die damit verbundene Traurigkeit vermittelten Pietro eine gewisse, fast rechthaberische Befriedigung. Denn für ihn war das Leben schon lange eine bedeutungslose Veranstaltung ohne lohnende Ziele. Dass sich viele Menschen so ernst nahmen, war ihm schon zur Zeit seiner Versuche, die Matura oder die Uni-Aufnahmeprüfung zu bestehen, unbegreiflich. Aus seiner Sicht hätten die laufenden Ausscheidungen des menschlichen Körpers dazu führen sollen, dass sich die Menschen im Kreis der Lebewesen eher in Deckung begeben müssten, statt sich in den Vordergrund zu drängen. Wenn er an die zahlreiche Kriege im Lauf der Geschichte, an die Vernichtungslager und an andere menschliche Schandtaten dachte, war ihm unerfindlich, weshalb in gewissen Religionen ausgerechnet der Mensch als Krone der Schöpfung bezeichnet wurde. Der Mensch, das Lebewesen mit dem größten Zerstörungspotenzial, das jedes Raubtier klein aussehen ließ, müsste doch hinten anstehen. Wenn ihm solche Dinge durch den Kopf gingen und er hörte, dass die Würde des Menschen unantastbar sei, blieb ihm nur die Frage: »Worin besteht sie denn, die Würde des Menschen?«

Er hatte viel Zeit zum Nachdenken und Grübeln. Weder berufliche noch familiäre Obliegenheiten – nach der raschen Scheidung gehörten Letztere der Vergangenheit an – sorgten für Ablenkung. Für die Art, wie er seine Tage verbrachte, war Voraussetzung, dass der Vater ihn auf Dauer unterstützen konnte. Zugleich war dies für ihn wohl ein weiteres Unglück, weil der existenzielle Kampf zum Geldverdienen nicht bestand, solange er sich mit seiner studentenhaften Behausung zufriedengab und selbst ein geringer sozialer Aufstieg für ihn ohne Attraktivität blieb. Bedeutungslos schien ihm die Lebensdauer, die nach geologischen Maßstäben ohnehin bei allen wenig über null hinausreichte. Ihm war es meistens gleichgültig, was andere über ihn denken mochten. Er konnte sich nicht vorstellen, dass das posthume Urteil von Belang sein würde. Manchmal, wenn er in den Augen anderer Menschen Mitleid, Geringschätzung, Ablehnung oder gar Verachtung zu lesen glaubte, stach ihn eine Weile sein verbliebener Stolz. Aber bald verlor sich dieses Aufbäumen wieder und machte seiner üblichen Teilnahmslosigkeit Platz, die er anderen Personen und sich selbst gegenüber an den Tag legte. Das Gefühl der Lebensfreude, das er als junger Mensch noch gelegentlich verspürt hatte, war ihm fremd geworden.

Die Ursachen seines Scheiterns und seiner Einsamkeit lagen, das war ihm klar, fast ausschließlich bei ihm selber. Hätte er seinem Vater eines Tages erklärt, dass er eine Arbeitsstelle angenommen habe, wäre er zuerst auf Unglauben gestoßen. Der alte Mann hatte sich nämlich längst damit abgefunden, dass seinem Nachkommen nicht zu helfen war. Alles, was er tun konnte, war, hin und wieder am Rand des einsamen Weges seines Sohnes aufzutauchen, als letzte Verbindung zur Welt von einst, als er große väterliche Hoffnung auf einen erfolgreichen beruflichen Werdegang seines Sprösslings hegte. Dessen frühere Neigung zu kleinen Diebstählen in den verschiedenen Schulen hielt er zwar für blamabel; zudem verursachten sie Umtriebe. Damals fand er aber, dass man sie nicht überbewerten sollte. Nach seiner Meinung handelte es sich um vorübergehende jugendliche Missetaten, die sich nicht weiter auswirken würden. Damit hatte er in Bezug auf den Schaden, der anderen zugefügt wurde, nicht Unrecht. Aber er übersah, dass es eine ungelöste Hauptfrage gab: die Frage nach den Motiven des Täters.

Eines Tages erschien der Sohn nicht zur vereinbarten Begegnung in der nahen Stadt. Nachforschungen ergaben, dass er kurz vor dem geplanten Treffen tot in der Mansarde aufgefunden worden war. Als Todesursache wurde ›Herzschlag‹ vermerkt. Im Alter von knapp fünfundvierzig Jahren hatte er seine traurigen Augen für immer geschlossen.

Einige Monate später verschied auch der ehemalige Brückenbauer. In dem Bewusstsein, dass ihn sein Sohn nicht mehr brauchte, schwand die ihm noch verbliebene Energie rasch dahin. Wohin mochte die Pendule mit dem hellen Glöckchen nachher gelangt sein?

War es wirklich ein Unfall?

Zehn Jahre später, zu Beginn der neunziger Jahre, hielt sich einer der früheren Mitschüler von Pietro in Kuala Lumpur auf. Eines Abends besuchte er ein Shopping Center am Stadtrand. Dort entdeckte er plötzlich eine Compact Disc mit dem Bild von Frank Sinatra als Clown auf der Vorderseite und den großen Lettern ›Only the lonely‹, der Titelsong der CD. Sofort erinnerte er sich an die längst vergangene Zeit im Schulheim des öffentlichen Gymnasiums. Vor seinem geistigen Auge sah er das Zimmer, wo Pietro damals mit einem anderen Schüler einquartiert worden war, und wie jener aus der mit dem Clown-Bild versehenen Hülle die Platte genommen hatte, um Sinatras Interpretation von ›Only the lonely‹ abspielen zu lassen. Der einstige Klassenkamerad kaufte die CD und fragte sich, was wohl aus Pietro geworden sein könnte. Etwa 1964, in seiner Studienzeit, hatte er ihn letztmals gesehen und dann nichts mehr von ihm gehört.

Nach Europa zurückgekehrt, nahm er mit einem ihm dem Namen nach bekannten Onkel von Pietro Kontakt auf. Von diesem erfuhr er die schreckliche Geschichte über den Verbrennungstod der Gattin des ehemaligen Brückenbauers, der Mutter von Pietro. Die Art wie der Mann davon erzählte, hatte etwas Rätselhaftes an sich. Dies musste jedoch nichts bedeuten und konnte auch daran liegen, dass ihm die Schilderung des erschütternden Ereignisses aus der eigenen Familie große Mühe bereitete. Dem früheren Mitschüler von Pietro kamen dabei Zweifel. Er konnte sich des Gedankens nicht erwehren, dass es nicht unbedingt ein Unfall gewesen sein musste, welcher zum Tod der Frau geführt hatte. Die Unterhaltung verlief auch sonst recht mysteriös, vor allem insofern, als der Onkel von Pietro nichts über dessen Verbleib zu wissen schien. Er meinte offenbar immer noch, dass Pietro irgendwo lebe, aber für die Verwandtschaft unerreichbar sei. Im restlichen Verlauf des Gesprächs gab er auf die unauffällig gestellte Frage nach dem Bürgerort der Familie ohne Weiteres Auskunft.*

Hierauf kontaktierte der ehemalige Klassenkamerad am Bürgerort der Familie von Pietro die Amtsstelle, welche diese Lebensdaten registrierte. So erhielt er Kenntnis vom Hinschied von Pietro, der rund zehn Jahre zurücklag. Auch der Sterbeort wurde ihm genannt. Das dortige Bestattungsamt bestätigte dann das Sterbedatum und die Beisetzung. Nochmals setzte sich der einstige Klassenkamerad von Pietro mit dessen Onkel in Verbindung, der mit sichtlichem Erstaunen zur Kenntnis nahm, dass sein Neffe längst verstorben war.

Im Zusammenhang mit dem tödlichen Unglück der Frau des früheren Brückenbauers wurde auf die äußeren Umstände und Aussagen

* Am schweizerischen Bürger- oder Heimatort einer Familie werden von allen ihren Angehörigen die wichtigsten Lebensdaten – Geburtstage, jede Verheiratung und Scheidung, Nachkommen, Todestage – unter Ortsangabe erfasst.

des Gatten sowie des Nachbarn, der sich nebenan auf seinem Balkon aufgehalten hatte, abgestellt. Letzterer war Zeuge am Rand des Geschehens und hatte die Rettung alarmiert. Der Gatte und dieser Zeuge waren Leute, denen man Vertrauen schenkte. An ihren Schilderungen wurde folglich nicht gezweifelt, zumal sie zu den Feststellungen des Ärzteteams passten, das zuerst am Unglücksort eingetroffen war und die Helikopterbesatzung alarmiert hatte. Somit schienen spezielle zusätzliche Abklärungen nicht erforderlich. Der Inhalt des amtlichen Berichts stand von Anfang an fest. Daraus ergab sich insbesondere, dass die Gattin des ehemaligen Brückenbauers ihren schrecklichen Tod selber verursacht habe. Im Grund war das gut so, auch wenn ein anderer Hergang des Unglücks vorstellbar wäre, nämlich kein schwerer Unfall war, sondern eine absichtlich herbeigeführte Tötung.

Im Fall eines Verbrechens, was jedoch seinerzeit nicht zur Diskussion stand, konnte man sich folgenden Gang der Ereignisse vorstellen:

Eines Tages stellte der alte ehemalige Brückenbauer fest, dass seine Kräfte deutlich nachließen. Da war es naheliegend, dass er sich fragte, was aus seinem Sohn würde, sollte er nicht mehr für ihn aufkommen können. Über viele Jahre hatte er gegen den Willen der Gattin einen insgesamt hohen Betrag an den Sohn überwiesen. Die Summe überstieg seinen Anteil am ehelichen Vermögen bei Weitem. Mit einem Schlag wurde ihm bewusst, dass sein Ableben für den Sohn schlimme Auswirkungen haben würde. Denn von der Mutter hatte dieser nichts zu erwarten, außer konsequente Ablehnung jeglicher weiteren finanziellen Unterstützung.

In seiner Verzweiflung wandte sich der Mann an seinen etwa gleichaltrigen Nachbarn, mit dem er oft diskutierte und gelegentlich eine Partie Schach spielte. Mit der Zeit entstand zwischen ihnen ein enges Vertrauensverhältnis. So berichtete der ehemalige Brückenbauer dem Nachbarn auch über die tragische Geschichte mit seinem Sohn. Sie waren sich einig, dass der Vater sich kein weiteres Mal durch Untätigkeit schuldig machen durfte. Nach dem möglichen baldigen Tod des Vaters sollte es also nicht zu einer späten zusätzlichen Tortur des Sohnes durch die Mutter kommen. Dass die Frau ihre seelische Untat nie bereute, fanden die beiden Schachfreunde entsetzlich.

So kamen sie zu dem Schluss, dass die Problemlösung in einem vermeintlichen Selbstunfall mit Todesfolge zu liegen hatte. Da die Gattin auf dem Balkon immer zu rauchen pflegte, wobei eine Glut auf ihr leicht brennbares Kleid fallen und ein größeres Feuer entfachen konnte, war eine gewisse Selbstgefährdung der Frau durchaus gegeben. Aber sicher war es nicht, dass eine Glut unbemerkt auf das Kleid gelangen und sich ein tödlicher Brand entwickeln würde. Die beiden Männer waren sich einig, dass man nachhelfen musste, um dieses Ziel zu erreichen. Und wichtig: Es musste unbedingt nach einem Unfall aussehen.

Eines Tages, als die Gattin des ehemaligen Brückenbauers wieder auf dem Balkon im Liegestuhl Platz genommen, sich eine Zigarette angezündet und in ihre Zeitung vertieft hatte, saßen ihr Gatte und der Nachbar auf Stühlen seitlich neben ihr, angeblich um sich leise zu unterhalten, aber effektiv in der Absicht, eine unübersichtliche Situation zu schaffen. Während nun seine Gattin die Zeitung las, gab der ehemalige Brückenbauer aus einem Plastikbecher eine kleine, aber ausreichende Menge Brennspiritus unauffällig auf den Saum des leicht brennbaren Kleids seiner Frau. Sofort danach zündete er sich eine Zigarette mit dem Feuerzeug vorgeblich derart ungeschickt an, dass er in die Nähe des Kleids geriet und dieses anzündete. Und rasch breitete sich der Brand aus.

Eilends verließ darauf der Nachbar den Balkon und das Appartement, begab sich sofort in seine Wohnung und betrat nach kurzem Innehalten seinen Balkon. Zugleich ging der Gatte rasch ins Arbeitszimmer, um dort seine Zigarette wegzulegen und gleich, aber nicht zu früh, mit der Sofadecke in der Hand auf den Balkon zur schreienden Gattin zurückzukehren, damit er einen viel zu späten Löschversuch unternehmen konnte.

Der Nachbar wurde offiziell Zeuge des Geschehens nebenan und rief hinüber, dass er den Notarzt alarmieren werde.

Denkbar war auch, dass der Ehemann die Tat allein begangen hatte, ohne den Nachbarn einzuweihen und beizuziehen. Dieser hätte sich in diesem Fall eher zufällig auf seinem Balkon aufgehalten und dann den Notarzt alarmieren können.

Die Möglichkeit eines Verbrechens blieb aber nur eine spätere theoretische Variante eines Außenstehenden, als der Sohn sowie sein Vater, der Ehemann der verbrannten Frau, längst gestorben waren. Weder die Behörden noch Angehörige befassten sich im Nachhinein mit entsprechenden Überlegungen.

Somit ließ sich nur feststellen, dass die Gattin des früheren Brückenbauers – unabhängig vom tatsächlichen Gang der damaligen Ereignisse – ihr schreckliches Ende provoziert hatte. Entweder war es eine Folge ihrer Unachtsamkeit gemäß Unfallbericht oder eine Verzweiflungstat des Gatten, deren wesentliche Ursache beim Opfer lag. Wie dem auch sei, es schien, dass sich ein großes Unrecht nach langer Zeit zurückgemeldet hatte, um gesühnt zu werden.

Das Versteck

I.

Es war im Sommer 1952. Im vollbesetzten Speisesaal des vorwiegend von Familien besuchten Hotels Ropini im kleinen Badeort an der Adria herrschte ein gewaltiges Getöse. Dann ging das Abendessen zu Ende und der Lärmpegel sank rapide, denn viele Gäste begaben sich noch auf einen kurzen Spaziergang, andere steuerten die gepolsterten Stühle im Freien oder direkt die Bar an. Dort wurden sie von Mario, dem einzigen Sohn des Ehepaars Ropini, bedient. Mario war zweiunddreißig, sehr mager und auffallend bleich. Letzteres erschien in dieser sonnenverwöhnten Gegend höchst ungewöhnlich. Offenbar mied er jeden Sonnenstrahl. Er schien verängstigt, obwohl ein Grund für Angst nicht auszumachen war. Und er sprach leise, viel zu leise für einen Barmann. Offensichtlich hatte er Mühe, den Menschen in die Augen zu blicken. Es war nicht aus mangelnder Höflichkeit. Wer seine Augen sah, stellte in ihnen eine große Unruhe fest. Mario wirkte verschüchtert und gehetzt, immer, selbst wenn der Betrieb an der Bar nicht besonders stark war. So verhielt es sich auch, wenn man ihm anderswo im Hotel begegnete.

Mario wurde von niemandem bedroht. Alle waren entspannt und genossen die Ferien. Plötzlich zuckte es in Marios Gesicht, was einzelne Gäste, die ihn zum ersten Mal sahen, erschrecken konnte. Andere reagierten anfänglich nur etwas überrascht und dachten wohl bei sich, dass er ein armer Kerl sei; denn er war diesen Zuckungen offenbar ausgeliefert und konnte sich nicht dagegen wehren. Mit der Zeit hatten sich fast alle daran gewöhnt und schienen nichts mehr zu bemerken. Mario war es offensichtlich peinlich, dass er seine Zuckungen nicht unter Kontrolle halten konnte. Nachem sein Gesicht gezuckt hatte, versuchte er, so zu tun, als wäre nichts gewesen.

Die großen und kleinen Gäste hatten instinktiv das Gefühl, dass Mario schutzbedürftig sei, wobei niemand so richtig wusste, wovor er geschützt werden sollte. Jedenfalls begegnete man Mario mit Nachsicht, nicht zuletzt weil er in seiner gedrückten Art stets freundlich war und sich immer große Mühe gab, zuvorkommend zu bedienen. Alle mochten ihn, obwohl seine Erscheinung und sein leidender Blick ganz und gar nicht zur üblichen Vorstellung von einem Barmann in einem Ferienort am Meer passten, oder gerade deshalb. Man merkte, dass er tapfer gegen ein großes Problem ankämpfte. Das verdiente Respekt und echte Zuneigung, menschliche Regungen, die damals nichts Ungewöhnliches an sich hatten, wenn man sie beispielsweise in einem mittelgroßen Familienhotel zeigte.

Eines Abends, es waren nur noch wenige Personen in der Bar, saß Herr Ropini mit einem Feriengast mittleren Alters allein an einem der Tische. In unmittelbarer Nähe war niemand. Längere Zeit sprach nur Ropini. Als er geendet hatte, war der Feriengast erschüttert. Lange sah er dem Hotelier nachdenklich in die Augen. Was er soeben von seinem Gastgeber erfahren hatte, klang derart unfassbar, dass er in sich nur eine große Verwirrung spürte. Herr Ropini war nicht überrascht vom mitgenommenen und verblüfften Schweigen seines Gesprächspartners, denn er hatte eine gewisse Erfahrung mit der Wirkung des schrecklichen Berichts auf seine gelegentlichen Zuhörer. Es waren stets Hotelgäste, die bei ihm in den Ferien weilten und ihm das Gefühl gaben, er könne ihnen im privaten Zwiegespräch zumuten, die Geschichte über sein ihn unablässig bedrückendes Erlebnis anzuhören. Für ihn war es jedes Mal wie eine kurz anhaltende Entlastung von einem Gewicht, das auf seiner Seele lag.

Ropini hatte ein feines Gespür für die Auswahl seiner Zuhörer. Er achtete darauf, dass sie – trotz Ferienstimmung – Interesse am Schicksal anderer Menschen und Einfühlungsvermögen signalisierten. Daraus leitete er ab, dass sie die Fähigkeit haben könnten, seinen Schmerz zu teilen. Aufgrund der täglich mehrmaligen Begegnungen mit kurzen Diskussionen über dies und das wurde er sich bald im Klaren, welcher seiner nicht mehr ganz jungen männlichen Hotelgäste in starkem Maße über entsprechende Eigenschaften verfügte. Er war sich aber bewusst, dass die Geschichte seinen im Grund unfreiwilligen und überrumpelten jeweiligen Gesprächspartner für lange Zeit, wenn nicht für den Rest des Lebens, nicht mehr in Ruhe lassen würde.

Insgeheim hoffte er jedes Mal, dass der andere ihm verzeihen möge, wenn er ihm in den Ferien von seiner schweren Last erzählte und damit einhergehend, aber unausgesprochen, an dessen Mitgefühl appellierte. Sein Wunsch, durch die überraschende Offenlegung seinen seelischen Druck vorübergehend aufzuteilen, war stärker als alle Hemmungen oder die Befürchtung, aus den Augen oder anderen Reaktionen des Zuhörers völliges Unverständnis oder gar Vorwürfe wegen seiner großen Mitschuld entnehmen zu müssen. Er konnte die von ihm mitverursachte Katastrophe einfach nicht ausschließlich im Kreis seiner Familie irgendwie ertragen und durchstehen; an eine Bewältigung des für ihn viel zu großen Problems war ohnehin nicht zu denken. Er brauchte ein fremdes Ohr, wenn möglich einige verständnisvolle Worte aus einer Welt, die außerhalb der seinen lag.

Seinem Zuhörer gab er aber auch etwas, nämlich das Wissen um ein Ereignis, das man vielleicht als Entschädigung auffassen konnte. Zum einen erfuhr er von einem Schicksal, welches die Frage des Überlebens um einen schwer vorstellbaren Aspekt erweiterte. Zudem musste er dabei erkennen, dass es Fälle gab, wo man weder im Zeitpunkt des einstigen Entscheids noch im Wissen um die Folgen sagen konnte, welches vermutlich das beste Vorgehen zur Problemlösung gewesen wäre. Darüber hinaus durfte der Zuhörer sich glücklich schätzen, dass ihm eine derart schwere Prüfung erspart geblieben war, und dabei hoffen, dass dem auch in Zukunft so sein möge.

Der Gast seufzte. Es war wie ein schrecklicher Traum. Der Hotelier tat ihm unendlich leid. Er wusste nicht mehr, wie lange er geschwiegen hatte, als er endlich sagte: »Herr Ropini, ich wünsche Ihnen und Ihrer Gattin viel Kraft, damit Sie diese Bürde tragen können, eine Bürde, die einzig aus großer Liebe entstanden ist.« Ropini dankte ihm mit seinen traurigen Augen und einem leisen *»tante grazie«*. Die beiden Männer tranken langsam ihre Gläser leer, wünschten sich eine gute Nacht und drückten einander lange stumm die Hand.

Später, nach den Ferien, sah der Gast immer wieder einen Film vor seinem geistigen Auge ablaufen, den Film über die Tragödie der Familie Ropini.

II.

Bereits Mitte der dreißiger Jahre hatte Baumeister Ropini erkannt, dass der Fremdenverkehr auch in seinem kleinen Wohnort an der Adria das Potenzial hatte, eine wichtige Einnahmequelle zu werden. 1937 begann er deshalb mit dem Bau seines nur durch eine spezielle Zufahrt vom Sandstrand getrennten Hotels, das bereits 1939 fertig war.

In der ersten Zeit nach der Fertigstellung konnte der zusätzlich zum Hotelier gewordene Ropini leider nur wenige Gäste begrüßen. Viele Leute, welche in normalen Zeiten ihre Ferien gern in einem Familienhotel der mittleren Preisklasse an der Adria verbrachten, konnten oder wollten unter dem Eindruck der politisch unsicheren Lage und später wegen des Kriegs nicht mehr privat verreisen.

Italien war am 10. Juni 1940 an der Seite Deutschlands in den Zweiten Weltkrieg eingetreten. Die Deutschen hatten bereits die Tschechoslowakei zerschlagen; und deutsche Truppen besetzten große Teile Polens sowie Dänemark, Norwegen und die Benelux-Staaten. Sie standen kurz vor dem aus ihrer Sicht erfolgreichen Abschluss des Frankreich-Feldzugs. In Italien regierte Benito Mussolini. Offensichtlich hatte er mit dem Kriegseintritt so lange zugewartet, bis er das sichere Gefühl haben konnte, trotz seiner mangelhaft vorbereiteten Streitkräfte auf der Siegerseite zu stehen. Dennoch sah es anfänglich für die Italiener gar nicht gut aus; dezimierte französische Verbände setzten ihnen im Grenzraum Frankreich/Italien erheblich zu. Bald darauf fielen in Paris die Würfel. Am 14. Juni nahmen die Deutschen die französische Hauptstadt ein. In nicht ganz zehn Monaten seit dem Kriegsbeginn vom 1. September 1939 waren große Teile West- und Mitteleuropas zur deutschen Besatzungszone geworden. Vom Kriegseintritt Italiens erwarteten die Deutschen eine gewisse truppenmäßige Entlastung. Somit war kurzfristig mit der Mobilisierung weiterer italienischer Verbände zu rechnen.

Dies löste bei Ropini und seiner Frau große Sorge aus, weil sie jeden Tag mit der Einberufung ihres einzigen Sohnes zum Kriegsdienst rechnen mussten. Vor allem Frau Ropini litt ungeheuer unter der Vorstellung, dass ihrem Ein und Alles etwas zustoßen und ihr Liebling bei irgendeiner militärischen Aktion sein junges Leben verlieren könnte.

Mario war 1940 gerade zwanzig Jahre alt. Seine Eltern berieten stundenlang, was sich eiligst tun ließe, um dem Sohn die Gefahren einer Kriegsteilnahme zu ersparen. Schließlich waren sie überzeugt, eine unter den gegebenen Umständen fast ideale Lösung gefunden zu haben. Das Ehepaar Ropini kam nämlich zu dem Schluss, dass es das Beste sei, den Sohn im Keller des Hotels einzumauern, versehen mit Nahrung und Kleidern für einige Tage. Vater Ropini hatte zu diesem Zweck einen fensterlosen Raum vorgesehen, den er aber noch mit minimalen sanitären Einrichtungen wie Toilette und Waschgelegenheit sowie mit einer Stromleitung versehen müsste. Die Frischluftzufuhr ließe sich dadurch regeln, dass er an der Decke zwei kleine Öffnungen zu einem dahinterliegenden ungenutzten und mit einem Kippfenster versehenen Kellerraum anbringen würde. Ohne zu zögern, stimmte der Sohn dem Plan der Eltern mit großer Erleichterung zu. Es bereitete Vater und Sohn Ropini, beide gelernte Maurer, keine Schwierigkeiten, sehr rasch die notwendigen Arbeiten durchzuführen. In kürzester Zeit war alles erledigt, ohne dass das Hotelpersonal oder andere Personen etwas bemerkt hätten.

Unmittelbar nach Fertigstellung begab sich Mario mit einer für etwa eine Woche reichenden Ration an Lebensmitteln sowie Kleidern zum Wechseln in sein Versteck. Der Vater mauerte sofort den klein gehaltenen Eingang zu. Vor der Mauer, hinter welcher sich Mario befand, wurden eingekellerte Waren so arrangiert, dass möglichst kein Verdacht entstehen konnte. Zudem blieb die Stelle schlecht beleuchtet. Die Eltern hatten Mario versichert, dass sie mindestens einen Teil der Mauer jeweils nach kurzer Zeit entfernen würden, um mit ihm zu reden und Nachschub zu bringen, Abfälle mitzunehmen und gebrauchte Kleider durch frische zu ersetzen. Für kurze Nachrichten standen zudem die zwei kleinen Öffnungen zur Verfügung, die der Frischluftzufuhr aus dem Nebenraum dienten.

Das Ehepaar Ropini und sein Sohn gingen davon aus, dass die Übung mit dem wiederholten Einmauern und Öffnen nur kurze Zeit, vielleicht einige Monate dauern würde. Die Deutschen konnten ja überall rasch einmarschieren und so ihre Kriegsziele erreichen. Somit würde es bald zu einem Friedensschluss kommen. In ihrer Angst um den Sohn übersahen die Ropinis, dass ein kurzer Krieg mit den Siegern Deutschland und Italien unmittelbar schlimme Folgen für sie gehabt hätte. In einer solchen Situation wäre nämlich an ein rasches Auftauchen von Mario im Dorf nicht zu denken gewesen, weil ihm und seinen Eltern die Todesstrafe gedroht hätte. Somit wäre Mario nur der sofortige Versuch geblieben, unbemerkt ins von Deutschland und Italien nicht kontrollierte Ausland zu fliehen, beispielsweise in die neutrale Schweiz – ein gefährliches Unterfangen. In ihrer Bekümmertheit realisierten Eltern und Sohn Ropini nicht, dass sie auf eine baldige schwere Niederlage von Deutschland und Italien setzten, was aber damals nicht zu erwarten war; denn nur in diesem Fall hätte die Möglichkeit bestanden, das Einmauern des Sohnes zu beenden, ohne mit Sicherheit eine schwere Strafe gewärtigen zu müssen.

Als wenig später die militärische Einberufung Marios vom Postboten gebracht wurde, machte ihn Frau Ropini darauf aufmerksam, dass ihr Sohn vor einigen Tagen weggegangen und nicht mehr zurückgekehrt sei. Sie und ihr Mann hätten nachgeforscht, aber niemand wisse, wo er geblieben sei. Tatsächlich hatten Vater und Mutter Ropini – nachdem Mario eingemauert war – im Badeort selbst und in der Umgebung nach ihrem Sohn gefragt, um nachher möglichst glaubwürdig zu wirken.

Die zuständigen Behörden wurden umgehend informiert. Die Militärpolizei durchsuchte hierauf das Albergo Ropini, konnte aber Mario nicht finden. Die Eltern beteuerten immer wieder, nichts über den Aufenthaltsort des Sohnes zu wissen. Mehrmals wurden sie eindringlich vor den schweren Konsequenzen gewarnt, wenn sie irgendwelche Kenntnisse über dessen Verbleib für sich behalten würden. Danach tauchte die Militärpolizei sporadisch im Albergo Ropini auf, um vielleicht doch noch fündig zu werden oder mindestens einen Anhaltspunkt über den Verbleib von Mario zu erhalten. Selbstverständlich wurden alle Postlieferungen an das Albergo polizeilich durchgesehen, ebenso die Postsendungen der Ropinis. Das Telefon stand unter Dauerüberwachung. Aber alle Nachforschungen und sonstigen Maßnahmen blieben erfolglos, bis zum Kriegsende.

Entgegen den Erwartungen kam dieses Ende alles andere als kurzfristig. In der langen Kriegszeit spielte sich zudem einiges ab, was die italienische Kampfkraft nicht im besten Licht erscheinen ließ. Am 28. Oktober 1940 begann Italien den Angriff auf Griechenland und scheiterte, was ein Eingreifen Deutschlands nötig machte. Im Dezember 1940 kam es zur Niederlage der italienischen Armee in Nordafrika, was zur Entsendung deutscher Truppen in dieses Kampfgebiet führte. Weit und breit gab es für die Italiener nichts zu feiern. Dem deutschen Angriff auf die Sowjetunion, der am 22. Juni 1941 begann, schloss sich auch Italien mit Truppenkontingenten an. Am 6. Dezember des gleichen Jahres begann die Sowjetunion im Raum Moskau die Gegenoffensive. Für die Deutschen und ihre Verbündeten hatte sie die ersten Rückschläge im Osten zur Folge. Etwas mehr als ein Jahr später, am 2. Februar 1943, kapitulierten die Reste der 6. Deutschen Armee in Stalingrad. Auf deutscher Seite waren auch viele Italiener gefallen. Unter den Überlebenden der Hölle von Stalingrad waren ebenfalls italienische Truppenteile; sie hatten eine viele Jahre dauernde Gefangenschaft in der Sowjetunion vor sich, in welcher viele starben. Am 10. Juli 1943 landeten alliierte Truppen auf Sizilien. Mussolini wurde am 25. Juli von seinen bisherigen Anhängern im Führungszirkel zur Demission veranlasst und arretiert, floh dann aber mit Hilfe eines deutschen Kommandos nach Norditalien. Anschließend erfolgte der italienische »Frontwechsel«: Am 13. Oktober 1943 erklärte Italien den Deutschen den Krieg. Aber erst am 2. Mai 1945, als die Kapitulation der deutschen Truppen in Oberitalien in Kraft trat, schwiegen dort die Waffen. Die Deutschen hielten also bis zu diesem Datum den wirtschaftlich wichtigsten Teil Italiens besetzt. Lediglich Mittel- und das besonders rückständige Süditalien waren bei Kriegsende in der Hand der Alliierten. Von einer italienischen Armee im Kampfeinsatz konnte schon seit Längerem keine Rede mehr sein. Das Dorf an der Adria mit dem Albergo Ropini blieb bis Anfang Mai 1945 im Einflussbereich der deutschen Besatzer. Fast fünf Jahre waren vergangen seit dem italienischen Kriegseintritt, mit dem das Einmauern von Mario begann.

Als das Kriegsende feststand, wagte es das Ehepaar Ropini, seinen Sohn aus dem Versteck zu holen. In all der Zeit hatten die Eltern von Mario immer wieder die Mauer geöffnet. Dabei war ihnen die laufende Verschlechterung des psychischen und physischen Zustands ihres Sohnes nicht entgangen. Er war stark abgemagert. Einen Arztbesuch im Hotelkeller oder gar eine Beendigung des Einmauerns wollten sie aber nicht wagen. So verbrachte Mario nicht – wie ursprünglich angenommen – einige Wochen oder Monate im selbstgewählten Gefängnis, sondern vier Jahre und elf Monate.

Mario war, wie sein Vater, ein praktisch veranlagter Mensch. Eine rein intellektuelle Beschäftigung lag ihm nicht. Im Keller wusste er nicht, was er anfangen sollte. Seine Zeit verbrachte er mit abstumpfendem Herumsitzen und hoffend, dass sein Vater die Mauer ein letztes Mal öffnen und ihm mitteilen würde, dass alles vorbei sei. Doch der Vater öffnete nur laufend die Mauer, um ihm jedes Mal mit der Mutter zusammen Mut zuzureden, weil es noch nicht so weit war. Im Lauf der Zeit hörte Mario gar nicht mehr, was seine Eltern im Einzelnen in den Kellerraum hineinsprachen. Er kehrte sich immer mehr nach innen und war schließlich nicht mehr im Stande, eigene Gedanken zu entwickeln. Irgendwann verlor er das Zeitgefühl. Das war vielleicht der Hauptgrund, weshalb er überlebte, ohne wahnsinnig zu werden.

III.

Als Mario erstmals wieder ans Tageslicht kam, brach er zusammen und benötigte ärztliche Hilfe. Das Zucken im Gesicht war nur ein äußeres Zeichen. Erschöpfungszustände, Weinkrämpfe, Hypernervosität, gefolgt von langen Schweigephasen und anhaltender Melancholie zeigten, dass der Aufenthalt im Versteck einen hohen Preis von ihm verlangt hatte. Er musste jahrelang von erfahrenen Psychiatern behandelt werden. Etwa 1950 galt er als so weit geheilt, dass er mit erheblichen Einschränkungen wieder am normalen Leben teilnehmen konnte. Da er kaum noch Energie hatte, aber doch eine Beschäftigung brauchte, wurde ihm die stundenweise Betreuung der Bar anvertraut. Bei größerem Andrang setzte man aber unverzüglich weiteres Personal in der Bar ein. Der Gedanke an die eigene Vergänglichkeit war für die Eltern Ropini besonders bedrückend: Was würde aus Mario werden?

Der schwer angeschlagene Mario war ein liebenswürdiger Mensch. Besonders Kinder mochten ihn und sahen bald über sein Zucken hinweg. Er hatte immer ein freundliches Wort für sie. Aber seine traurigen Augen blieben allen in Erinnerung. Wenn er allein war, sinnierte er über die schreckliche Zeit im Keller. In seinen Träumen erschienen ihm die weißgrauen Wände und manchmal hörte er wieder den Vater beim Öffnen der Mauer. Wenn er irgendwo im Haus antriebslos herumsaß, hatte er gelegentlich das Gefühl, dass ihm das Kellerverlies fehlte. Die jahrelang gewohnte Umgebung ohne Tageslicht gab es aber nicht mehr. Er spürte zutiefst im Inneren, dass er ein Gefangener ohne Gefängnis war.

Den Eltern Ropini, die für Mario nur das Allerbeste gewollt hatten, war es zwar gelungen, ihn physisch zu retten. Zugleich zerstörten sie unabsichtlich einen großen Teil seiner Seele. Mario wusste, dass er den Eltern keinen Vorwurf machen durfte. Sie aber haderten mit dem schrecklichen Ergebnis ihrer vermeintlich guten Tat. Täglich wurden sie sich von Neuem bewusst, welche Katastrophe sie in ihrer grenzenlosen Liebe ihrem Sohn und sich selbst beschert hatten. Aber das Rad ließ sich nicht mehr zurückdrehen. Die beklemmenden Gedanken gingen im Alltagsgetriebe zeitweise unter, um dafür in ruhigeren Stunden umso deutlicher an die Oberfläche zu kommen. Marios Ausstieg aus seiner militärischen Verpflichtung, damals von den Ropinis als der Weisheit letzter Schluss empfunden, hatte den unerwarteten dauerhaften Einstieg in eine unendlich scheinende seelische Misere von Eltern und Sohn zur Folge.

Es kam vor, dass die Eltern Ropini von Leuten hörten, die ihren Sohn im Krieg verloren hatten. Da gelangten sie insgeheim zu einer Rechtfertigung ihres Vorgehens; aber hinterher empfanden sie solche Gedanken als verwerflich. Dazu gesellten sich weitere Schuldgefühle. Denn sie waren sich im Klaren, dass sie seinerzeit nur an die Rettung von Mario und nicht an die vielen Söhne anderer Eltern gedacht hatten, welche genauso am Leben hingen und dennoch der Einberufung Folge leisteten.

Wirklichen Trost fand Vater Ropini, wenn er einem seiner Gäste die Geschichte vom selbstgewählten Kellergefängnis erzählen konnte und das Mitgefühl spürte, das der Zuhörer ihm und seiner Familie entgegenbrachte. Es war für ihn wie damals das Aufatmen, wenn er wieder einmal die Mauer zum Versteck geöffnet hatte und den Sohn noch am Leben sah. So verschaffte er sich eine vorübergehende Linderung seines Schmerzes. Dann berichtete er seiner Gattin von dem Gespräch. Aber schon bald waren sie wieder mit der unvermindert harten Realität allein. Wie von sich selbst gefangen gehalten in einem gemauerten Raum ohne Fenster und ohne Tür.

Teil II

Die Seele und ihr Schicksal, eine Reflexion

Was ist die Seele?

Die Seele ist ein Riesenthema, aber ein begrifflich unklares. Alle Menschen haben eine Seele – alle, die vor uns waren, alle, die jetzt sind, und alle, die noch kommen werden. Die Seele gehört zum Menschen von der Geburt bis zum Tod, für manche auch noch nachher. Verliebte haben eine Seele, aber auch Gewalttäter, Friedfertige, aber auch Kriegsgurgeln. Es gibt die frohe Seele und die trübsinnige Seele. Wenn von der Seele die Rede sein soll, schafft dies eine positive Erwartungshaltung, obwohl der Mensch in seiner Unvollkommenheit viel Negatives in seiner Seele trägt. Bekannt sind die Redewendungen »Ein Herz und eine Seele«, »Eine Seele von Mensch«, »Die Seele des Betriebs« oder die Ausdrücke ›Seelenfriede‹, ›Seelenfreunde‹, ›Seelenheil‹, alles freudig stimmende Seelenaussagen. Weniger respektvoll klingt die Bezeichnung ›seelenloser Typ‹, ›Seelenklempner‹ für Psychologen oder Psychiater. Pfarrer werden gelegentlich als ›Seelenhirten‹ bezeichnet, was im Bereich neutral bis positiv eingeordnet werden kann, je nach Optik.

Alle sprechen von der Seele, im Alltag manchmal verklausuliert, manchmal auch im Klartext, nicht nur bei Abdankungen. Und angesichts der vielen Seelen, die unseren Planeten bevölkern, gegenwärtig sind es über sieben Milliarden, müsste es selbstverständlich sein, dass alle wissen, wovon beim Thema Seele die Rede ist. Aber der Begriff wird selten definiert, und meist ist es den Menschen überlassen, sich eine persönliche Vorstellung zurechtzulegen, was Seele für sie bedeutet. So auch der bekannte Filmemacher Werner Herzog, der sich in einem Interview mit der Schweizer Wochenzeitung ›Die Weltwoche‹ an zwei Stellen über die Seele äußert (Weltwoche Nr. 07.16). Auf Seite 58 dieser Zeitung führte er poetisch aus: »Landschaften prägen. Sie werden zu Landschaften des Inneren, zu Erschütterungen der Seele. Im Dschungel wacht der Fiebertraum, in der Wüste die Hitze und Leidenschaft. In den Bergen wohnt die Sehnsucht. Die Weite des Horizonts macht etwas mit einem.« Aha, Landschaften, die zu Erschütterungen der Seele werden. Alle Landschaften, bei allen? Inwiefern kann das, was man ohne nähere Umschreibung ›Seele‹ zu nennen pflegt, sich von Landschaften erschüttern lassen? Meint er die individuelle Gefühlswelt, die für ihn identisch sei mit der Seele? – In der gleichen Ausgabe, auf den Seiten 60/61, erklärt Herzog: »Ein Fehler, den viele Filmstudenten ja gern machen: Sie schauen wahnsinnig viele Filme, lesen alles darüber. Sie studieren das Kino, aber nicht das Leben, und schließlich wundern sie sich, weshalb ihre Filme keine Seele haben. Hemingway hatte ganz recht. Jeder Schriftsteller oder Filmemacher sollte einmal als Taxifahrer gearbeitet haben oder in einem Schlachthaus oder als Türsteher in einem Sexklub.« Nun, was heißt da ›keine Seele haben‹? Dachte Herzog an etwas anderes? Zum Beispiel, dass die Filme nicht wirklichkeitsnah oder nicht ergreifend sind, uns nicht vollständig in Bann ziehen und vorübergehend alles andere vergessen lassen? Wir wissen es nicht, können also nur den Versuch machen zu erahnen, was der Filmemacher vielleicht gemeint hat. Nach seinen zwei Darlegungen, zu welchen möglicherweise noch weitere kommen, ist mehr als eine Vermutung über die Bandbreite seines Seelenverständnisses nicht möglich.

Mit der Seele ist es ähnlich wie mit der Freiheit, einem anderen großen Lebensthema, das jedoch der Seele klar untergeordnet ist. Für alle ist ›Freiheit‹ ein Begriff, viele stellen sich darunter konkret etwas vor. Aber wenn man den R. fragt »Was bedeutet Freiheit?«, wird er mit größter Wahrscheinlichkeit zuerst innehalten und dann eine andere Antwort auf die an sich simple Frage geben als sein später kontaktierter Kollege S., jedenfalls wenn dieser die Stellungnahme von R. nicht kennt. Und sollten wir noch weitere Zeitgenossen interpellieren, kommen uns praktisch immer zumindest leicht andere Freiheitsdefinitionen zu Ohren, die beispielsweise von der Freiheit von sozialen Zwängen oder von finanziellen Einschränkungen bis zur Freiheit der Meinungsäußerung reichen können. Für die Freiheit wurde auch schon gekämpft und gestorben; es ist aber anzunehmen, dass die Teilnehmer an entsprechenden Auseinandersetzungen unter ›Freiheit‹ bestenfalls etwas Ähnliches, jedoch kaum dasselbe verstanden haben dürften.

Analog ist es in Bezug auf die Seele. All die Religionen, die sich um sie kümmern, sagen in der Regel nicht, was der Begriff ›Seele‹ genau bedeutet. Daneben wird gelegentlich verallgemeinert, wenn es heißt, dass ›Seele‹ gleichbedeutend mit dem ganzen lebenden Menschen ist. Aussagen wie »Dort war aber keine Seele« bestätigen diese Deutung. Sie sind ähnlich wie »Etwa hundert Nasen waren im Saal«, wo *pars pro toto*, ein Teil fürs Ganze, verwendet wird. In vielen Fällen ist jedoch mit ›Seele‹ nicht der ganze Mensch gemeint, sondern seine Gefühls- und Geistesregungen. So zum Beispiel, wenn von der unsterblichen Seele einerseits und ihrer sterblichen Hülle anderseits die Rede ist.

Gerade beim Thema Seele hat Ungenaues vielleicht deshalb sein Gutes, weil durch Unklarheit vieles offen bleibt und Deutungs-Spielräume geschaffen werden. Wenn es im Vagen bleibt, wovon man spricht, kann man niemanden mit Erfolg beim Wort nehmen. Anderseits bereitet es Mühe, sich ohne definitorische Klarstellung über eine bestimmte Seelenfrage zu unterhalten. Trotzdem wird häufig so getan, als wäre alles klar, als gäbe es keinen Präzisierungsbedarf. Manche nehmen sich die – wie dargelegt – vielfältig definierte Freiheit, hinsichtlich der Seele nichts zu hinterfragen. Ausgerechnet bei einem derart wichtigen Thema. Ist diese Haltung einfach ein besonders deutliches Beispiel für die verbreitete und sogar gelegentlich lebenserleichternde Oberflächlichkeit, die sich auch auf zahlreiche weniger bedeutende Fragen des Alltags erstreckt?

Dennoch: Es gibt gute Gründe, in Bezug auf die Seele eine

definitorische Klärung anzustreben, und sei es nur, um das Problem der geringen Fassbarkeit eines der wohl bedeutendsten Alltagsbegriffe, der für eine nicht-physische Erscheinung steht, aufzuzeigen. Überzeugende Vorleistungen in Lexika und so weiter sucht man allerdings vergebens. Folglich gibt es in diesem Fall die bequeme Möglichkeit des Abschreibens und Zitierens nicht. Interessierten bleibt nur die Reflexion. Dabei lässt sich auch die Frage erörtern, ob der Einbezug anderer Lebewesen, also von Tieren und Pflanzen, vertretbar ist (hierzu später mehr). Vorerst auf die Menschheit bezogen, lautet für den Verfasser die generelle Definition der Seele wie folgt:

»Unter ›Seele‹ ist die jeweilige individuelle, gegenüber allen anderen unterschiedlich gestaltete Gedankenwelt zu verstehen, die auch die Gefühle und sogenanntes instinktives Verhalten beinhaltet.«

Diese generelle Umschreibung mag prima vista nicht besonders griffig erscheinen. Immerhin beinhaltet sie aber einige wichtige Elemente. Sie betont die immer nur momentane und stets ändernde Verfassung der eigenen Seele und der Seelen aller anderen. Die Definition macht zudem klar, dass die Seele etwas Individuelles ist (wie der Körper), und folglich anders ist als alle anderen früheren, gegenwärtigen und späteren Seelen. Ein klarer Hinweis auf beide Punkte, das momentane und das individuelle Element, fehlt in der vereinzelt anzutreffenden Definition, wonach »es sich bei der Seele um die Gesamtheit der gedanklichen Vorgänge und Gefühlsregungen und das ihnen zugrunde liegende Prinzip handle«.

Die Seelen-Definition des Verfassers umfasst die kombinierte Gefühls- und Gedankenwelt sowie den damit verbundenen Instinkt, also auch sogenannte arteneigentümliche Verhaltensweisen. Diese Umschreibung gilt für alle Menschen, das heißt für Junge und Alte, für sogenannte Normalbürger, Haltlose und Kriminelle, Heitere und Traurige, Spaßvögel und Miesepeter, aber auch für Hochbegabte, Tüchtige, Debile, Leitfiguren und Mitläufer, Feinfühlige und Grobschlächtige, Sadisten und Wohltäter, für körperlich Behinderte und die vielen anderen Ausprägungen der menschlichen Natur.

Von der menschlichen Natur zum Ausdruck ›menschlich‹ ist es nicht weit. Wir ordnen ihm eine meist recht positive Bedeutung zu. Demgegenüber steht die Bezeichnung ›unmenschlich‹, die im extrem Negativen angesiedelt und im Grund widersinnig ist. Denn auch der als unmenschlich qualifizierte Mensch gehört zur Spezies und ist somit nichts anderes als menschlich, was immer er tut, duldet oder unterlässt, das heißt wie immer es um seine Seele stehen mag. Es ist eine ungeliebte Tatsache: Die unzähligen Übeltäter in der Geschichte der Menschheit wie beispielsweise Dschingis Khan, Hitler und so weiter waren menschlich, und ihre Mitläufer sowie Nachfolger im Geist und Verhalten sind es auch. Mit der in diesem Fall schiefen Vorsilbe ›un‹ kann man sie nicht wie ein Vereinsmitglied aus der Menschheit ausschließen und einen Schutzwall errichten. Fazit: Der schlecht handelnde Mensch wird nicht zum Unmenschen oder zum Nicht-mehr-Menschen. Er bleibt Mitglied der menschlichen Gemeinschaft, wenn auch ein widerliches oder verabscheuungswürdiges, und macht klar, welche Bandbreite sie abdeckt. Es ist ähnlich wie beim merkwürdigen, aber viel harmloseren Ausdruck ›Unkosten‹; auch Unkosten sind und bleiben Kosten; wer von Unkosten spricht, empfindet sie vermutlich als besonders unangenehme Belastung oder – denkt nicht viel. Sprache, insbesondere sprachliche Verdrehungen, und Logik sind also oft zweierlei. Wichtig ist, hier festzuhalten: Menschlich ist alles, was von Menschen ausgeht, ob gut oder böse oder dazwischen. Das meiste ist dazwischen.

Es dürfte schwerfallen, die vorstehende Umschreibung der Seele allgemeingültig auszuweiten oder zu vertiefen. Fügt man nämlich etwas Präzisierendes hinzu, läuft man Gefahr, dass sie nicht mehr für alle stimmt. Zwangsläufig generalisierend, ist die vorstehende Definition deshalb von vielfältiger Unbestimmtheit. Dies führt zu der bedeutsamen Folgerung: Es gibt keine alle Menschen umfassende, detaillierte, genaue und abschließende thematische Aufgliederung der Bestandteile der Seele. Sie ist folglich eine tatsächliche unkörperliche Erscheinung, die unbegreiflich und deshalb unbeherrschbar ist. Wir erkennen: Im untrennbaren Bereich Gedanken, Gefühle und Instinkt stoßen wir rasch an Grenzen.

Warum ist das so? Ist der Hinweis auf unsere Unvollkommenheit eine hinreichende Erklärung oder nur eine gelegentlich benutzte bequeme Abkürzung, um das Thema zu verlassen? Nun, hier soll, trotz des sich abzeichnenden schwierigen und bestenfalls nur in Zielnähe führenden Weges, nicht voreilig abgekürzt werden. Denn auch so winken interessante Erkenntnisse als Belohnung.

Weil alle eine Seele haben, vom Menschenfreund bis zum Schwerverbrecher, vom lustigen Clown bis zum ewigen Griesgram, sollte die Empfänglichkeit für das Thema Seele in der Regel groß sein. Wer sich speziell für Lexikales zur Seele interessiert, hat ausgiebig Gelegenheit, sich in umfangreiche und oft ermüdende Darstellungen zu vertiefen. Diese basieren meist auf chronologischen und thematischen Auflistungen. Beispielsweise unterscheiden sie zwischen der Seele in indigenen Religionen oder in Indien, China, Japan, im Alten Ägypten, in Mesopotamien, in der vorchristlichen Antike, in noch heute bedeutsamen Religionen. Gedanken über die Seele finden sich in Philosophie, Psychologie und Anthropologie. Wer wem was abgeschrieben hat, kann man versuchsweise aus der Chronologie herleiten. Eindeutig ist das Ergebnis dieser Methode aber nicht; zudem könnten Beiträge von bisher unbekannten Autoren stammen, die andere als lupenreine Eigenleistung ausgegeben haben. Zudem ist deutlich spürbar, dass in Bezug auf Seelen-Ansichten viel »Nachempfundenes« in Umlauf ist. Die lexikalen Abhandlungen vermögen selten zu faszinieren, und viele Auffassungen wirken konstruiert, um einem bestimmten Zweck zu dienen.

Die Erscheinungsformen der Seelen der Individuen sind enorm vielfältig und spannend. Seelenaktivitäten verbinden sich mit kleinen und großen Ereignissen, beglückenden, erfreulichen und hässlichen, abstoßenden, rund um den Globus. Beispiele für den grenzenlosen Katalog von Engagements der Seele finden sich auf allen Gebieten; man denke etwa an Dichtung, Musik, Malerei, Gartengestaltung, Bergwanderungen, Politik, die Arbeitswelt, Hilfswerke, Liebe, Kinder- und Alten-Betreuung und sonstiges Gutes, an Verleumdungen, Missgunst, Diebstahl, Schlägereien, Hinterlist, Umweltzerstörung, Krieg. In seinem Theaterstück ›Das weite Land‹ schreibt Arthur Schnitzler (1862-1931) den eingängigen Satz: »Die Seele ist ein weites Land.«

Das klingt einerseits poetisch und zeigt anderseits das letztlich Grenzenlose und somit Unfassbare, das sich mit der Seele verbindet. Ein weites Land.

Wo ist die Seele?

Der »Aufenthaltsort« der Seele ist seit Urzeiten ein Thema. Zu Lebzeiten lokalisiert man sie fast immer im Menschen, meist in der Herzgegend oder im Kopf, selten überall im Körper und wahrscheinlich nie in der linken, oft schmerzenden Kniescheibe; dort könnte sie im Fall einer Amputation ja auch nicht verbleiben. Auch andere Körperteile wären denkbar! Letzteres mag spaßig oder frivol klingen, ist es aber nur teilweise. Denn jede körperliche Regung, insbesondere der Schmerz, beeinflusst die Gedanken- und Gefühlswelt der Menschen, kann sie unter Umständen voll in Beschlag nehmen und findet Ausdruck in ihrem Verhalten. Und jeder seelische Schmerz kann auch körperlich spürbar sein, etwa durch Kopf- oder Bauchweh, Nervosität, Konzentrationsprobleme, Reizbarkeit, Aggressivität, Passivität oder Schlaflosigkeit. Im Gegensatz zu der Auffassung, die Seele sei im lebenden Körper, steht die nicht sehr verbreitete Meinung, dass es eine Außenseele gebe. Sie verbinde den Menschen mit seiner Umwelt und auch mit einem geistigen sowie jenseitigen Bereich; wenn zerstört, sei dies gleichbedeutend mit dem Tod der betreffenden Person.

Viele Menschen glauben, dass die Seele nach dem körperlichen Ableben in der Hölle beziehungsweise Unterwelt oder im Himmel oder auf einer Seelenwanderung zu finden sei. Im Fall der Seelenwanderung wäre es eine Fortsetzung des Seelendaseins in einem anderen Körper (gelegentlich auch in einem Tier); ausnahmsweise soll sich die Seele auf der Schlussetappe vor dem Einzug ins Nirwana befinden. Einzelne stellen sich eine jenseitige Auferstehung von Seele und Körper vor,

Skelett-Ausgrabungen und Beinhäusern zum Trotz.

Nachgewiesen ist nichts, was über beobachtbare Feststellungen hinausgeht. Aber viele Menschen sind gern bereit, nicht nur Beobachtbares gelten zu lassen und sich nicht ausschließlich für einen Teil der Natur zu halten, wenn die Aussicht besteht, noch länger »zu existieren«, mindestens als Seele. Bereits bei den Alten Ägyptern wurde die Auferstehung für Pharaonen, ihnen Nahestehende und höchste Priester angenommen, was zu deren Mumifizierung und Unterbringung in speziellen Grabstätten führte (die aufgefundenen uralten Mumien sprechen aber zumindest für eine stark verzögerte Auferstehung).

Seit Langem gibt es Strömungen, welche die Seelenfrage ganz anders sehen. Sie verneinen die Existenz einer vom Leib verschiedenen Seele und reduzieren alle Lebensvorgänge auf Biologisches (Stichwort ›Materialismus‹); dabei verliert die Seele ihre Eigenständigkeit, wird zu einem Teil des Körpers und damit zu einer auf das individuelle Leben beschränkten Erscheinung. Die Seele geht folglich zusammen mit der Lebenskraft der gestorbenen Person unter, von der nur der Körper bleibt, bis zu dessen wie auch immer ablaufenden raschen oder länger dauernden Auflösung. Demnach sind Geist, Gefühle und Instinkt bloße Unterformen einer körperlichen Veranlagung und bilden mit dem lebenden Körper eine Einheit, eine lebenslange Schicksalsgemeinschaft. Und dies in individuell unterschiedlicher Ausprägung, bei allen Lebewesen.

Gelegentlich liest man von einem 500-Seelen-Dorf, seltener von einer 5000-Seelen-Gemeinde. Etwa ab 10'000 Ortsansässigen entfallen die Seelen und werden ersetzt durch Einwohner, zum Beispiel in der Formulierung ›eine 15'000-Einwohner-Stadt‹. Ab einer Million lässt man auch die Einwohner weg und schreibt einfach von der Zwei-Millionen-Stadt. Selbstverständlich sind dies nur ungefähre Angaben in Bezug auf die Nichterwähnung von Seelen oder Einwohnern. Und ebenso selbstverständlich ist es, dass überall Seelen wohnen, bei uns in Häusern aller Größenordnungen, nur ausnahmsweise in einem Camper, in einem Zelt oder gar unter einer Brücke oder in einer Bahnhofunterführung. Manchmal machen die Leute einen Spaziergang oder Einkäufe oder gehen zur Arbeit; bei solchen Gelegenheiten begegnen sie fast immer anderen Menschen, anderen Seelen. Man kann also sagen, dass die Seelen der Lebenden überall sein können, auch in den Ferien. Hin und wieder, vor allem auf dem Land oder in Geschäften grüßen sich die Seelen. Häufig kann man in der Zeitung lesen, dass jemand brutal zusammengeschlagen und ausgeraubt wurde, dass demnach eine oder mehrere grausame Seelen einer ihnen vielleicht unbekannten Seele schweren Schaden zugefügt haben. Nach dem Überfall hauen die Täter-Seelen dann ab und lassen die arme Seele des Misshandelten und Ausgeraubten mit seinem Körper liegen, bis ihn Polizei-Seelen auffinden und die Notarzt-Seele alarmieren. Und wenn der Notarzt später nach Hause kommt, berichtet ihm seine angetraute Seele, was gleichentags die Seele des Sohnes oder der Tochter mit einer bestimmten Lehrer-Seele für Probleme hatte. Natürlich sagt niemand ›Seele‹, obwohl es eigentlich nur um die Seele geht, außer beim Misshandelten, dessen Körper im Spital verarztet werden muss, von medizinisch ausgebildeten Seelen, damit er sich sowohl rein körperlich wie seelisch erholen kann. Dass wir fast immer die Seele weglassen und andere Bezeichnungen wählen, mag praktisch sein, aber es zeigt auch, dass wir den zentralen Aspekt des Lebens für nicht erwähnenswert oder für selbstverständlich halten. Wer Selbstverständliches von großer Bedeutung nie erwähnt, denkt vielleicht auch wenig an die facettenreiche Seele, bewegt sich – wenn auch nur aus unreflektierter Sprachgewohnheit – von ihr weg.

Für viele Gläubige ist ihr Seelenheil etwas Wichtiges. Sie verbinden damit die Vorstellung einer Belohnung nach dem Tod. Auch der Ablasshandel (Ablass oder Reduktion von Sünden durch Zahlung einer Summe an die Kirche) war auf das Seelenheil im Jenseits ausgerichtet; da er allzu penetrant betrieben wurde, kam es 1517 und in den Folgejahren zur Reformation (siehe: Ablassprediger Johannes Tetzel, 1465-1519, und den Reformator Martin Luther, 1483-1546). Bis heute gibt es eine nicht zu unterschätzende Form des Ablasses: Vermögende Leute, welche durch Legate an ihre Religionsgemeinschaft hoffen, nach dem Ableben eine günstigere Ausgangsposition für ihre Seele zu erwirken, was nach außen zwar wohltätig wirkt, aber auch viel Spekulatives von der Art ›give and take‹ an sich hat. Zudem: Mittellose können sich mangels Vermögen an solchen Ablasshändeln nicht beteiligen und werden so zwangsläufig zu Gläubigen zweiter Klasse, die ihr am Lebensende bestehendes Sündenregister ohne Abstriche einbringen und dafür einstehen müssen. Sofern sie unter solchen Umständen gläubig bleiben.

Leute mit ihren unterschiedlichen Seelen bestimmen je nach Thema und Aufgaben im Staat mit; bei ihnen ist folglich die Seele des Staates aufgehoben. Damit das Staatswesen möglichst gut funktioniert, müssen die in ihm versammelten Bürger-Seelen in ihrer großen Mehrheit über bestimmte Gemeinsamkeiten verfügen. Dabei geht es um die Einhaltung der Gesetze und die allgemeinen Verhaltensregeln, die nicht alle in einem Gesetzbuch stehen, sondern einfach als landesüblich gelten, was immer man darunter verstehen mag.

Im politischen Leben der Demokratien kommt es zu Wahlen und Abstimmungen. In parlamentarischen Demokratien gibt es die Volkswahl der Abgeordneten, aber Verfassungs- und Gesetzesbestimmungen beschließen die Volksvertreter, die auch Sachentscheide treffen. Nur ausnahmsweise werden wichtige Sachfragen dem Volk zur Entscheidung vorgelegt (siehe Brexit-Abstimmung vom 23. Juni 2016). In der schweizerischen direkten Demokratie wählt das Volk ebenfalls, stimmt aber auch über viele Sachfragen ab. Stets gilt jedoch für alle Demokratieformen: Liegen die Resultate zu Wahlen und Sachabstimmungen vor, sind sie von allen vorerst zu akzeptieren, auch wenn sie einem persönlich nicht passen. Wer später etwas ändern will, muss dies bei Neuwahlen anstreben und die im Gesetz vorgesehenen Schritte unternehmen. In der indirekten und in der direkten Demokratie haben die Seelen folglich, bei allen individuellen Verschiedenheiten, die allgemeinen gesellschaftlichen und politischen Spielregeln einzuhalten, und zwar in ihrer überwiegenden Mehrheit. Über die vorstehenden seelischen Voraussetzungen wird zwar kaum diskutiert, aber im Kern sind sie für ein geordnetes Staatswesen unerlässlich, bei allen sonstigen Unterschieden im Seelenleben der einzelnen Bürgerinnen und Bürger.

Eine starke Zuwanderung aus einem wesensmäßig erheblich verschiedenen Lebensraum könnte unter Umständen die erwähnten Voraussetzungen aushebeln und dadurch das Staatswesen gesellschaftlich und in Bezug auf das Recht infrage stellen. Es sind Entwicklungen denkbar, die zu einer völlig neuen Gesellschafts- und Rechtsordnung führen könnten, in welcher die bisherige Mehrheitsbevölkerung als Andersdenkende (oder Anders- und Ungläubige) massiv diskriminiert würde, was aber in den Augen der neuen Mehrheit keiner Diskussion wert wäre. Wenn mehrheitlich beschlossen, könnte der Demokrat nichts dagegen einwenden und nur auf die Menschenrechte hinweisen. Es würde ihm aber wahrscheinlich nicht viel bringen. Die neue Mehrheit, bestehend aus Zugewanderten oder aus Nachkommen von Zuwanderern mit wesentlich anderen Gesellschafts- und Rechts-Auffassungen würde sich nicht umstimmen lassen. Und die zur Minderheit gewordene einheimische Bevölkerung müsste sich fügen oder gehen. Eine solche Entwicklung ist in Teilen Europas durchaus denkbar. Ob heute oder später noch Spielraum für wirksame Gegenmaßnahmen besteht, ist unsicher. Denn viele der heutigen Mehrheit plädieren für Toleranz und möchten nichts unternehmen oder setzen auf Integrationsbemühungen. Andere werden insbesondere in einzelnen Medien sogar verunglimpft, weil sie ihre Gesellschaft und ihr Staatswesen bedroht sehen. Und alle behaupten, dass ihr Weg der richtige sei. Sicher ist nur eines: Hinterher wird man auch in diesem Fall klüger sein, wird aber das Rad nicht zurückdrehen können.

Gesunde und kranke Seelen

Ein komplexes Thema. Was heißt schon gesund oder krank? Und was ist in Bezug auf die Seele gesund, was ist krank? Wer bestimmt dies aufgrund welcher allgemeingültigen Kriterien? Immerhin gibt es sogar in Bezug auf den Körper oft nur näherungsweise Differenzierungen in gesund und krank, weil vieles lange unentdeckt bleibt. Manche sagen, jemand, der nicht krank sei, gelte als gesund, und umgekehrt. Schwierige

Fragen verbinden sich auch mit der subjektiven Feststellung, dass eine Seele gesund erscheine, während der Körper krank wirke, oder dass eine Seele krank sei, aber der Körper einen gesunden Eindruck mache. Zudem kann es zu der Feststellung kommen, dass die Seele von A. bis zu einem bestimmten Zeitpunkt gesund war und dann krank geworden ist. Demgegenüber stünde die Meinung, dass die Seele von B. krank war und plötzlich gesund geworden ist. Solche Aussagen können einigermaßen stimmen oder unzutreffend sein. Wir befinden uns, wie immer im Leben, auf einem Feld von Unwägbarkeiten, auf dem sich all die unvollkommenen Menschen tummeln.

Bis kurz vor dem Tod ist es kaum möglich zu bestimmen, wann und wie lange der vermeintlich gesunde oder kranke Körper die Seele dominiert und wann und wie lange dies umgekehrt ist. Beim Ableben entscheidet aber der Körper, auch im Fall des Suizids. Denn der Körper bestimmt, ob die Selbsttötung zum Tod führt. Voraus geht zwar ein seelischer Prozess, der die entsprechende Aktion auslöst. Ist sie nicht gut geplant, geht das Leben weiter; andernfalls ist das Leben beendet und damit auch das diesseitige Seelendasein, das je nach Glauben oder Nichtglauben eine jenseitige Fortsetzung erfährt oder nicht.

Seelisch gesund sind Menschen fast immer im unausgesprochenen Selbsturteil, solange keine anderslautende Ansicht von einer Stelle geäußert wird, die als kompetent und maßgeblich gilt (ob sie es tatsächlich ist, muss offen bleiben). In der Regel geht es also bei dem »Befund«, die Seele sei gesund, um eine stille Selbstdiagnose ohne Fremdeinwirkung.

Bei Personen mit seelischen Problemen und Krankheiten liegen stets Fremdurteile vor, wobei immer relativ klar von der Seele gesprochen wird. Die Psychologie und die Psychiatrie, die seit Beginn des zwanzigsten Jahrhunderts immer mehr Fuß gefasst haben, fühlen sich für die kranken oder leidenden Seelen zuständig. Es heißt, dass kranke Seelen mehr an Ängsten, Zwängen, Depressionen und so fort leiden als gesunde. Demnach leiden gesunde Seelen auch, sind ebenfalls krank, aber weniger. Wie viel mehr müssen die seelisch Kranken leiden als die seelisch Gesunden, damit man von Krankheit sprechen kann? Viele, die seelisch leiden, werden nicht behandelt und behalten ihre Probleme für sich. Wenn niemand sonst vom seelischen Leiden weiß, wird flott die problematische Annahme getroffen, es sei nicht oder kaum existent und die betreffende Person erfreue sich weitgehender seelischer Gesundheit.

Man spürt nur schon aus diesen Hinweisen, dass die Abgrenzung von gesund und krank insbesondere in Bezug auf die Seele nicht eindeutig ist; deshalb hört man gelegentlich, die Übergänge von seelisch gesund zu krank seien fließend. Das klingt verschwommen und ist kaum seriös, weil eine Person im fließenden Bereich immer wieder links oder rechts der imaginären, ganz dünnen Trennlinie landen kann. Oft besteht zudem der Eindruck, auch der Psychologe oder der Psychiater sei zumindest ein bisschen seelisch krank. Wer aus diesen Berufsgruppen könnte dies mit Sicherheit verneinen? Zu ihrer Ehrenrettung ein Fazit: Es sind wohl alle, auch die vermeintlich Gesunden, sowohl seelisch wie körperlich immer ein bisschen krank, weil sie ihrer Unvollkommenheit entsprechende Schwachpunkte haben, die aber fürs ernsthafte Kranksein nicht oder noch nicht reichen oder unbemerkt bleiben.

Man kann sich auch fragen, worin die Gesundheit oder Krankheit der Seele denn besteht. Menschliche Eigenschaften wie Zuneigung, Freundlichkeit, Nächstenliebe gelten als positiv und gesund. Da gibt es kein Problem, wenn man nicht weiterfragt. Etwa, welche Motive zu diesem Verhalten geführt haben. Also heißt die patente Lösung, um möglichen Enttäuschungen aus dem Weg zu gehen: Keine Fragen stellen. Sonst erfährt man womöglich, dass ein Pädophiler in der Familie ist und, wenn von älteren Personen unbeobachtet, gegenüber kleinen Kindern eindeutig mehr als die übliche Zuneigung an den Tag legt. Oder dass ein Angestellter, der seine Stelle unbedingt behalten möchte, mit dem gefürchteten Boss ja keinen Ärger haben will und deshalb vor vorgetäuschter Freundlichkeit gegenüber dem Tyrannen strotzt. Oder dass eine ältere Person in der Familie unüberlegt hohe Geldbeträge verteilt, auch an Unbekannte, die ihr irgendwelche rührseligen Geschichten erzählen, die erfunden sind. – Natürlich gibt es auch viele unproblematische Fälle, wo man fragen darf und nicht enttäuscht wird.

Verbreitet sind negative Einstellungen wie beispielsweise Hass, Neid, Eifersucht, Niedertracht, Hang zu Wollust und Völlerei, Rachsucht, Habgier und Verschwendungssucht. Alle wissen, dass es diesbezüglich stets graduelle Unterschiede gibt. Eignen sich vorstehende Charakterisierungen überhaupt für eine brauchbare allgemeine Differenzierung in Richtung krank? Immerhin sind Leute mit den erwähnten negativen Eigenschaften überall auf der Welt als Normalverbraucher, Berufsleute und auch als Vorgesetzte und Spitzenpolitiker im Einsatz. Sind entsprechende Einstellungen und Verhaltensweisen nur dann nicht krank, wenn andere lediglich vereinzelt davon Kenntnis haben oder sprechen? Wie müssten sich Neid, Eifersucht, Habgier oder Wollust äußern, um als krankhaft zu gelten? Der Neidische zerfrisst sich vor Neid selbst, hat vielleicht wegen seines Neids ein Magengeschwür und nicht aufgrund seiner schädlichen Verpflegungsgewohnheiten oder aufgrund einer Veranlagung. Aber das ist doch seine Sache. Daneben kann der Eifersüchtige seiner Gattin ganz schön zusetzen mit seiner Manie; aber nicht jeder ist ein Othello und dreht durch, um dann zum Äußersten zu schreiten. Der Wollüstige kommt Personen, denen seine Wollust gilt, vielleicht zu nahe, zieht sich aber bei entsprechender Ablehnung bald zurück, schämt sich möglicherweise und bleibt trotzdem wollüstig. Bis zum nächsten aufdringlichen Versuch. Der Raffer, der immer mehr haben möchte, obwohl er längst genug hat, muss wegen seiner Habgier nicht straffällig werden; er ist zwar stets auf seinen Vorteil bedacht, auch auf einen winzigen, was man als krankhaft und unsympathisch bezeichnen kann, aber ob er wirklich seelisch krank ist, bleibt offen. Auch die misstrauische Person, die allen Mitmenschen mit Argwohn begegnet, muss nicht an einem ausgeprägten Verfolgungswahn leiden, sondern nur an der Unfähigkeit, anderen Menschen Vertrauen entgegenzubringen. Sie wird mit diesem an sich unschönen Wesenszug manchmal auch Vorteile haben, weil sie übertrieben genau »hinschaut« und so die faulen Äpfel mit großer Sicherheit entdeckt. Und verschwenderisch waren schon viele, etwa Louis XIV. Sie befriedigten ihre Prunksucht vor allem auf Kosten des Volkes und hinterließen dann sehenswerte Bauten und so weiter, für die wir heute dankbar sind.

Nach schweren Beleidigungen, Vergewaltigungen oder Zerstörungen regt sich bei den Betroffenen oder ihren Angehörigen oft der Wunsch nach Rache, um dem Täter ein mindestens vergleichbares Unrecht anzutun; bei allem Verständnis für die verletzten Gefühle ist einzuwenden, dass ein früheres Unrecht nicht durch ein neues, quasi zurückgegebenes ausgeglichen werden kann. Es gibt keine Ausgleichsmöglichkeit, sondern nur die Bestrafung durch ein Gericht. Zum Glück werden Rachegefühle, die ja aus einer seelischen Verletzung hervorgehen und entsprechend krank machen, nicht immer umgesetzt. Die Verletzung kann auch körperlich sein oder bei Zerstörungen Gegenstände betreffen. Wird der Rechtsweg beschritten, vermeiden es die von einer Untat betroffenen Personen, selbst straffällig zu werden. Es mag aber oft schwierig sein, nicht Vergeltung zu üben. Denn die Seele leidet trotz aller Vernunftargumente weiter, manchmal Tag und Nacht.

Daraus wird klar: Die Seele weist ein breites Gesundheits- und Krankheits-Spektrum auf. Zudem ist nicht auszuschließen, ja recht wahrscheinlich, dass alle, auch die schwierigen Fälle, bereits mit ihren guten und vor allem unliebsamen Anlagen auf die Welt kamen und diese sich im Laufe ihres Lebens nur noch zu manifestieren brauchten, sobald sich Gelegenheit dazu bot. Die Unterscheidung in angenehme und unangenehme Personen statt in seelisch gesunde und kranke Mitmenschen ist oft eher angebracht, zumal auch Habgierige, Wollüstige und so weiter bei einzelnen anderen Menschen, die nichts Negatives an solchen Verhaltensweisen finden, auf Sympathie stoßen können. Man sagt: Gleich und Gleich gesellt sich gern. Zudem sprechen in der Regel wenige von seelisch gesund oder krank. Das ist ein Signal und mahnt zur Vorsicht. Und schließlich ertappt man sich selber gelegentlich bei unfreundlichen Gedanken, die den hiervor erwähnten negativen Eigenschaften eindeutig zuzuordnen sind. Und die betreffende Liste ließe sich problemlos verlängern.

Psychologen oder Psychiater versuchen laufend, die allgemeine Unbeherrschbarkeit der Seele zu überwinden. Dabei befassen sie sich mit den seelischen Krankheitsbildern von Personen, die offenbar nicht der Norm entsprechen (was immer die Norm sein möge). Im Wesentlichen ermitteln sie aus dem Wesen eines Individuums die problematisch erscheinenden Verhaltensbereiche und nehmen dann ihre diesbezüglichen Deutungen und Behandlungen vor. Sie tun dies aber in allen Fällen, indem sie über einen grundsätzlich unbeherrschbaren Bereich des Menschen befinden. Bis zu einem gewissen Grad mögen Bezugsgrößen (generelle Erfahrungswerte, Vorstellungen über ein sogenanntes Normalverhalten, Vergleiche mit seelischen Krankheiten anderer) zur Problemerkennung beitragen. Aber erstaunliche Fehldiagnosen mit gravierenden Folgen zeigen, dass die fallspezifische Annäherung an die Seele ein Unterfangen mit engen Grenzen und Gültigkeitsansprüchen darstellt. Gelegentlich kommt es zu weiteren Tötungs- und Vergewaltigungsdelikten, begangen durch als geheilt eingestufte Personen. In solchen Fällen wird für alle klar, dass sich die Beurteilenden überschätzt und versagt haben, weil sie das unumstößliche Faktum der Unergründlichkeit und Unbeherrschbarkeit der Seele ausgeblendet haben.

Psychologie und Psychiatrie sind jedoch nicht notwendigerweise nutzlos. Immerhin gibt es bei vielen Patienten harmlosere Vorgeschichten, die erwarten lassen, dass keine oder zumindest keine die Allgemeinheit gefährdende Eskalation erfolgen wird. Zudem erfahren Menschen, denen die entsprechende psychologische oder psychiatrische Betreuung zuteilwird, eine große individuelle Zuwendung, die sie sonst nicht haben und schon lange nicht mehr hatten. Und es ist klar, dass jeder Mensch Zuwendung braucht, auch wenn er zu diesem Zweck keinen Psychologen oder Psychiater aufsucht. Aber vielleicht gibt der Mensch, dem Zuwendung in starkem Maß fehlt, gerade aus diesem Grund Anlass zur psychologischen oder psychiatrische Betreuung oder sucht den Psychologen oder Psychiater von sich aus auf, möglicherweise sogar, ohne sich seines eigentlichen Bedürfnisses bewusst zu sein.

Eine Auswahl spezieller Fälle kranker Seelen

Am 26. Februar 2016 berichtete die ›Neue Zürcher Zeitung‹ unter dem keineswegs reißerischen, fettgedruckten Titel ›Systematisches Wegsehen in der BBC‹ und dem wesentlich knalligeren Untertitel ›Untersuchungsbericht zum Missbrauchsskandal‹ Folgendes (Zitat): »Die britische BBC hat sich im Skandal um ihren einstigen Starmoderator Jimmy Savile schwere Unterlassungen zuschulden kommen lassen. Ein Klima der ›Ehrfurcht‹ hat die langjährigen Untaten begünstigt. Jimmy Savile gehörte in den siebziger und achtziger Jahren zu den größten Fernsehstars Großbritanniens. Heute wird er von Scotland Yard als ›schlimmster Sexualverbrecher in der Geschichte des Landes‹ eingestuft. Der 2011 im Alter von 84 Jahren verstorbene BBC-Moderator verging sich während Jahrzehnten an über 450 meist Minderjährigen, ohne je zur Rechenschaft gezogen zu werden. Das letzte seiner Verbrechen beging er 2009 mit 83 Jahren.« In der restlichen Zeitungsmeldung ist von einem 1000 Seiten umfassenden Untersuchungsbericht die Rede; darin werde unter anderem festgehalten, dass Savile allein während seiner Arbeit in den BBC-Studios 72 Opfer missbraucht habe, darunter die Vergewaltigung eines 10 Jahre alten Knaben und eines 13-jährigen Mädchens. Weite Kreise sollen über lange Zeit ihre Augen vor den Taten verschlossen oder gar geholfen haben, diese zu vertuschen. Die Mitarbeiter hätten sich aus Angst um eigene Karrierechancen gescheut, irgendetwas zu melden. Gegenüber den Stars bei der BBC sei eine Haltung der Ehrfurcht und Unterwürfigkeit verbreitet gewesen.

Es geht im Bericht also vorwiegend um die furchtbare Verfassung der Seele des verstorbenen Savile. Aber auch die schrecklichen Verhaltensweisen der Mitarbeiter werden erwähnt; ihr ganz auf das berufliche Fortkommen ausgerichtetes Wegsehen, Schweigen und Vertuschen verdrängte offenbar jegliche seelische Regung, die Verbrechen von Savile zu melden. Und der Gedanke an die vielen Opfer, deren Seelen infolge der körperlichen Misshandlungen auf schwerste Weise lebenslänglich geschädigt wurden, lässt nur erahnen, was sie durchgemacht hatten und immer noch erleiden. Ob ihnen das späte Mitgefühl der Unbeteiligten eine gewisse Erleichterung verschafft? Der niederträchtige Savile und die wissenden Duckmäuser waren entsetzliche Seelen-Zerstörer.

Es ist anzunehmen, dass der frühere Fernsehmann Savile (und ihn deckende Mitarbeiter) oder einzelne katholische Priester oder Mitglieder einer nach außen normalen Familie, von denen die Medien Schlimmes berichten, mit großen seelischen Defiziten belastet waren, die dann in einer bestimmten Konstellation zum Missbrauch Minderjähriger führten.

Eine andere Form von Missbrauch leisteten sich (und leisten sich immer noch) islamische Manipulatoren. Sie nutzten die schwierige Lage von späteren Selbstmord-Attentätern aus, indem sie ziemlich hoffnungslosen jungen Leuten erstmals ein mit religiöser Motivation angereichertes Selbstwertgefühl vermittelten, um deren Bereitschaft zu schrecklichen Taten auszulösen. Gut denkbar, dass die Attentäter überhaupt nicht begriffen, welcher ideologischen Zielsetzung sie dienten. Die Schergen in deutschen Konzentrationslagern und die kambodschanischen Killer zur Zeit der Roten Khmer (1975-1979) waren offenbar bereit, millionenfach andere zu vernichten und so ihre Zerstörungslust auszuleben. Ob Nazi-Übeltäter, Euthanasie-Ärzte nicht zu vergessen, oder Rote Khmer, stets spielte insbesondere ein primitiver ideologischer Überlegenheitswahn eine Rolle. Im Hitler-Deutschland wirkte er sich gegenüber Juden, Roma, Sinti, geistig Behinderten und Regimekritikern aus, in Kambodscha steuerte er mörderische kommunistische Regime-Fanatiker gegenüber Vertretern der gebildeteren Schicht und vielen Hilflosen. Immer stand alles im Zeichen von »Seelen gegen Seelen«. Wenn die Täter irgendeine Belohnung (einen Orden, eine Beförderung oder ein anerkennendes Wort des Vorgesetzten) fürs Umbringen erhielten, bestätigte sie dies in ihrem Tun. Beigefügt sei, dass es seit Urzeiten auch in anderen Teilen der Welt zu furchtbaren Exzessen gekommen ist.

Zu den seelisch Kranken zählen auch Verbrecher. Neben Einzelpersonen und kleineren Gruppierungen sind die Mitglieder der Mafia und ähnlicher Organisationen zu erwähnen. Diese scheinen ununterbrochen Zulauf an neuen Mitgliedern zu erhalten. Oft dauert es lange, bis man die

Täter entdeckt, weil die meisten Mafiosi Außenstehenden nicht bekannt sind und ihnen als normal beziehungsweise seelisch gesund erscheinen. Dass bei diesen Leuten Drogenhandel, Mord und andere Schandtaten laufend auf dem Programm stehen, ahnen viele nicht. Erwischt man einen, sind neue schon in den Startlöchern für die grauenhafte Nachfolge.

Krieg gehört offensichtlich zur Geschichte der Menschheit. Und auch in vorgeschichtlicher Zeit dürfte es zu kriegsähnlichen Handlungen gekommen sein. Die vielen Menschen, die im Namen Gottes in den Gemetzeln bei der Eroberung Lateinamerikas oder im Dreißigjährigen Krieg umgebracht wurden, meist mit gesegneten Waffen, waren Opfer schrecklicher Schandtaten. Der Hinweis auf Gott ging offenbar locker über die Lippen der Herrschenden, obwohl es stets ein Töten im Auftrag von Machtbesessenen und Geldgierigen an der Spitze von Staat und kirchlicher Hierarchie war. Mit der vorgeschützten religiösen Motivation hatte dies nichts zu tun. Religiöse und/oder ideologische Irreführung der Täterseelen und besonderer Schutz der fürs Regime tötenden Gewalttäter waren häufig eingesetzte Machtinstrumente. So auch in unzähligen späteren blutigen Auseinandersetzungen, etwa in den Napoleonischen Kriegen und den beiden Weltkriegen. In Letzteren wurde jeweils Amerika zum Retter und damit zum Wegbereiter des modernen Rechtsstaates in Europa, der vor allem seit 2015 vor besonderen Herausforderungen durch den islamistischen Terror steht.

Sind alle, die freiwillig oder auf Befehl an einem Krieg teilnehmen, irgendwann seelisch krank geworden? Schon vorher, während des Kriegs oder erst nachher? Waren in besonders kriegerischen Ländern bereits vor Kriegsausbruch viele Bürger seelisch krank? Und wenn sich solche Staaten nach leidvollen Erfahrungen nicht mehr kriegerisch geben, sind dann ihre Bürger seelisch weitgehend gesund geworden und werden nie wieder einen Angriffskrieg führen?

In jedem Krieg gibt es Soldaten, die lieber in Gefangenschaft geraten, als ihre körperliche Unversehrtheit zu riskieren. Der Grund mag Angst sein, hinter der sich der Wunsch verbirgt, ungeschoren davonzukommen und der eigenen Familie erhalten zu bleiben. Ist solches Verhalten selbst im Verteidigungsfall ein Zeichen von seelischer Gesundheit, oder bringt es unzureichende Solidarität und Vaterlandsliebe zum Ausdruck? Zudem: Ob eine militärische Verteidigung seelisch eher gesund oder krank ist, hängt davon ab, welche realistische Abwehrchance besteht und wie es um die Verhältnismäßigkeit in Bezug auf mögliche Opfer steht. Aber: Wer soll diese Frage vorweg gültig beantworten können? Hinterher ist es leicht, die glücklicherweise erfolgreiche Verteidigung ohne große Opfer zu rechtfertigen oder die rasche Selbstaufgabe, die keine Toten und Schäden zur Folge hatte. Ergo: Es ist alles nicht so simpel.

Und im Angriffskrieg, wie steht es in diesem Fall mit der seelischen Gesundheit und Krankheit? Meist gelten Sieger als über jeden Zweifel erhaben und Verlierer als Gescheiterte. Selten wird jemand, der einen Krieg vom Zaun bricht, als verrückt oder seelisch krank bezeichnet, obwohl dies nach Auffassung des Verfassers eine zutreffende Aussage ist. Relativ gediegen heißt es über den Kriegsverursacher, der unterlegen ist, er sei der Kriegsschuldige. Und die Kriegsbefürworter um ihn herum (bekannte und unbekannte Hetzer, Kopfnicker und so weiter) werden noch sanfter tituliert, etwa mit den Worten, sie hätten die Kriegsabsicht unterstützt oder sich nicht dagegen ausgesprochen. Sind diejenigen, welche die schonenden Urteile fällen, selber seelisch krank? Immerhin hat ein Krieg zum Zweck, einen Gegner zu vernichten, sein Hab und Gut zu stehlen und sein Land zu besetzen oder zu annektieren. Kollateralschäden wie Vergewaltigungen, Vernichtung von Kulturgütern werden dabei meistens hingenommen.

Unzählige Soldaten, welche dem Aufgebot, in den Krieg zu ziehen, Folge leisteten, taten dies aus mehr oder weniger großer Kriegsbegeisterung oder trotz Ablehnung des Krieges wegen angedrohter Bestrafung. Von den siegreichen Truppen findet man, sie hätten die richtige Einstellung gehabt, insbesondere wenn es sich ursächlich um einen Verteidigungskrieg handelte, wie etwa bei den Briten im Zweiten Weltkrieg.

Ob Sieg oder Niederlage, aus dem Krieg kehren zahlreiche Militärs traumatisiert heim. Das Kriegsgetümmel hat dazu geführt, dass sie seelisch angeschlagen sind, oft bis an ihr Lebensende. Es gibt ehemalige

Kriegsteilnehmer, die über das Erlebte während Jahrzehnten kein Wort verloren haben. Robustere Naturen unter den Nicht-Fanatisierten haben manchmal über einzelne Ereignisse berichtet, meist zurückhaltend. Nur die Fanatiker, denen das Bewusstsein für den unrechtmäßigen Einsatz im Rahmen eines Angriffskrieges fehlt, teilen viele Details mit, die sie sogar als heldenhaft einstufen.

Aus dem Kreis der Sieger hört man über seelische Störungen meist wenig, weil realistische Schilderungen dem Heldentum abträglich wären. Manchmal gelangen aber schlimme Einzelheiten in die Öffentlichkeit, weil aus Heimen entsetzliche Filmaufnahmen von psychisch schwer geschädigten Armeeangehörigen vorliegen oder weil ein früherer, seelisch kranker Kriegsteilnehmer im Zivilleben eine Wahnsinnstat begangen hat. Da die Menschen, soweit bekannt, schon immer aufeinander losgegangen sind, ist anzunehmen, dass kriegerische Aggressivität und unterschiedlich starke Abwehrbereitschaft ererbt sind und oft zum menschlichen Wesen gehören. Aggressives Verhalten ist jedenfalls ein genereller menschlicher Zug, natürlich individuell von unterschiedlicher Intensität. Das zeigt sich primär im Fall eines Angriffskrieges, wo bei den Kriegsbereiten mit Blick auf den Sieg (sie denken nur an den Sieg) als Triebkräfte die Vernichtungslust, Ruhm- und Karrieresucht, Machtgier und andere verwerfliche Gesinnungen anzunehmen sind.

Täglich kann man den Medien entnehmen, dass irgendwo auf der Welt kriegerische Auseinandersetzungen oder Attentate stattfinden. Alles Zeichen, dass am Ort des Geschehens kranke Seelen am Werk sind und dass im Nachgang viele Überlebende mit seelischen und körperlichen Schädigungen fertig werden müssen.

Das weite Feld der Seelen-Konzepte und Seelen-Steuerung

Es ist klar, dass es zu Lebzeiten bei allen immer um die Seele geht, auch wenn sie sich dessen nicht bewusst sind oder nicht davon sprechen. Das

Thema ist schon früh im Dasein zentral und beginnt mit der unterschiedlich intensiven Zuwendung an das Kleinkind. Wo diese gering oder praktisch inexistent ist, werden dem kleinen Wesen lebenslange Seelenschäden zugefügt. Denn es braucht zwar Nahrung und Körperpflege, aber auch die frühe seelische Betreuung, um zu gedeihen und später das Leben ordentlich zu meistern. Dazu sollen erzieherische Erklärungen über das richtige und das falsche Benehmen in Familie und Gesellschaft beitragen. Auch frühe religiöse Begründungen für bestimmte Verhaltensweisen spielen seit Urzeiten eine Rolle. Das Ziel ist immer, gesellschaftliche Normen, also Grundregeln für das ordentliche Zusammenleben vorzugeben und zugleich ein Hierarchiegefühl zu fördern. Zur Durchsetzung dienen bis heute Versprechen von Belohnungen für Wohlverhalten und angedrohte Sanktionen für den Fall der Nichteinhaltung der Vorgaben. Voraussetzung ist die sprachliche und emotionale Verständlichkeit all dieser Botschaften, die entsprechend eingängig sein müssen.

Diejenigen, die »oben« sein wollten, erkannten schon früh in der Geschichte der Menschheit, dass man um die Manipulation der Seelen gar nicht herumkommt, wenn man, möglichst auf Dauer, etwas mit den Menschen erreichen will. So gab es bald einmal Aussagen über die wesensmäßig oder seelisch begründete Überlegenheit Einzelner oder einer Gesellschaftsschicht oder Rasse; und im Religiösen wurde die Seele instrumentalisiert durch Furchteinflößung in Bezug auf das Diesseits und Heilsversprechen, insbesondere mit Blick auf das Jenseits. Aber auch Appelle, Gutes zu tun und auf Gewalt zu verzichten, gehörten dazu. Das war immer auch im Interesse des Friedens.

Ein wichtiges Mittel zum Zweck der Seelensteuerung sind die Rituale. Sie beinhalten die Teilnahme größerer Gruppen oder einer Vielzahl von Anhängern an religiösen und quasi-religiösen Zeremonien (siehe rituelle Tötungen und Opfer, Osterfeier, aber auch Aufmärsche der Nationalsozialisten in Deutschland, Kundgebungen zum Nationalfeiertag oder zum 1. Mai). Solche Rituale fördern das Gemeinschaftsgefühl. Zugleich binden sie die individuelle Religiosität und das politische Nachdenken zurück; sie sind deshalb ungeeignet, kritische Erwägungen und eigene Erkenntnisse zu generieren. Viel spricht dafür, dass dies von den Herrschenden und ihren Helfern schon immer beabsichtigt gewesen ist. Mit der Demokratisierung, die auch eine Demokratisierung der Seele ist, haben diese Bestrebungen in zahlreichen Staaten viel an Schlagkraft verloren.

Seele und Schicksal

Mit Bezug auf das Schicksal, das sich mit dem Leben bis zum Tod befasst, ist es sinnvoll, Körper und Seele nicht zu trennen. Der sogenannte Materialismus ist demnach wohl zutreffend, weil er eine Einheit von Seele und Körper postuliert.

Man hat das Schicksal schon als Ablauf von Ereignissen im Leben des Menschen definiert. Oft wurde hinzugefügt, dass dieser Ablauf von göttlichen Mächten oder von Zufällen bestimmt werde. Auch von einer unausweichlichen Bestimmung und von Orakeln war gelegentlich die Rede oder von Schicksalsgottheiten wie zum Beispiel Fortuna. Und manchmal wurde der freie Wille erwähnt.

Immanuel Kant (1724-1804) sagte: »Der Ziellose erleidet sein Schicksal – der Zielbewusste gestaltet es.« Marie von Ebner-Eschenbach (1830-1916) fand: »Nicht, was wir erleben, sondern wie wir empfinden, was wir erleben, macht unser Schicksal aus.«

Was ist davon zu halten? Nun, an dieser Stelle ist vorerst nochmals die Definition der Seele am Anfang dieser Darlegungen festzuhalten. Sie lautet: »Unter Seele ist die jeweilige individuelle, gegenüber allen anderen unterschiedlich gestaltete Gedankenwelt zu verstehen, die auch die Gefühle und sogenanntes instinktives Verhalten beinhaltet.« Es geht also um die jeweilige und somit stets ändernde Gedankenwelt samt Gefühlen und instinktivem Verhalten. Und es ist zu unterscheiden zwischen einem bestimmten Individuum und allen anderen. Aus unserer bei Geburt vorhandenen physischen und psychischen Veranlagung gehen die eigenen Kräfte hervor. Sie ändern sich laufend und stehen in lebenslanger

Wechselwirkung mit den auf uns einwirkenden externen Kräften, die sich ebenfalls dauernd ändern. Diese Wechselwirkung, die in jeden Moment anders ist, führt zu einer permanent sich ändernden individuellen Verfassung. Herr X. ist in diesem Moment ein minimal anderer als vor einer Sekunde, und ein anderer als vor einer Minute, und ein anderer als vor einer Stunde oder vor fünfzehn Jahren. Es ist gar nicht möglich, dass er stets der Gleiche ist. Wenn er gerade jetzt beispielsweise einen Hirnschlag erleidet oder vernimmt, einen riesigen Lottogewinn erzielt zu haben, oder wenn ihn auf dem Trottoir ein Auto anfährt, wird er unmittelbar danach ein anderer sein. Auch wenn nichts Nennenswertes geschieht, ändert sich der Mensch permanent im Zug des Alterungsprozesses, bis ans Lebensende.

Das laufende Anderssein, auch in kaum feststellbaren Dimensionen, etwa im Lehnstuhl auf dem Sonnendeck, ist das Wesen des Lebens. Und dieses laufende Anderssein ist nichts anderes als das persönliche Schicksal, das wir nur teilweise beeinflussen können. Da es keinen Zufall gibt, weil alles Geschehen auf der Welt kausal ist, also von Ursache und Wirkung bestimmt wird, kann uns ein plötzliches Ereignis, mit dem wir nicht gerechnet haben, zwar überraschen; aber zufällig im Sinn von ›ursachenlos, aus heiterem Himmel‹ ist es nicht. Überraschungen sind, ob angenehm oder unangenehm, folglich keine Zufälle. Und unser Verhalten ist nie durch den sogenannten freien Willen bestimmt. Denn wir sind von Geburt an abhängig von unserer dauernd sich ändernden körperlichen und seelischen Verfassung, von unserer Unvollkommenheit in Wahrnehmung und Handeln beziehungsweise Nichthandeln und von den auf uns einwirkenden Kräften. Daraus resultiert stets ein momentaner abgeleiteter Wille. Man könnte sagen, dass wir uns aufgrund der uns maßgeblich erscheinenden Lebensumstände und unserer persönlichen Voraussetzungen laufend an unsere Umwelt anpassen, auch instinktiv. Dabei verhalten wir uns auf individuelle Art opportunistisch, wählen also den Umständen entsprechend das Vorgehen, das uns am besten erscheint. Dass wir uns bei dieser Gelegenheit irren können oder täuschen lassen und immer von der Ideallinie abweichen, ist Folge unserer

Unvollkommenheit. Wir haben folglich einen Willen, aber einen unvollkommenen und konditionierten. Den abstrakten und viel zu ambitionierten Begriff des »freien« Willens konnte man zwar ersinnen, aber er ist eine lebensfremde Vorstellung.

Unsere jeweilige Seelenverfassung entspricht demnach dem jeweiligen Stand unseres Schicksals, auch des körperlichen, und steht immer im Zeichen der Vergänglichkeit und Unvollkommenheit.

Deshalb muss man Kant widersprechen, wenn er – offenbar ohne Einschränkung – behauptet, dass der Zielbewusste sein Schicksal gestaltet. Dies kann logischerweise nur bedeuten, dass der Zielbewusste seine Ziele vor Augen hat und alles tut, um sie (weitgehend) zu erreichen. Letzteres ist aber nicht immer der Fall. Denn auch der Zielbewusste ist unvollkommen und scheitert deshalb hin und wieder. Er kann durchaus derart falsch disponieren (beispielsweise bei Investitionen oder bei Auseinandersetzungen), dass er sich ruiniert und ein hartes Schicksal erleidet, dem das positiv Gestaltbare abgeht. Demgegenüber wäre er unter Umständen mit Ziellosigkeit oder fatalistischem Abwarten viel besser gefahren, hätte folglich nicht leiden müssen. Das muss selbstverständlich nicht immer so sein, aber möglich ist es zu scheitern, trotz eigenen Zielbewusstseins. Die Regel gemäß Kant ist also nicht allgemeingültig. Dennoch spricht nichts gegen ein zielbewusstes Verhalten, aber a) ausschließlich in friedlicher Absicht, b) nur mit entsprechender Vorsicht wegen eigener Unvollkommenheit und c) insbesondere daran denkend, dass auch fremde, von uns nicht kontrollierbare Kräfte unser Schicksal mitbestimmen. Das Gestalten unseres Schicksals kann folglich immer nur ein relatives sein und hängt oft von glücklichen Gegebenheiten ab, wenn wir reüssieren. Kommt hinzu, dass Zielbewusstsein und ethisch vertretbares Verhalten zweierlei sein können. Auch ein zielbewusst durchgeführtes Verbrechen kann aus Sicht des Taters erfolgreich verlaufen. Ziellose sind an Verbrechen höchstens als Mitläufer beteiligt, für die Leithammel-Funktion fehlt ihnen die Zielstrebigkeit. So ist es auch, im übertragenen Sinn, beispielsweise im Krieg, wo viele einfach mitlaufen, manchmal zum Sieg und manchmal in die Niederlage.

Und Marie von Ebner-Eschenbach ist mit der nicht unbedeutenden Präzisierung zuzustimmen, dass sich unser Empfinden permanent ändert, unter dem Eindruck unserer laufend wechselnden Verfassung und des relevanten Umfelds. Dies hat zur Folge, dass wir lebenslang, quasi von Moment zu Moment, anders empfinden, was wir erleben. Unsere eigene Schicksalsbilanz fällt also morgen zumindest geringfügig anders aus als heute. Zudem gibt es noch die Beurteilung unseres Schicksals von außen, durch Freunde und weniger Wohlgesinnte; sie lautet mit Sicherheit nochmals anders als die eigene jeweilige Schicksalsdeutung, natürlich auch mit Unterschieden zwischen den Außenstehenden. Man erkennt: Unvollkommenheit zieht sich auch durch die Merksprüche oder Lebensweisheiten berühmter Leute.

Das sich ändernde Schicksal ist wie ein zeitlich beschränktes, nie vollkommenes Schwimmen in einem mächtigen Strom. Die einen sind in der Lage, das Auf und Ab der Fluten für ihre Absichten weitgehend zu nutzen oder wenigstens darin einigermaßen auf einem bewussten Kurs zu bleiben. Andere sind der Strömung weitgehend ausgeliefert und treiben dahin oder geraten sogar in einen Strudel und werden Opfer der erbarmungslosen Sogwirkung.

Da alle eine Seele haben, gibt es keine seelenlosen Menschen. Trotzdem hört man hin und wieder, ein Mitmensch sei seelenlos. Gemeint ist jedoch nicht das Fehlen einer Seele. Es geht um ein als besonders negativ eingestuftes Verhalten; und dies führt dazu, dass man bei dem Betreffenden keine Seele der weitgehend guten oder der normalen Art feststellen kann, sondern eine besonders böse. Letzteres wird selten gesagt, ausnahmsweise etwa mit der Formulierung, dass jemand einen bösen Blick habe – die Augen als Fenster der Seele.

Relativismus

Wenn wir von der Seele sprechen, kann uns der bereits angedeutete Relativismus (auch Relationismus genannt) helfen. Der Relativismus besagt, dass jede Erkenntnis, auch diejenige über die Seele, bestenfalls nur als relativ richtig gelten kann, weil sie durch die im Zeitablauf stets unterschiedliche, unvollkommene Eigenart der urteilenden und der beurteilten Individuen bestimmt wird. Als Grundlage dienen alle bisherigen Lebenserfahrungen, die bestimmt werden durch die persönliche Deutung des eigenen Schicksals und desjenigen anderer, in körperlicher und seelischer Hinsicht. Dass diesbezüglich alle verschieden sind und sich im Zeitablauf ändern, ist offensichtlich. Denn alles fließt in und um uns (siehe ›panta rhei‹ von Heraklit, um 480 v. Chr.). Und alles ist durch Wechselwirkungen mit anderen Personen, Dingen und Kräften bedingt, die aber nie gleich sind und sich in ändernden Konstellationen nie gleich auswirken können. Das klingt komplex, und es ist komplex, außer man vereinfacht.

Der Mensch, auch der geistig anspruchslose, hat den lebensnotwendigen Urtrieb in sich, die Welt und sein eigenes Dasein zu erkennen. Ob er sich der geschilderten begrenzten Fassbarkeit bewusst ist oder nicht, er will ihr nicht (vollständig) ausgeliefert sein, sich also stets ein Urteil bilden. Zu diesem Zweck wendet der Mensch als soziales Wesen einen Trick an, über den er sich, wenn überhaupt, kaum Rechenschaft gibt: Er vereinfacht, automatisch oder instinktiv. Das Problem ist, dass dabei alle anders vereinfachen. Dazu dienen zahlreiche Abstraktionen und das Wissen oder die Ahnung, dass in Bezug auf alles, was wir zu begreifen glauben, individuelle Erkenntnismängel die Norm sind. Alles ist eben laufend anders und somit verschieden (siehe Heraklit), lässt sich jedoch durch Vereinfachung irgendwie verständlich und vergleichbar machen; und praktisch alle sind sich zumindest instinktiv im Klaren, dass Irrtümer und andere Unzulänglichkeiten unvermeidbar sind.

Somit steht fest: Was für Aussagen über die Seele gilt, trifft für alle Erscheinungen des Lebens zu. Es gibt keine unabhängige allgemeingültige, in ihrem Bestand gesicherte Ur-Größe, sondern nur abgeleitete, unvollkommene Feststellungen. Und deshalb kann man nie zur reinen Wahrheit vorstoßen, die ja unrelativierbar sein müsste. Daher kann es auch zur Seele und ihrem jeweiligen Status keine reine Wahrheit geben, sondern nur Relatives, das bis ins Absurde reichen kann (siehe die ungebrochene Verehrung von Napoleon, insbesondere in Frankreich, obwohl er für massenhaftes Töten verantwortlich war). Vielleicht verzichten deshalb viele auf eine Definition der Seele, sogar solche, die beruflich in den mit der Seele befassten Bereichen tätig sind. So muss man seine Wissensmängel nicht ausbreiten. Selbstverständlich bestehen sie trotzdem.

Nicht einmal die eigene Seele können wir erfassen, obwohl sie uns ein Leben lang begleitet und laufend in unserem sich ändernden Verhalten zum Ausdruck kommt. So zeigen sich alle voneinander abweichend, beispielsweise wenn sie sich freuen oder ärgern, wenn sie lieben oder hassen, jemandem Wertschätzung entgegenbringen oder eine Person verachten. Und aufgrund des Relativismus machen wir die Beobachtung, dass alle, die mit uns Kontakt haben, ihre eigene und unsere Seele unterschiedlich deuten. Und morgen ist das Ergebnis unter den gleichen Personen zumindest in Nuancen anders.

In Bezug auf eine bestimmte Person sprechen wir von ihrem Verhalten, ihrem Erscheinungsbild, ihrer Ausdrucksweise. Aber ihre Seele ist kein Thema. Wer hat schon einmal bei der Besprechung einer Kandidatur die an das Wahlgremium gerichtete Frage gehört: Was halten Sie von der Seele des Bewerbers X? Wir spüren instinktiv: Das ist heikel. Das geht nicht. Deshalb wird die Seelenfrage immer nur indirekt angesprochen, etwa mit Hinweis auf die geistige Beweglichkeit, die Gründlichkeit und Verlässlichkeit, die Kameradschaft oder Teamfähigkeit, den Durchhaltewillen oder die Standfestigkeit. Mit direkten Äußerungen zur Seele begibt man sich auf ein unsicheres Terrain, wobei die Gefahr bleibender Selbstschädigung und der Verletzung anderer durch als zu hart oder zu weich empfundene Darlegungen groß ist. Und schon kurz nach einem Urteil mögen wir unsere Aussage vielleicht selbst nicht mehr, weil wir neue Kenntnisse haben oder unsere Seele das eben Gesagte plötzlich ablehnt. Deshalb soll es gar nicht so weit kommen. Da hat die Vorsicht den Vortritt. Wenn es um die Seele geht, haben wir im Grund weder uns selbst noch andere im Griff und tun gut daran, das Thema zu umkurven.

Die Seele weist also eine geheimnisvolle Programmierung auf, die sich jederzeit ändert, wie die körperliche Verfassung, unter Umständen stark. Man denke etwa an die Redeweise, wonach der X ein anderer Mensch geworden sei (nach der Heirat, durch den beruflichen Werdegang, im Anschluss an einen sogenannten Schicksalsschlag). Klar ist auch, dass jeder Versuch, die Seele gesamthaft auszubreiten, Stückwerk bleiben muss. Mehr ist nicht drin auf dem Weg zur Selbsterkenntnis, was eigentlich das Verständnis für unsere Beschränktheit und die Toleranz gegenüber anderen fördern sollte. Da es bei der Seele nicht zuletzt um Fragen der Lebensauffassung geht, die auch Glaubensbekenntnisse und deren Ablehnung umfasst, fällt es oft nicht leicht, die Thematik tolerant anzugehen.

Welche Lebewesen haben eine Seele?

Geteilt sind die Ansichten zur Frage, ob alle Lebewesen oder nur die Menschen eine Seele haben (Descartes, 1596-1650, war dieser Ansicht). Vielleicht meinte er den annähernd gleichen Typus Seele. Aber auch in diesem Fall hätte er sich auf unsicheres Eis begeben, zu unterschiedlich ist das individuelle Wesen vieler Menschen. Und die Hauskatze dürfte ihren Gastgebern seelisch näher stehen als der schwierige Mitmensch, der eine Etage tiefer wohnt. Es erscheint deshalb angezeigt, von der Vorstellung eines generellen mehr oder weniger einheitlichen Seelen-Typus innerhalb einer Art Abstand zu nehmen. Andererseits ist im Auge zu behalten, dass die Lebewesen letztlich miteinander »verwandt« sind; denn sie sind aus früheren Lebewesen hervorgegangen, die sich aus der ersten Erscheinung von Leben überhaupt entwickelten. Und im Kampf ums Dasein standen alle im Grund vor dem Problem des Überlebens, inklusive Fortpflanzung. Deshalb findet man gut beobachtbare Gemeinsamkeiten in Bezug auf die Behauptung des eigenen Territoriums und die Vertreibung von Nebenbuhlern, das Liebkosen und Beschützen des Nachwuchses, Gewalt und grausame Tötung eines Gegners, die Nutzung von Nahrungsquellen, die Alarmierung der Artgenossen. Man kann jedoch feststellen, dass sich im Lauf der Entwicklung und unter Berücksichtigung der spezifischen Lebensumstände bei allen Lebewesen unterschiedliche Ausprägungen der Seele gebildet haben.

Aber: Wenn auch höhere Tiere oder sogar alle Tiere eine Seele haben, wird alles noch komplizierter. Trotzdem dürfte es zutreffen, dass Affen eine Affenseele haben, Löwen eine Löwenseele, der Vogel eine Vogelseele und ein Nilpferd eine Nilpferdseele. Und wie steht es beim irgendwie programmierten, aber gehirnlosen Regenwurm, der doch recht sensibel auf physische Einflüsse reagiert, wie ein Mensch, wenn man ihn leicht zwickt? Gibt es eine Regenwurmseele, die in ihrer sensorischen Ausgestaltung für den Wurm reicht, ihn bei Regen mobilisiert und über den Asphalt oder sonst irgendwohin kriechen lässt? Worin könnten gegebenenfalls qualitative Unterschiede bestehen? Im Gehirn oder in gefühlsempfindlichen Zellen? Offen ist auch, ob Pflanzen, die sich doch permanent an ihre Umwelt anpassen (Bestäubung, fleischfressende Pflanzen, Reaktionen auf Tag und Nacht, auf Regen, Hitze, Wind und so weiter), wirklich seelenlos sind. Oder kann man mit Bezug auf die Seele von artspezifischen und wie beim Menschen unvollkommenen Möglichkeiten zur Wahrnehmung und Reaktion sprechen?

Wenn man sich erinnert, dass die Seele die jeweilige individuelle Gedankenwelt umfasst, zu der auch die Gefühle und auch sogenanntes instinktmäßiges Verhalten gehören, wird man möglicherweise vorsichtig sein bei der Bewertung der Seele eines Hundes oder Pferdes, weil diese Tiere hinsichtlich bestimmter Gedanken und Gefühle den Menschen nicht zwangsläufig nachstehen. Der Geruchssinn und die Treue eines Hundes sind legendär. Ein Pferd findet den Weg nach Hause ohne Reiter oder Kutscher und scheint zu wissen, wann es auf diese Veranlagung zurückgreifen muss. Dass Tiere nicht Lateinisch können oder bestimmte technische Fähigkeiten nicht aufweisen, sagt nicht zwingend etwas über die Qualität ihrer Seele aus. Auch Menschen, die weniger begabt sind als andere, müssen im Seelenbild – soweit überhaupt erfassbar – nicht unterlegen sein, ja sie können diesbezüglich unter Umständen und immer subjektiv beurteilt sogar überdurchschnittlich gut abschneiden, etwa weil es ihnen an Bereitschaft zur Gewalt weitgehend fehlt. Auch eine Rose und ein Apfelbaum, die zwar ohne Gehirnmasse sind, zeigen Regungen, reagieren auf andere Lebewesen und die übrige Umwelt empfindsam, müssen so reagieren können, um zu überleben. Ergo: Leben ist Seele, alles Leben, irgendwie.

Zum Menschen: Gelegentlich heißt es, der Y sei eine Seele von Mensch. Dabei geht es meistens um einen Zeitgenossen, der sich durch sein besonderes Einfühlungsvermögen oder seine Umgänglichkeit spezieller Wertschätzung erfreut. Allerdings ist die Bezeichnung für Vorgesetzte oder Verantwortliche auf einer maritimen oder unternehmerischen Kommandobrücke nicht geeignet; üblich ist sie nur gegenüber einfachen Untergebenen. Die Mitglieder der oberen Hierarchie haben aber auch eine Seele, und es ist nur von Vorteil, wenn ihre Gefühle ihnen signalisieren, wie sie andere motivieren können, ohne deren Seelen zu beschädigen. Gelegentlich wird das Wort ›Seele‹ in aufmunterndem Zusammenhang verwendet. So der Sprecher, der im österreichischen Fernsehen am 15. Februar 2016 erklärte: »Nach dem Einbruch der Aktiennotierungen seit Jahresbeginn ist der aktuelle Kursanstieg ›Balsam für die kursverlust-geplagte Anlegerseele‹.« Ja, es gibt auch Anlegerseelen, zumindest in Österreich. Dort wird auch ein Nachgeben gegenüber einer Person, die sich, meist zu Recht, benachteiligt fühlt, gern mit dem Satz kommentiert: »Dann hat die arme Seel' endlich Ruh‹.« Auch diese Beispiele zeigen, dass ›Seele‹ ein vielseitig einsetzbarer Begriff ist. Und oft wissen alle zumindest ungefähr, was gemeint ist. Das ist ja schon etwas.

Seelennähe – Seelendistanz

Das seelische Anderssein kann im Selbsturteil und nach Meinung anderer von nur geringfügig bis zu erheblich reichen. Wenn die gegenseitige Gedanken- und Gefühlswelt zweier oder mehrerer Menschen ihnen ähnlich erscheint, verstehen sie sich gut, und wir sprechen von Zuneigung und Seelenverwandtschaft. Unterscheidet sich diese Welt von Individuum zu Individuum markant, sind der wechselseitigen Kommunikation enge Grenzen gesetzt, und man spricht von großer seelischer Distanz oder sogar von Abneigung. Es ist wie bei der Liebe: Viele Menschen suchen Seelenverwandte. Wenn jemand fündig geworden ist, spüren dies alle, auch die seelisch nicht Verwandten. Wer nicht fündig geworden ist, leidet darunter und möchte es selten nach außen zeigen. Die anderen merken es aber trotzdem. Die nicht immer leicht analysierbare, aber instinktive Seelen-Nähe (was uns verbindet) und die Seelen-Distanz (was uns trennt) betrifft stets Teilbereiche. Seelen-Nähe führt rasch zu weitgehend stabilen Beziehungen. Seelen-Distanz wirkt gegen jedes Zusammenwirken, schafft Vorbehalte; wo dennoch erzwungen (etwa in einer Unternehmung, im Militärdienst), liegt kleineres oder größeres Unheil in der Luft (siehe z. B. Mobbing und Nicht-Information zum Schaden des Betreffenden oder aller, auch der Firma). Hier wäre auch der Spruch zu erwähnen, dass zwischen A und B die Chemie nicht stimme. Natürlich handelt es sich nicht um Chemie (wo es um Aufbau, Eigenschaften und Umwandlung von Stoffen geht), sondern eher um Physik (wo Materie und Energie und deren Wechselwirkungen in Raum und Zeit interessieren). Schon der bloße Anblick unter Menschen oder von Mensch und Tier kann manchmal mehr als ein bisschen irritieren, zumindest eines der Wesen. Im Grund geht es um die in wichtigen Bereichen nicht zueinander passenden Seelen, wobei auch frühere Erlebnisse eine Rolle spielen können (böse oder freundliche Bemerkungen, ein Streicheln oder Steinwurf etc.). Im Leben, von der heißen bis zur erkalteten Liebe und in allen anderen Kontaktbereichen, geben die Seelen den Ausschlag.

Wegen der Unterschiede von Person zu Person (auch laufenden, manchmal nur geringen seelischen Veränderungen) gibt es keine völlig stabilen Beziehungen, sondern entweder Quasi-Stabilität oder Instabilität. Beide resultieren aus einer jeweiligen, oft rasch vollzogenen, instinktiven und doch ziemlich umfassenden Saldierung mit individuellen Abstraktionen. Dabei spielen ausschlaggebende Empfindungen der Sympathie und Antipathie eine entscheidende Rolle (es kann der

Blick oder der Klang der Stimme oder der Geruch des anderen sein, auch die Gestik, Mimik und das übrige Erscheinungsbild). Allenfalls werden diese Empfindungen durch gesellschaftliche und wirtschaftliche Erwägungen oder Zwänge überlagert. Diese oder die Bequemlichkeit sind manchmal entscheidend, was – wegen der damit verbundenen Unaufrichtigkeit – der Seele und dem ganzen Menschen letztlich schadet. Wenn die verletzliche Seele leidet, ist damit auch ein negativer Einfluss auf den Allgemeinzustand verbunden. Darunter fallen auch Alkoholismus, körperliche Krankheiten, Aggressivität, aufgeblasenes Gehabe, eingeschüchtertes Verhalten, Depressionen und so weiter. Demgegenüber trägt eine frohe Seele dazu bei, gesund zu bleiben oder zu werden oder sich von einem unabwendbaren körperlichen Leiden nicht exklusiv beherrschen zu lassen.

Es heißt, das berühmte Jazz-Thema ›Body and Soul‹ aus dem Jahr 1930 sei das Musikstück mit den weltweit meisten Aufnahmen. Als unerreicht gilt dessen Interpretation durch den Saxophonisten Coleman Hawkins (1904-1969). Dass ›Body and Soul‹ bis heute so viel Anklang findet, ist wohl mit seiner besonderen Ausstrahlung zu erklären, welche die Gefühlswelt der unzähligen Jazz-Fans erfasst, wenn sie das Stück hören, ja sogar wenn sie nur darüber miteinander sprechen. Es ist so etwas wie Seelennähe zwischen Komposition, Interpretation und mit Bezug auf ›Body and Soul‹ weitgehend gleichgesinntem Auditorium. Man sollte aber auch an die Seelen-Wirkung denken, die nicht nur Musik, sondern auch Gemälde und Plastiken, Gedichte, Theaterstücke und viele Schriften bei ihren Liebhabern zu entfalten vermögen. Diese unfassbare Verbundenheit überdauert meist das Dasein der Urheber. So bildet sich eine Gemeinschaft von früheren Seelen-Leistungen und den Seelen, welche diese empfangen dürfen.

Relationen, die uns klein aussehen lassen

Vergänglichkeit und Relativierung

Wenn wir vom Leben sprechen, spielt die Vergänglichkeit nicht zuletzt als Mahnung eine bestimmende Rolle. Vergänglich ist auch die leblose Materie, aber in viel größeren Zeiträumen. Und jegliche Vergänglichkeit ist nur aufgrund der Unvollkommenheit erklärbar, welche alles, nicht nur die Menschen und die Gesamtheit der Lebewesen kennzeichnet. Unvollkommenes vergeht, früher oder später.

Was wir im beschränkten Rückblick unter Geschichte verstehen, wird eines Tages anders interpretiert und spätestens dann vergehen, wenn das menschliche Leben insgesamt endet. Denn nichts spricht abschließend dafür, dass wir und unsere Umwelt mit Tieren, Pflanzen und toter Materie ewig Bestand haben werden. Möglicherweise wird auch das Weltall sich dereinst in kleinste Teile auflösen und irgendwann nicht mehr sein. Wenn man an diesen Fall denkt, stellt sich die Frage, was dann noch bleibt. Wird ein Zustand erreicht, wie er vor dem Ausgangspunkt unserer etwa 14 Milliarden Jahre alten Milchstraße bestanden hat? Wird dieser Zustand mit Bezug auf unsere Milchstraße quasi ein Nichts sein, hinter dem dann vielleicht doch noch etwas ist? Andere Milchstraßen? Oder wird es diese eines Tages bis auf eine auch nicht mehr geben? Immerhin erscheint uns ein totales Nichts – vor oder nach Entstehung und Vergehen des Weltalls und aller anderen Milchstraßen – schwer vorstellbar.

Zumindest gemäß einer bekannten Redewendung gibt es nichts, das von nichts kommt.

Ein schwieriges Thema. Solche Fragen beziehen sich auf unvorstellbare Konstellationen lange vor unserer Existenz als Spezies und reichen in zeitlich unbekanntem Ausmaß über sie hinaus. Sie überschreiten unseren Wissenshorizont, sind unfassbar, führen ins Unergründliche. Es ist wie mit der Seele.

Anders liegen die Dinge bezüglich der approximativen oder zum Teil ziemlich genau eruierten Daten, welche die Entstehung der Erde, des Lebens und des heutigen Menschen betreffen. Miteinander in eine arithmetische Beziehung gesetzt, ergeben sich ungewohnte Relativierungen. Diese offenbaren insbesondere, wie klein alles um unsere Spezies herum wird, auch wenn es aus der aktuellen Perspektive wichtig und groß erscheinen mag.

Während riesiger Zeiträume bestanden wir als Individuen noch nicht und während riesiger Zeiträume werden wir als Individuen nicht mehr sein. Dazwischen spielt sich unser Leben ab. Kurz dazwischen!

Arithmetik im großen Kontext

- Leben (in Form von Bakterien) gibt es auf der etwa 5 Milliarden Jahre alten Erde seit rund 4 Milliarden oder 4'000 Millionen Jahren. Sukzessive entstanden und vergingen viele Lebensformen, die auch zum heutigen Menschen und seiner Seele geführt haben.
- Der als ›homo sapiens‹ bezeichnete Mensch, der ungefähr die heutige Gestalt und ebenfalls eine seiner Zeit jeweils entsprechende seelische Ausprägung aufwies, trat vor rund 200'000 Jahren in Erscheinung, was bloß einem halben Zehntausendstel von den genannten 4'000 Millionen Jahren entspricht.
- Es ist davon auszugehen, dass sich Körper und Seele seither weiterentwickelt haben. Bisher entdeckte Knochenspuren des ›homo sapiens‹ (also nicht von möglichen früheren Vorläufern) sind aber

höchstens 80'000 Jahre alt; und älteste Seelenspuren in Form von Felszeichnungen sollen vor 40'000 Jahren entstanden sein (Letztere sind nur ein Hunderttausendstel so alt wie die Entstehung terrestrischen Lebens).

- Das zweitausendjährige Christentum macht 1 % der mit dem ›homo sapiens‹ verbundenen menschlichen Existenz aus (200'000 Jahre); mit Bezug auf das Entstehen des Lebens vor 4 Milliarden Jahren stellt es nur 1 % vom obigen halben Zehntausendstel dar (ähnlich gering sind die Zeitanteile von anderen noch heute bestehenden Bekenntnissen). Alle diese Religionen sind also relativ späte Erscheinungen. Sie sind geprägt vom in der Evolution über vergleichsweise enorme Zeiträume entstandenen unvollkommenen Wesen des Menschen, der stets ein Opportunist gewesen ist – ein positiver oder negativer –, der Hunger und Durst hat und sein Denken samt seinen Gefühlen und Instinkten für gute, weniger gute und oft auch für schlechte Zwecke einsetzt. Unter die letzteren fällt beispielsweise die Befriedigung allgegenwärtiger Gier.
- Im heutigen Europa erstreckt sich die Dauer des einzelnen menschlichen Lebens über durchschnittlich gut achtzig Jahre. Diese Zeit kommt vier Zehntausendsteln von den 200'000 Jahren gleich, die der heutige Mensch bisher auf der Erde verbracht hat.
- Und schließlich entspricht eine mittlere Lebensdauer von achtzig Jahren lediglich zwei Hundertsteln von einem Millionstel beziehungsweise 0,000002 % der Zeit, seit es Leben auf unserem Planeten gibt. Im Vergleich zur Entstehung des terrestrischen Lebens sind also 80 Jahre recht nahe bei null, rein mathematisch folglich unbedeutend.

Wir sollten diese Relationen ernst nehmen, damit wir uns selbst nicht allzu ernst nehmen.

Schlussgedanke

Am 3. August 2002 hat der Verfasser einen beherzigenswerten Spruch gelesen, abends beim Spazierengehen, im Schaufenster eines kleinen Geschäfts im Zentrum des Städtchens Custer, das im Gebiet ›Black Hills National Forest /Custer State Park‹ liegt, im US-Staat South Dakota.

Der unvergessen gebliebene Spruch aus Custer gibt Folgendes zu bedenken:

»*If you think you haven't much to be thankful for, why not be thankful for some of the things you don't have?*«

Die Übersetzung könnte lauten:

»Wenn du meinst, dass du nicht viel hast, für das du dankbar sein kannst, dann könntest du vielleicht dafür dankbar sein, dass du gewisse Dinge nicht hast.«

Dank

Für wertvolle Anregungen und die frühe kritische Durchsicht der Roh-Fassung einzelner der vorliegenden Erzählungen danke ich meinem am 16. Dezember 2015 verstorbenen Freund Peter Berger, Anwalt und Notar in Basel, ganz herzlich.

Im Oktober 2016
Hanspeter Bornhauser